초기업

초기업

超企業

SUPERCORPORATE

함께 미래를 열어갈 한국 기업과 MZ세대를 위하여

마이클 프렌티스

이영래 옮김

안트레스

이 책을 펼친 한국 독자 여러분께 감사한 마음과 더불어 몇 가지 말씀을 전하고 싶다. 우선 이 책은 한국과 한국 기업을 주제로 하고 있지만, 처음에 서구권 독자를 대상으로 영어로 쓴 내용을 한국어로 번역한 것이다. 그렇기에 한국어, 한국 사회, 한국 직장 문화에 대해 잘 아는 한국 독자의 관점에서는 당연하다고 여길 수 있는 내용을 설명하는 대목이 많을 것이다.

이와 함께 내가 이 책에서 논의하는 기업 문화에 대해 한국 내에서 이뤄지는 논의와는 다소 다르다고 느낄 수도 있을 것이다. 그렇다면 아마도 이 책의 본래 목적이 한국 경제를 바라보는 서구의 고정 관념에 맞서려고 한 것이기 때문일 수 있다. 서구의 대표적 고정 관념 중 하나는 한국의 경제 구조가 재벌 중심적이라는 것이다. 기업 경영과 관련한 한국의 지식이 미국을 비롯한 서구에 비해 부족하다는 편견도 존재한다. 자국의 경제 수준이 다른 대다수 국가에 비해 높다고 여기는 미국인들이나 유럽인들에게는 좀처럼 벗어나기 어려운 고정 관념이다. 더욱이 한국 경제에 관한 영어권 국가의 지식은 1990년대 이후 큰 변화가 없었다. 이 말은 21세기 한국 경제의 주요 움직임과 한국 직장인들이 겪고 있는 경험은 빠져 있다는 의미다. 그래서 나는 이 책을 통해 한국 경제와 기업들의 최근 측면을 소개하고자 했다.

당연한 말이겠지만 한국 기업에 평생을 몸담은 분들이라면 특정 기업의 상황과 지난 20년간 한국 직장 문화 변화에 대해서 나보다 훨씬 더 많이 알고 있을 것이다. 태생이 외부자인 나는 한국 기업에서 일하며 연구를 진행하는 동안 한국의 직장인들로부터 최대한 많이 배우려고 노력했다. 하지만 설령 내가 한국에서 10년을 살았더라도 이분들이 현장에서 쌓은 정보와 경험에 견줄 수는 없을 것이다. 이 책이 그간의 지식을 보완하거나 한국의 조직 생활을 바라보는 새로운 관점이 되기를 희망한다. 이 책은 현재 한국에서 활발한 논의가 이뤄지고 있는 세대 간 갈등, 갑질 문제, 경제 민주화 등의 사안을 대놓고 다루지는 않지만, 이 같은 문제를 바라보는 외부자의 색다른 사고방식이 담겨 있다.

이 책을 읽고 나면 독자 여러분마다 그 의미가 조금씩 다르게 다가올 것이다. 한국 직장 생활에 대한 개인적 불만이나 의견이 잘 반영돼 있다고 느낄 분도 있을 것이고, 미주에 있는 이론적 설명을 선호하는 분도 있을 것이다. 경제학이나 경영학을 전공한 분들이라면, 그리고 그런 내용을 기대한 분들이라면 이 책이 다소 실망스러울 수도 있을 것이다.

그도 그럴 것이 이 책에서 나는 기업 실적을 끌어올리는 요인, 더 나은 관리자가 되는 방법, 한국 경제가 나아가야 할 방향 등은 논하지 않는다. 나는 인류학자이며, 인류학이나 사회학과 같은 사회과학의 목적은 사회, 문화, 경제의 작동 원리에 관한 새로운 개념과 사고방식을 제시하는 데 있기 때문이다.

내가 이 책에서 한국 독자 여러분께 던지는 주된 메시지는 "기업은 경제의 주체이나, 문화적 이상으로 형성된다"라고 할 수 있다. 자본주의 경제 체제에서 사는 대부분 사람은 '경제'나 '경제 성장'이 삶에서 가장 중요한 부분을 차지하며, 성공하려면 오랜 전통이나 문화는 버려야한다고 생각하는 경향이 있다. 그러나 인간은 사회적 동물이기에 경제 또한 문화적 이상을 절대로 벗어날 수 없다. 여기에서 '문화적 이상'이란 국가의 특정 행동이나 전통이 아닌 우리가 쉽게 의식하지 못하는 우리 안에 '내재한 가치'를 말한다. 내가 보는 한국의 직장 문화에는 비경제적 요소가 많다. 대다수 직장인은 가족과 함께 생활하는 가정에서보다 직장에서 더 오랜 시간을 보낸다. 기업은 개인이 자신의 정체성을 형성해나가는 공간인 동시에 한 사회의 공정성과 형평성 수준을 엿볼 수 있는 장이다. 문화는 개인의 다양한 행동 조합보다 훨씬 더 큰 개념이므로, 어떤 종류의 가치나 이상이 경제에 영향을 미치고 있는지 살펴보는 것은 매우 중요하다.

인류학자들은 학문 특성상 연구를 수행할 때 사람들과 직접 부대끼며 경험하는 것을 중요하게 여긴다. 이 책은 내가 인턴으로 근무하면서 임직원의 업무 실태를 연구한 상도그룹의 이야기를 담고 있다. 기업명과 등장하는 인물들의 이름은 기업과 개인 정보 보호 차원에서 가명을 사용했다. 운 좋게도 나는 상도그룹 자회사 HR팀에서 이곳 직원들과 함께 일할 수 있었다. 이 책에서 나는 이곳에서의 내 경험을 최대한 사실 그대로 묘사하되 기업을 특정할 수 있는 정보는 배제했다. 독자 여러분 가운데는 이 책이 상도나 상도 경영진을 향한 폭로라고 짐작할 분도 있겠지만 전혀 그렇지 않다. 내게 특별한 기회를 제공해주신 상도와 임직원분들께 감사한 마음뿐이다.

이 책은 상도라는 한 기업의 사례에 초점을 맞추고 있지만, 나는 한국 사회에서 기업이 갖는 일반적 의미도 다루고자 애썼다. 전세계 대부분 자본주의 경제가 기업들로 구성돼 있다는 사실을 고려할 때 다소 의외로 느껴질 수도 있을 것이다. 그러나 최근 40년간 수천 명의 임직원과 강력한 사내 문화를 토대로 헌신적인 리더가 이끄는 기업들은 자취를 감추고 있다는 사실에 주목해야 한다. 미국의 경우에도 애플이나 구글 같은 대기업 사례는 이례적일 뿐 일반적이지 않다. 이제 수많은 기업은 대형 은행이나 헤지펀드의 지배를 받고 있다. 현재 내가 일하고 있는 영국도 마찬가지다. 영국 대기업 이름을 다섯 개 이상 댈 수 있는 사람은 드물며, 영국인들이 일하고 싶어 하는 국내 기업도 손에 꼽을 정도다. 그렇다면 유독 한국 사회에서 기업 조직이 여전히 강력한 영향력을 유지하는 까닭은 무엇일까? 그동안 사회과학자들은 이 질문을 경제적·정치적 측면에 국한해 읽으려고 시도했다. 어떤 학자들은 1997년 IMF 외환 위기 이후 한국 경제는 미국화해서 대기업들이 사라질 것이라고 예측하기도 했다. 그렇지만 여러분도 알다시피 그런 일은 벌어지지 않왔고, 그 대신 혁신적인 기업들이 새롭게 생겨났다.

이런 현상을 영어로 설명할 수 있기까지는 오랜 시간이 걸렸다. 몇 년 전에 나는 비로소 '초기업supercorporate'이라는 개념을 정립할 수 있었다. '대기업'은 기업 규모나 경영 및 효율성에 초점을 둔 용어다. 반면 영어 단어 'super'는 단순히 크다는 의미 외에 더 넓은 개념을 아우른다. 한국을 '초기업 사회'로 바라본 것은 기업 규모 말고도 기업이 사회에서 수행하는 역할, 특히 사람들의 정체성 형성에 미치는 영향까지 고려한 관점이다. 미국에서는 기업이 직원을 공정하게 평가하고 관리한다는 믿음이 적다. 나는 한국 기업의 HR 담당자들이 직원 개개인의 다양성을 고려하고자 활용하는 여러 지식과 기술에 깊은 인상을 받았다. 상도에 근무할 때 동료들이 내게 미국의 우수사례에 관해 조언을 구했는데, 나는 오히려 미국 기업들이 한국 기업들만큼 이런 사안을 심도 있게 고려하지 않는다는 느낌을 받았었다.

물론 그렇다고 해서 상도에 갈등이나 긴장이 없다는 뜻은 아니다. 직장 생활의 이상과 현실에는 언제나 차이가 있게 마련이다. 직장에서의 갈등이라고 하면 으레 세대 갈등이나 노사 갈등을 떠올리기 쉬운데, 나는 이 책에서 더 본질적인 갈등, 즉 직장 생활에서 발생하는 문화적 이상의 충돌을 집중적으로 조명했다. 한편으로 기업은 개개인이 통찰력과 노력을 통해 자신을 타인과 구별 지을 수 있는 곳이어야 한다. '구별'은 인간에게 삶의 의미를 부여하는 중요한 요소다. 그런가 하면 한국에서는 불공평하거나 불필요하거나 갈등을 초래하는 구별을 없애기 위한 노력도 한창이다. 실제로 많은 이들이 구별 짓기가 문제시되지 않고 모두가 행복한 삶을 누릴 수 있는 사회를 꿈꾸고 있다. '들어가며'에서 자세히 밝히겠지만, 나는 한국에서 '구별'과 '참여' 사이에 긴장이 존재한다는 것을 느꼈다. 서구에서는 이 같은 긴장을 그저 위계질서 문제로 치부해 부정적으로 바라보는 경향이 있다. 하지만 미국은 수평 사회이고 미국의 기업 문화 역시 민주적이고 수평적이라는 생각은 전혀 근거가 없는 통념에 불과하다. 나는 이 책에서 구별과 참여 사이의 긴장을 완전히 해소할 수 있는 구체적 방안을 제시하지는 못한다. 안타깝지만 애당초 해결할 수 없는 문제이기 때문이다. 노력만이 유의미할 뿐이다. 기업들은 최대한 많은 직원을 위해 긍정적인 업무 환경을 조성하면서 보상과 형평성의 균형을 끊임없이 모색해야 한다. 만약 훗날 서구에서 동아시아를 바라보는 편견을 떨쳐내게 된다면 분명히 한국 기업들로부터 교훈을 얻을 수 있을 것이다.

한국에서 이 연구를 진행하는 동안 나는 친절하고 너그러운 직원들과 관리자들을 만났다. 이분들은 내게 조언을 아끼지 않았고 여러 기업과 산업에서 자신들의 업무 경험을 아끼지 않고 들려줬다. 한국의 업무 환경과 이들의 개인적 경험에 관한 이야기는 상당히 흥미로웠다. 학계에서는 한국의 조직 생활을 연구하는 학자들을 좀처럼 만나기 어려웠으며, 서로 의견을 주고받을 수 있는 연구자들은 극소수에 불과했다. 상도에서 직접 일하면서 어느 직원들처럼 힘들게 결재를 받거나 민감한 사안으로 고심하며 야근을 이어가는 등 현장 연구에 따르는 갖가지 애로사항이 있었지만, 매우 보람 있는 시간이었다. 앞으로도 더 많은 연구를 통해 한국 경제의 현실이 널리 알려지기를 기대한다.

마지막으로 이 책을 한국 독자 여러분과 만나게 해주신 안타레스 조민호 대표님과 다소 딱딱한 글을 유려한 한국어로 옮겨주신 번역가 이영래 선생님께 감사 말씀을 드리고 싶다.

2023년 2월, 영국 셰필드에서

마이클 프렌티스

이 책의 첫 번째 씨앗은 내가 대학 졸업 직후 일했던 뉴욕의 한 마케팅 회사에 있는 작은 사무실에서 싹을 틔웠다. 그곳은 개방형 사무 공간에 친화적 분위기 그리고 사방이 유리로 된 대형 회의실이 있는 새로운 미국식 사무 환경이었고, 나는 그곳에서 한국인 남녀 직원들과 일할 수 있었다. 당시 우리는 한국 대기업과 브랜드 인지도가 높은 미디어 에이전시들 사이의 복잡한 생태계에서 서구 마케팅 전문가 역할을 맡았다.

회사가 이와 같은 비즈니스적 관계 속에서 외부 전문가 임무를 수행하는 동안 나는 심야 회의나 이메일, 그리고 종종 있던 한국 출장을 통해 교류한 한국인 동료들로부터 깊은 인상을 받았다. 특별히 눈에 띄는 순간도 있었다. 뉴욕 회사 파트너 가운데 한 분이 우리와 협업 중이던 서울의 한 광고 대행사에서 파워포인트 파일 하나를 막 받은 참이었다.

그는 그 문서를 몇 부 출력하더니 "이런 게 완벽한 문서죠"라고 하면서 나와 다른 동료에게 건넸다. 살펴보고 나서 앞으로 우리도 문서를 그 수준으로 만들라는 뜻이었다.

파트너가 말한 대로 그 문서는 완벽했다. 정확한 영어로 작성된 깔끔한 레이아웃의 열 장짜리 프레젠테이션 문서였다. 파워포인트 슬라이드 디자인과 논리 전개에 애먹고 있던 사회 초년생인 내게는 마치 마법처럼 느껴졌다. 지금은 시간이 많이 흘러서 내용을 확실히 기억하지는 못하지만, 그 문서는 기업 브랜드 전략에 꼭 맞는 간결하고 명확한 구조를 갖췄었다. 별도의 추가 프레젠테이션이나 부가 설명 없이도 문서 자체로 모든 내용을 파악할 수 있게 구성돼 있었다. 각각의 슬라이드는 단어 선택이나 인포그래픽 삽입 등이 완벽하게 조화를 이뤘다. 나는 그때 그 프레젠테이션 문서를 보고 한국 기업의 직원들이 업무 문서를 만드는 방식에 지대한 관심을 두게 됐다.

이 책의 두 번째 씨앗은 한국 공정거래위원회가 2012년에 처음 공개한 '대기업 주식 소유 현황 및 소유 지분도'를 접하게 되면서 싹텄다. 얼핏 보면 전기 배선도처럼 생긴 그 주식 지분도는 당시 한국 재벌 대기업들 내부의 복잡한 지분관계를 나타낸 것이었다. 보유 자산이 큰 대기업을 중심으로 매년 공개하는 주식 지분도를 통해 해당 대기업과 계열서 전체에 걸쳐 소유권이 어떤 방식으로 복잡하게 얽혀 있는지 알 수 있었다.

나아가 주식 지분도는 세간에 잘 알려지지 않은 계열사나 지주회사가 어떻게 그룹 전체를 지배할 수 있는지, 지분율이 0.1%에 불과한 기업 총수가 어떻게 수십 개 기업의 구심점이 될 수 있는지를 여실히 드러냈다. 나는 이 주식 지분도가 기업의 내부 상황을 논리적으로 설명할 수 있고, 기업 난독화 기제를 풀어 기업 지배력이 어떻게 작동하는지에 관한 더 명확한 진실을 밝힐 수 있으리라고 믿었다. 그리고 한국 기업들의 세계에 직접 뛰어들면 모든 복잡한 현상의 비밀을 밝힐 수 있으리라고, 적어도 설명할 수 있으리라고 생각했다.

이 두 씨앗은 모두 내가 미국 이외의 기업 문화에 관심을 두고 있던 때 한국 기업계의 몇 가지 미스터리를 연구하면서 싹을 틔우게 됐다. 위에서 언급한 두 가지 경험은 내가 박사 학위 과정을 밟게 된, 한국 기업에서 일하게 된 결정적 계기가 됐지만, 달리 말하면 서구적 시각에서 동아시아 자본주의를 바라본 두 가지 관점이 주효하게 작용했다. 그때의 프레젠테이션 문서는 한국을 서구 자본주의 구조를 서양인들보다 더 잘 모사할 수 있는 엘리트 전문가 집단으로 보게 된 계기가 됐다. 나는 그때까지 그런 문서 이면에 복잡한 조직 생활의 역학이 숨어 있다는 사실도 몰랐으며, 한국의 직장인들이 문서의 정치에 짓눌린 조직 생활을 하고 있다는 사실도 알지 못했다. 주식 지분도와 관련해서는 이후 한국인 직장인들과 이야기를 나누면서 주식 지분이 한국 기업계의 모든 현상을 설명해줄 비밀을 품은 보물 지도가 아님을 깨닫게 됐다. 주식 지분도는 국가 규제 기관, 국제 금융, 기업 소유권 사이의 지속적 긴장을 드러내는 복잡한 정치적 산물이기도 했다. 더구나 한국 재벌 기업의 내부 세계가 단순히 오너 일가의 권력 유지를 중심으로 움직이는 것도 아니며, 기업 직원들 대부분의 보편적 생각과도 거리가 멀다는 사실 또한 알게 됐다. 조직과 조직 내부 사람들을 연결하는 보이거나 보이지 않는 수많은 다른 라인들이 존재하고 있었다.

나는 한국과 미국 그리고 영국의 대학과 기업에서 많은 사람을 만나는 행운을 누렸다. 그들은 내가 잘못된 생각을 바로잡을 수 있도록 해줬고, 한국 사회의 다른 측면을 통해 한국 기업을 바라볼 수 있도록 도와줬다. 그 가운데 가장 큰 교훈은 그저 영어로 기업을 설명하는 것만으로는 한국 기업 내 조직 생활의 이질성을 다룰 수 없다는 점이었다. 나는 한국 기업과 관련이 있다면 무엇이든 매력을 느꼈기에, 서울 한복판이지만 쇠락한 지역에 있는 오래된 고무 공장, 대기업 빌딩 꼭대기의 군용 헬리콥터 이착륙장, 포항의 제철소, 거제도의 조선소와 더불어 디트로이트 시내의 한국식 바비큐 식당처럼, 사회과학적 의미에서는 데이터에 기여하는 바가 없는 장소도 찾아서 방문했다. 그런 곳들과의 만남은 내가 설명하고자 하는 더 넓은 세계를 이해하는 데 도움이 됐다. 한국 기업들의 사무실은 외부인이 접근하기 어려운 고층 빌딩에 깔끔하게 둘러싸여 있는 듯 보이지만, 거기에는 연구할 가치가 있는 흥미롭고 역동적인 곳이 많이 있다.

한국 기업에서 일하며 회사 생활의 다양한 측면을 연구할 때 많은 분께 도움을 받았다. 운 좋게도 나는 2011년부터 2015년까지 서울에 있는 기업 네 곳에서 일할 수 있었는데, 상사들의 세심한 지도와 직원들의 끈끈한 동료애 덕분에 좋은 경험을 할 수 있었다. 이 지면을 빌려 감사 인사를 전하고 싶다.

우선 내게 일자리를 제공해주시고 갖가지 제도적 지원을 해주신 루디 리Rudy Lee, 박재항, 넬슨 허Nelson Hur, 김근한, 지미 정Jimmy Chung, 김경규,

다우나 차Dawna Cha, 랜디 링거Randy Ringer에게 감사 말씀을 드린다. 그리고 당시 나는 동료들로부터 많은 것을 배웠는데, 특히 이소라, 오민주, 박은영, 김인영, 김슬기, 제이슨 황Jason Hwang, 션 홍Sean Hong, 케이티 노Katie Noh, 린 리Lynn Lee에게 큰 신세를 졌다. 내가 연구를 진행하는 동안 인터뷰에 응해주신 여러 교수님께도 큰 도움을 받았다. 기꺼이 시간과 지식을 내어주신 신호철, 지민선, 케이티 변Katie Byun, 제인 김Jane Kim, 이성용, 최유경, 가즈 신Gaz Shin, 김성후, 김승경, 박태정, 박태운, 정인섭, 김규환, 이주복, 양재만, 박성수, 박찬용, 백완규, 허창욱, 이상재, 윤성욱, 크리스 우Chris Woo, 김홍태 교수님께 감사드린다.

연구에 활용한 주요 데이터는 내가 2014년부터 2015년까지 몸담았던 기업인 가칭 '상도Sangdo' 그룹 관계자 여러분의 지속적인 참여와 협조가 없었다면 확보할 수 없었을 것이다. 일일이 이름을 불러드리고 감사하다는 말씀 전하고 싶지만, 그렇게 하면 민족지학적 연구의 밑바탕이 되는 기밀 유지를 할 수 없기에 이 정도로만 인사를 표한다. 특히 내가 인턴 및 계약직 직원으로 1년 동안 상도에서 일할 수 있도록 허락해주신 상도그룹 오너 임원에게 깊은 감사를 전한다. 1년 동안 거의 매일 내게 시간을 내주고 이후에도 연락을 이어오고 있는 HR팀 직원들께도 고맙다는 인사를 전하고 싶다. 내 질문에 친절히 답변해주시고 내가 자신들의 직무 세계와 경력에 관해 알 수 있게 해주신 전임과 후임 CEO, 임원, 팀장님들께도 감사하다. 이분들 덕에 아홉 개 부서 직원들과 인터뷰하면서 그들의 조직 생활 이야기를 자세히 들을 수 있었다. 이 밖에도 상도에서 일할 당시 그룹 내 여러 인물을 소개받아 이들과 교류할 수 있었다. 이들은 상도라는 기업 사회가 얼마나 거대하고 다양한지, 그 역학을 포착하려는 내 시도가 얼마나 큰 책임감이 따르는 일인지 보여줬다.

현재 생존해 있는 인물들이 살거나 일하는 곳에 대한 비판적 언급을 포함할 수 있는 민족지학적 서술을 할 때는 익명성을 반드시 보장함으로써 연구에 참여한 이들의 믿음을 저버려서는 안 된다. 조직의 익명성과 관련한 윤리는 양날의 검이다. 연구의 결과물인 이 책을 읽는 독자들은 기득권을 향한 새로운 관점의 날카로운 비판과 자본주의 내부가 초래하는 문제에 대한 심도 있는 비평을 기대할 수 있겠지만, 그 관계자들에게 미치는 위험이 결코 적다고 할 수 없기 때문이다. 그래서 연구를 수행하는 사람은 법적·도덕적 책임 등이 다수의 사람에게 미칠 수 있는 조직 생활의 갖가지 간접적 위험을 고려하면서 엄청난 주의를 기울여야 한다. 기업 조직에 가해질 수 있는 위험은 연구 참여자뿐 아니라 그곳에서 일하거나 그곳에 의존하는 모든 이들에게 악영향을 끼칠 수 있다. 더욱이 상도그룹과 같은 조직은 고유의 역사와 정체성을 갖고 있다. 그렇기에 회사의 소재지는 어디이며 생산하는 제품은 무엇인지 등을 너무 구체적으로 언급하면 독자가 그것을 단서로 결론을 도출하게 만들 수 있으며, 이는 여전히 함께 일하고 있는 기업 구성원 사이에서 예상치 못한 해악을 끼칠 수 있다. 따라서 나는 이 책에 등장하는 인물의 이름과 기업명은 물론 조직 구조, 회계 관련 수치, 기본 정보까지 모두 익명으로 처리했다. 태생적으로 민족지학적 서술에는 지나친 일반화와 지나친 구체화 사이를 오가는 긴장이 존재한다. 나는 이 책을 쓰면서 익명성을 바탕으로 지나친 일반화를 피하면서도 상도그룹과 한국 내 다른 기업에서 일하는 사람들의 미묘한 특징을 포착하고자 노력했다.

그렇지만 마음껏 이름을 공개해 감사를 표할 수 있는 분들도 있다. 한국에서 보낸 시간 동안 내 지적인 고향이 되어준 인류학자 커뮤니티를 비롯한 서울의 여러 커뮤니티가 다방면에서 힘을 실어줬다. 서울대학교 왕한석, 강윤희, 한국외국어대학교 린다 경란 고Linda Kyungnan Koh, 작고하신 인디애나대학교의 로저 자넬리Roger Janelli 교수님을 비롯한 언어인류학 및 문화인류학 커뮤니티의 긴밀한 지원이 있었음을 밝히며 감사 인사를 드린다. 하버드대학교 니콜라스 하크니스Nicholas Harkness 교수님은 미처 다 언급할 수 없을 정도로 자주 통찰력 있는 조언을 해주셨다. 서울대학교 정향진, 오명석, 한경구 교수님과 경기대학교 윤성준 교수님께도 많은 도움을 받았다. 나를 대신해 몇 곳의 중요한 도입부를 써주신 단국대학교 김재일 교수님께도 특별히 빚을 졌다.

많은 친구를 사귀고, 여러 대학원생과 교수님들을 알게 되는 행운도 누렸다. 박동호, 배연주, 김성인, 박행인, 이명지, 이해원, 캐럴라인 리Caroline Lee, 제이 조Jay Cho, 이희진, 존 리John Lee, 홀리 스티븐스Holly Stephens, 대니얼 킴Daniel Kim, 신정수, 정가영, 박종현, 비비안 정Vivien Chung, 제니 허프Jenny Hough, 샤오 마Xiao Ma, 하비에르 차Javier Cha, 샌디 오Sandy Oh, 제이민 김Jaymin Kim, 새라 매카도리-킴Sara McAdory Kim, 김치훈, 양선영, 수전 황Susan Hwang, 이레 손Irhe Sohn은 내가 서울에서 지내는 시간을 가벼우면서도 깊게 해줬다.

나는 좋은 기회를 얻어 서울대학교 비교문화연구소에서 여러 선배 인류학자들의 조언을 들을 수 있었다. 연구조교 정한결서울, 이민아, 권희진앤아버은 내가 연구를 진행하는 동안 그리고 연구 결론을 도출하는 데 큰 도움을 줬다. 오랫동안 내 비공식적 연구 보조이자 친구였던 이인배, 션 박Sean Park에게도 많은 신세를 졌다.

미시간대학교 남한국학센터Nam Center for Korean Studies는 여러 학문 분야의 학자들을 아우르는 커뮤니티의 본보기이자 내 제2의 고향이었다. 곽노진, 류영주, 데이비드 정David Chung, 도희 모스먼Dohee Morsman, 이지영, 에이드리엔 재니Adrienne Janney, 그리고 운 좋게도 센터 성장기에 그곳을 찾은 내게 아낌없는 제도적 지원을 해주신 고故 남 장로님과 그 가족께 감사 인사를 전하고 싶다.

미시간대학교 지도 교수님들께도 많은 도움을 받았다. 특히 논문 심사위원회의 바버라 믹Barbara Meek, 에릭 뮤글러Erik Muegler, 마이클 렘퍼트Michael Lempert, 젠 안Jehn An, 제럴드 데이비스Gerald Davis 교수님께 감사드린다. 연구와 저술 동안 계속해서 동기 부여가 될 수 있도록 격려해주시고 의욕이 샘솟게 해주셨다. 매튜 헐Matthew Hull은 비단 이 연구에서뿐 아니라 인류학과 사회과학 관점에서 아무리 사소한 관료 체계나 사건이라도 얼마나 많은 것을 좌우할 수 있는지 깨닫게 해준 놀라운 능력의 소유자다. 우리의 대화는 늘 새로운 동기를 부여함과 동시에 더 깊이 탐구하고 생각하고자 하는 열망을 불러일으켰다.

이 책은 미시간대학교를 통한 외국어 및 지역 연구Foreign Language and Area Studies, FLAS 지원금, 한국국제교류재단 박사 후 연구 펠로우십, 세아

해암학술장학재단 하계 펠로우십 등 다양한 기관의 지원을 받은 연구의 결과물이다. 한국에서의 연구는 한국국제교류재단 언어 연구비, 풀브라이트 IIE Fulbright-IIE 연구 보조금, 웨너-그렌재단 Wenner-Gren Foundation 논문 현장 연구 지원금, 랙컴 100주년상 Rackham Centennial Award 의 후원을 받았다. 논문 작성 단계에서는 랙컴 인문학 연구 펠로우십, 사회과학연구회 한국학 논문 워크숍, 대한민국 교육부와 한국학중앙연구원을 통한 한국학 진흥 프로그램 AKS-2016-OLU-2240001 의 지원을 받았다. 하버드대학교의 박사 후 연구 펠로우십은 한국국제교류재단에서 지원해줬다.

하버드대학교, 브랜다이스대학교, 맨체스터대학교, 셰필드대학교를 비롯한 여러 학술 기관에서 일할 때도 미처 다 언급할 수 없을 정도로 많은 동료, 친구, 직원들의 도움을 받았다. 영국에서 코로나19 팬데믹 기간을 보내는 동안 지니 김 Jini Kim, 메건 바커 Meghanne Barker, 후안 마누엘 델 니도 Juan Manuel del Nido, 스콧 맥러플린 Scott McLoughlin, 사빈 모하메드 Sabine Mohammed, 데보라 존스 Deborah Jones, 장-크리스토프 플랜틴 Jean-Christophe Plantin, 칩 주커먼 Chip Zuckerman 과 같은 친구가 곁에 있어서 큰 위안이 됐다. 장현경은 팬데믹을 함께 견뎌낸 더없이 좋은 사람이었고 영원히 그럴 것이다.

나를 처음으로 스탠퍼드대학교 출판부에 소개해준 일라나 게르손 Ilana Gershon 에게 고마움을 전한다. 마르셀라 맥스필드 Marcela Maxfield 와 수나 전 Sunna Juhn 은 인내와 성실로써 집필, 검토, 출간 과정 내내 나를 이끌어줬다.

이 책의 제2장은 서울대학교 인류학과 강윤희 교수의 편저로 2021

년 8월 서울대학교 출판문화원에서 출간한 《현대 한국사회의 언어문화》 제13장에서 "조직 수평화에 저항하기: 한국 기업 내 직함, 아이덴티티 인프라, 그리고 기호학"이라는 제목으로 처음 소개됐다. 제3장은 미국 계간지 〈계간인류학Anthropological Quarterly〉 제93권 제2호에 "자본주의의 낡은 정신: 한국 직장에서의 남성적 타성"이라는 제호의 기사로 소개된 바 있다.

이 책의 원고는 조지워싱턴대학교 한국학연구소의 북 워크숍을 위한 자금 지원을 받았다. 김지수, 로이 그린커Roy Grinker, 미야자키 히로카즈Hirokazu Miyazaki, 알렉산더 덴트Alexander Dent, 조엘 퀴퍼스Joel Kuipers, 김연호가 책의 논거를 다듬고 가치를 높이는 데 도움이 되는 논평을 해줬다.

나는 브라운대학교 학부 지도 교수님이었던 셜리 브라이스 히스Shirley Brice Heath 교수님께 15년 넘게 지도를 받는 행운을 누리고 있다. 교수님은 걸출한 경력을 쌓는 동안 많은 젊은 학자들을 이끌어주셨는데, 나는 여전히 교수님의 사려 깊은 감독을 받는 행운아다. 셜리 교수님은 당신 학생이 된 행운을 누리는 사람들에게 현명한 조언으로 깊은 인상을 심어주실 뿐 아니라, 엄격한 연구자이자 호기심을 잃지 않는 학자로서 직접 본을 보이는 방식으로 영감을 불어 넣어주신다.

이 책을 프로젝트의 모든 과정을 지켜보시고 견뎌내신 냇 프렌티스Nat Prentice와 애니타 프렌티스Anita Prentice, 나의 부모님께 바친다. 먼 한국까지 찾아오셨는데 아들 마음대로 일정을 정해서 외딴 조선소를 견학하셔야 했고, 스크린 골프를 치셔야 했고, 늦은 밤 노래방에서 내가 한번도 기록해보지 못한 높은 점수를 받으신 부모님이 아니면 누구에게

이 책을 헌정하겠는가! 당신들께서 해주신 것들에 대한 보답으로 나는 부모님을 독자로 생각하면서 이 책을 썼고, 이로써 부모님은 수년간의 지지에 대한 보상을 받을 수 있으실 것이다.

탈위계가 낳은 보이지 않는 선

2014년 한국의 대표 기업 중 한 곳인 상도그룹의 사무직 노동자를 대상으로 한 설문 조사 결과가 나왔다. 어느 정도 예상했지만, 일부 응답은 꽤 놀라웠다. 설문은 직장 만족도 및 팀 분위기에 대한 37개의 질문이 이어진 뒤 마지막에 자신의 의견을 자유롭게 적도록 구성돼 있었다.

1,000명 이상의 응답자 가운데 약 10%가 마지막 의견란에 상도그룹에 대한 자신의 솔직한 평가를 남겼다. 어떤 직원은 "심리적·육체적으로 무조건 '그냥 해'라고 지시하는 상사의 강압적인 태도에 스트레스를 받는다"고 적었다. 또 어떤 직원은 "무의미한 초과 근무, 끝없는 회의와 보고, 변덕스러운 경영진의 요구 등이 업무 의욕을 떨어뜨린다"고 썼다. 상도그룹의 '군대식 문화', '폭음 문화', '한국식 관리 문화'를 문제 삼은 직원들도 있었다.

'합리적인 성과급', '360도 피드백', '집중 근무', '유연 근무'와 같은 나름의 해결책을 제시한 직원들도 있었다. 익명의 설문 조사자가 직접 밝힌 바에 따르면 가장 긴 의견은 거의 두 페이지에 달했는데, 상도그룹이 나아갈 길에 관한 공통된 비전을 세울 수 있다면 전직원이 단결할 수 있고 모든 문제도 순차적으로 해결할 수 있다는 내용이었다.

설문 조사를 진행한 HR팀에게 이런 결과는 낯선 것이 아니었다. 이전 설문 조사 결과도 이와 크게 다르지 않았기 때문이다. 으레 나오는 불만과 의견이었다. 하지만 한 부분에서는 HR팀이 설명하기 어려운 모순과 이율배반이 드러났다. '원하는 일터'에 관한 질문에서 대부분 직원은 협업도 잘되고 개인 업무에 대한 구별 짓기와 성과 인정도 잘 이뤄지는 일터를 바라고 있었다. HR팀에게 이런 입장은 모순처럼 보였다. 이들에게 팀워크와 개인 역량은 서로 배타적이었다. 사실 HR팀은 팀워크에 어울리는 직원과 단독 업무에 걸맞은 직원을 구분하고자 설문 조사에 관련 질문을 포함해놨었다. 그런데 상도그룹 10여 개 계열사 전체 응답자의 90% 이상이 팀워크와 개인 역량을 모두 발휘하면서 각각의 차이를 평가받을 수 있는 일터를 바란다고 응답하니, HR팀은 이 모순을 어떻게 조화해야 할지 난감했다. 일테면 "다른 직원들과 자유롭게 대화하고 회사의 미래에 대한 긍정적인 논의를 하고 싶다"면서도 "각각의 직원을 존중하는 '공정한 평가'가 필요하다"는 식이었다. 요컨대 직원들은 '일방향'이 아닌 '상호' 커뮤니케이션을 통해 더 자유롭게 교류하고 아이디어를 공유하는 동시에, 편견 없이 직원 개개인의 역량을 적절히 평가할 수 있는 새로운 '체계制度'를 만들고 싶어 했다.

나는 이 책에서 오늘날 한국의 사무직 노동자를 둘러싼 희망과 염원의 딜레마를 살필 것이다. 특히 한국의 대기업이나 중견기업 '정규직' 화이트칼라는 오랫동안 안정된 사회적 위치에서 더 많은 혜택을 받아왔다. 그러나 21세기 들어 기존 한국 사회와 기업의 일반적 이미지에 '탈위계post-hierarchy'라고 표현할 수 있는 미묘한 '단층선fault line'이 생겼다. 나는 이 '탈위계'라는 표현을 통해 한 국가로서 한국이 20세기 여정 후반까지 군대식 '톱다운top-down'으로 상징되는 산업화 근대성에서 지속적으로 거리를 두고 있음을 언급할 것이다.

이 기간은 한국이 6.25 전쟁으로 황폐해진 농업 국가, 노동자 대부분이 농민이던 사회에서 화학, 철강, 반도체, 제약 등 세계 최고 수준의 고도로 기업화된 사회로 변모하는 데 어쩌면 필요했을지도 모르는 형식적 위계의 다양한 적용으로 특징 지을 수 있다. 나아가 두 번의 독재, 엄격한 성젠더 구분, 연공서열 규범, 사회적 역할 통제 등 모든 것이 '국가발전'에 이바지했다고 주장할 수도 있을 것이다. 실제로 이것들은 전통적 규범, 압축 산업화, 자본주의 주변부에서 발생한 압력, 극단적 냉전 상황의 산물로 여겨졌다.

필요한 희생이든 불필요한 잔혹이든, 한국 사회의 산물이든 지정학적 요인이든, 어쨌든 겉보기에 부정적인 위계 구조의 결과로 어떤 일이 벌어졌느냐가 이 책의 핵심 질문이다. 탈위계 사회의 한국 기업은 어떤 모습이어야 하는지는 여전히 모호하다. 어떤 이들에게 탈위계는 '동등한 참여' 즉, 나이와 역량이 다른 직원들이 직급에 상관없이 자유롭게 커뮤니케이션하고, 서로 협력하고, 사회적 압력에서 벗어난 긍정적인 팀 경험을 가능케 하는 수직적 직장 규범 및 조직 구조의 붕괴를 뜻한다. 이와 동시에 어떤 이들에게 탈위계는 '공정한 구별', 다시 말해 나이, 성별, 연공서열에 대한 우려 없이 개인의 기량, 노고, 성과가 적절히 구분되고 인정되는 공정하고 중립적인 평가를 의미한다.

과거의 형태와 유산, 특히 그런 문제의 잔재라고 일컫는 이전 세대 남성 관리자들의 문화를 구분하는 일은 그리 어렵지 않다. 부정적 형태의 위계가 여전히 존재하는 까닭은 '그 시절', '그 사람', '그 관행'이 아직 남아 있기 때문이다. 그리고 더 기본적인 문제는 개인의 차이를 제대로 구별하거나 아니면 확실히 없애고자 애쓸 때 사무직 또는 전문직이 어떤 역할을 해야 하는지에 있다.

한국 기업의 사무직에 관한 이 책의 이야기는 탈위계 사회로 나아가는 과정에서 '구별'과 '참여' 사이의 긴장을 반영한다. 인류학자 크리스토퍼 켈티Christopher Kelty가 관찰했듯이 참여는 다른 이들과 하나가 되기 위해 군중 속에서 자신을 잃는 문제일까, 아니면 궁극적으로 군중과 자신을 구별 짓기 위한 참여의 문제일까?[1] 이는 어떤 의미에서 오늘날 수많은 기업 조직 문제의 중심에 있는 해결되지 않은 모순이다. 1970년대 이후 전세계로 퍼진 신자유주의적 사고와 정책은 '일勞動'의 본질에 대한 극적인 재고와 재구조화로 이어졌다. 그 과정에서 시장, 경제학자, 금융기관 등에 의해 구별과 참여의 문제가 정리되는 듯 보였다. 그러나 여전히 사회에는 '경제적 이동성economic mobility, 개인이나 가족의 경제적 지위가 자기 세대 또는 다음 세대에 개선될 수 있는 능력_옮긴이' 확보와 출세의 장으로 여겨지는 대기업이 존재하고 있다. 구성원과의 이상적인 소규모 사회적 상호작용이 아직 중요시되는 곳, 구별과 참여 문제가 아직 정리되지 않은 곳들이다.

21세기 한국 기업의 사무직은 대규모 조직 내에서 개개인의 구별 짓기와 공동체적 협력참여 모두가 강화됐다는 사실을 여실히 드러낸다. '구별'은 공식적인 시험, 업무 추적, 개별 피드백, 연간 평가, 성과 연봉제, 차등 성과급과 같은 형태로 나타난다. 이런 구분은 고용에서의 구분이 개인의 상대적 삶의 궤적을 가리키는 사회 변수로 작용한다. 한국의 중산층이라면 수원 삼성전자 정규직 엔지니어와 대전 삼성화재 영업사원의 차이를 구분할 수 있을 것이다. 하지만 이와 동시에 개인의 차이보다 협력을 강조하는 다양한 정책과 프로그램도 있다. 여기에는 직함이 아닌 이름을 부르는 정책, 360도 피드백, 팀 또는 셀 기반 업무 단위, 소그룹 회의, 동호회, 타운홀 미팅 그리고 '상호 소통'이라는 비전을 내세우는 새로운 조직 형태가 포함된다.

이 책은 오늘날 한국 기업의 탈위계 서사에서 이상화됐으나, 궁극적으로 모호하고 경쟁적인 답보 상황을 초래하고 있는 구별과 참여 사이의 긴장을 살핀다. 논의 전개를 위해 철강 및 금속 관련 계열사 열두 곳과 지주회사 한 곳으로 이뤄진 한국 중위 대기업을 상도그룹으로 가칭해 민족지학적 관점에서 설명할 것이다. 나는 인류학 박사 과정의 일환으로 2014년부터 2015년까지 상도그룹에서 인턴으로 일하면서 민족지학 연구를 진행했다. 그런데 이 연구는 한국 철강 산업의 중심지인 대규모 공장과 뜨거운 용광로와는 거리가 먼 서울 소재 40층 상도 타워 최상층에 있는 상도 지주회사의 감춰진 사무실에서 이뤄졌다.그룹을 식별할 수 있는 핵심적인 세부 사항은 생략.

이곳에서 나는 구시대적이고 남성 주도적이며 연공서열 중심으로 비치는 업무 체계에 변화를 가져오고자 애쓰고 있는 소규모 HR팀에 합류했다. 상도그룹에서 단순히 위계를 거부하는 것 이상의 탈위계 업무 환경을 만드는 방안은 현실적으로 명확하지 않았다. 앞서 직원 설문 조사 결과가 보여주듯이 어떤 직원들은 인적 문제와 별개로 더 전문적이고 기술적인 관리를 원했지만, 또 어떤 직원들은 직장 내에서 상대적 박탈감을 느꼈고 그래서 보다 인간적인 업무 환경을 바라고 있었다. 이 두 가지 동인은 결국 현실에서 각기 다른 모순을 초래했다. '구별'이 직책과 성과 형태로 측정되고 그런 직책과 성과가 다른 구성원들과 상대적으로 관련돼 있을 수밖에 없다면, 직장 내 구별이 위계적이지 않다고 말할 수 있을까? 더욱이 HR 부서 관리자들이 직원들에게 새로운 형태의 참여 및 업무 조직을 도입한다면, 그것이 아무리 개혁적이고 글로벌하다고 할지라도 그저 변화라는 이름의 톱다운 통제 형태를 답습하는 게 아닐까?

나는 이 책에서 HR 부서 관리자들을 비롯한 여러 관리자가 이와 같은 긴장관계에 대한 이해를 바탕으로 구시대적 위계질서를 또다시 강요하지 않으면서 팀의 협력을 독려하고 직원 개개인의 능력을 공정하게 구별 짓는 긍정적인 업무 환경을 촉진할 신규 프로그램을 만들고자 분투하는 모습을 추적할 것이다.

직장 내 형식적 구별 짓기를 비판적인 관점에서 지켜본 사회과학자들이 있다.[2] 20세기 동안 전세계에 걸쳐 비인간적이고 소외감을 불러일으키는 다양한 조직 체계가 존재했다. 업무 과제를 얼마나 효율적으로 수행하는지, 커뮤니케이션 능력은 어느 정도인지, 심지어 다른 직원들이 해당 직원을 어떻게 생각하는지에 따라 사람을 구별 짓는 체계였다. 이와 마찬가지로 사회과학자들은 HR 부서에서 만들어 매뉴얼을 통해 교육하는 기업 문화 대용 모델에 대해서도 회의적이었다. 이 모델은 사람의 가치를 자의적으로 규정함은 물론 부족한 자리를 사이에 둔 인적 경쟁을 이용해 노동력을 가늠하는 해로운 형태의 구별 짓기였으며, 기업은 이를 공동체적 가치를 홍보하는 저속한 캠페인과 구인 활동에 활용했다.[3] 노동 체계의 언저리 또는 가장 바닥에 있는 사람들을 배제하는 잔혹한 관행에서부터 정규직 직원들에게까지 영어 능숙도와 같은 자의적 기준을 적용해 인재의 역량을 추론하는 공격적인 신자유주의 평가 체계에 이르기까지, 한국의 HR 정책도 예외는 아니어서 오랫동안 국내 여론의 비난을 샀다.

그렇지만 기업 고용 관행을 둘러싼 이런 역사적 비판에도 불구하고 한국 대기업또는 사람들이 상상하는 대기업의 직장 생활의 인기는 여전했다. 이들 기업은 구별과 참여 문제에서 변화와 개혁이 자주 이뤄지는 곳이고, 나쁜 정책을 근절하고 새로운 아이디어를 실험하는 곳이며, 경제 민주화가 실현되는 곳으로 여겨졌다. 이 책에서 나는 이와 같은 현상을 '초기업 이상supercorporate ideal'이라고 설명한다. 초기업 이상은 개인의 능력 구별과 동등한 참여 그리고 긍정적인 사회적 상호작용의 탈위계를 실현하려는 기업의 보다 광범위한 약속으로 정의할 수 있다. '초기업'이라는 용어는 대기업 조직이 순수하게 경제적·조직적 기능만 작동하는 곳이거나 소유주나 자본주의 기관의 통제 대상만이 아니라, 더 폭넓은 사회적·문화적 중요성을 가진 곳이라는 의미를 담고 있다. 기업의 일이 품고 있는 기운에는 개인과 국가 발전을 위한 계층 이동성도 포함돼 있다. 대기업에 취업하고, 대기업에서 승진하고, 대기업과 제휴하는 것은 한국의 중산층에서 여전히 핵심 성공 지표로 통한다. 더 높은 수익이나 더 높은 글로벌 인지도 측면에서 개별 기업이 거둔 성공은 후기 발전 시대로 보이는 21세기에도 대다수 한국인이 생각하는 발전의 핵심 척도로 남아 있다. 국가의 산업자본주의적 성취에 대한 광범위한 서사와 마찬가지로, 기업의 성취는 개인의 성공을 통한 가족의 계층 이동 서사에 중요한 프레임을 제공한다. 이런 의미에서 초기업이라는 개념은 개별 기업 조직이나 대기업을 제품 시장이나 금융 시장에서 기능하는 주체로만 보지 않고 문화적 서사의 일부로 이해한다.

초기업 이상의 핵심 측면, 특히 한국에서 두드러지지만 다른 곳에서도 찾아볼 수 있는 측면은 기업이 다양한 기술과 정책의 기술관료주의전문적·과학적 지식과 역량을 갖춘 사람이 정책 수립과 의사 결정에 강한 영향력을 행사해야 한다는 관점_옮긴이 조합을 통해 공정한 구별 짓기 체계를 수립하고 인정받을 수 있는 곳이라는 점이다. 다시 말해 기업은 사람들이 계층 이동성에 접근할 수 있는 곳이자 소수 엘리트가 통제력을 유지할 수 있는 곳일 뿐 아니라, 근본적으로 모든 사람이 위계화되기를 바라는 곳이다. 관리 등급, 회사 브랜드, 전문 범주 등의 지표 또는 구별은 표준적인 도시 중산층이 자신들의 경력에 대한 열망을 뚜렷이 드러내는 일련의 징후로 이뤄져 있다. 이런 징후 중에는 기업 위계 서열 내의 핵심 순위나 연간 평가 시 부여되는 등급처럼 정교하게 만들어진 것이 있는가 하면, 사람들의 선망 대상이 되는 직종, 상여금, 복리후생처럼 그 범위가 더 넓은 것도 있다. 이렇게 보면 기업은 엄격한 의미에서 조직적 기능, 경제적 기능, 시장 기능에 필요한 것 이상의 의미 형태가 조합되는 곳이다. 행위 주체로서만이 아니라 사회의 현장으로서 기업의 기본 기능은 출세 지향적인 중산층이 자신과 타인을 인식하게 해주는 뚜렷한 형태의 양적·질적 구별 짓기를 제공하는 것이라고 볼 수 있다.

하지만 이는 어디까지나 초기업 '이상'이다. 기업의 방식이 매우 효율적으로 작동하는 듯 보이는 TV 뉴스나 관리 계획 심지어 자본주의에 대한 비판적 설명과 달리 실제로 구별 짓기는 명확하게 드러나지 않는다. 왜냐하면 오늘날 사무 업무에서 참여협력가 차지하는 영역은 기업의 관리 기술에만 영향을 받는 것이 아니기 때문이다. 직장 생활은 커뮤니케이션, 문서화, 상호작용 등 다양한 형식으로 가득 차 있다. 이 가운데는 공식 업무와 관련된 것도 있지만 대부분은 단순히 조직 내에서 이뤄지는 더 넓은 맥락의 사회 생활에 속한다. 일테면 대기업 관리직으로 근무하는 것과 같은 특정 유형의 사회적 지표는 한 세트로 구성된 일련의 징후를 수반하는데, 상사를 위해 서류를 복사하고 커피 심부름을 하고, 파워포인트 프레젠테이션 문서를 대신 작성하는 등의 일 또한 외부 사람들은 볼 수 없는 구별 짓기 요소로 작용한다. 직장 내에서 높은 지위에 있는 사무직 노동자도 예외는 아니다. 자신이 만들지 않은 업무 환경에서 갖가지 형식의 문서, 기술 플랫폼, 기업 절차를 배우고 숙달하는 한편 조직 구조, 특별 관리 프로젝트, 사내 정치 사이에서 스스로 방향을 찾아 나아가야 한다. 이런 측면에서, 특히 대기업 조직에서 현대 사무 업무의 이질성은 더 넓은 사회적 구별 짓기와 명확하게 일치하지 않는 직장 수준 사이에서 어지러운 지형을 만든다. 업무 관행이라는 명목 아래 구별과 참여에서 나름의 국지적 질서가 형성되기 때문이다. 그 일부는 직급그리고 어쩌면 그에 비례한 급여나 사무실 크기과 같은 외적인 구별 짓기에 부합하거나, CEO와의 타운홀 미팅처럼 조직에 참여하고 있다는 느낌을 제공하지만, 직장 내의 모든 잠재적 징후와 그것이 인식되는 방식은 다분히 우발적이고 광범위하며 인위적이다. 업무 수행 방식, 회의에서 발언한 내용, 동료들끼리 호명하는 방식 등을 둘러싼 작고 하찮아 보이는 사안들이 결국 기업 조직 체계나 기법이 강화하고 안정시켜야 할 다른 지표에 불협화음을 유발할 수 있다.

기업의 관리 체계가 공식적인 노력으로 구별과 참여를 제한하려고 시도하더라도, 이 두 가지는 모두 결코 정착되거나 고정될 수 없는 활동적 영역에 속한다. 때때로 실패는 늘 고함을 질러대는 상사처럼 과거 위계 구조의 부정적 요소를 다시 소환하는 듯 보일 수 있다. 또 때로는 과도한 구별 짓기가 직장 내 경쟁에 지나친 우려를 낳음으로써 직장에서의 사회 생활에 혼란을 초래하는 것처럼 보일 수도 있다. 이 책에서 나는 한국 기업은 불안정한 구별 짓기의 현장이며, 그 안에서 초기업 이상을 실현하고자 끊임없이 직장 생활의 경계를 재정의하려는 노력이 늘 실패하는 것처럼 보인다고 주장한다. 문화적이고 세대적인 문제, 나아가 관리적인 문제라는 관점이 이에 대한 일관성 있는 설명처럼 보이겠지만, 실제로는 그런 문제와 큰 관련이 없다. 나는 오히려 중산층의 열망이라는 관점에서 기업 조직이 대변하는 이상과 비교해 개인적 구별과 집단적 참여의 탈위계적 형태를 안정화하는 어려움과 관련이 있다고 본다.

한국의 노동 시장은 더 넓은 범위에서 보면 여전히 계급 투쟁이 한창인 영역이다. 대부분 노동 쟁의가 파견직, 비정규직, 계약직과 같은 특정 노동 범주를 경제적 혜택, 직업 안정성, 사회적 인정을 포함하는 정규직으로 전환하는 문제와 관련이 있기 때문이다.[4] 그러나 상도그룹에서 함께 일했던 직원들의 노동 문제는 크게 달랐다. 생산 현장의 현실을 보고서나 스프레드시트 같은 장표로 간접 경험하는 대기업의 정규직 사무직원이라는 안정감이 상당한 영향을 미친 탓이다. 그렇더라도 대기업의 사무 업무 환경 역시 구별 짓기를 둘러싼 여러 문제를 떠안고 있었다. 이는 내부자이긴 하지만 상대적으로 취약 계층에 속한 직원들의 상황을 반영한다. 예컨대 상도라는 기업 내부에는 다른 사무직 노동자들이 누리는 혜택과 특권에서 배제된 노동자들, 일테면 지역 영업소에서 일하거나 백오피스 IT 업무를 담당하는 직원들이 있다. 본사와 대조적인 지역 영업 사업의 지위는 광범위한 노동 불평등의 측면에서 일반 대중의 관심 밖에 있지만, 직원들 자신과 그들을 관리하는 관리자로서는 그들이 받는 상대적 차별이 긴밀한 사안일 수밖에 없다. 나도 이 책에서 기업 고용 지표를 통해 자신의 능력을 구별할 기회는 오늘날 기업 업무의 중요한 전제 조건이자 약속이라는 점, 그와 같은 구별 짓기를 보장하면서 직원 상호 간의 참여_{협력} 방안을 고심하는 기업 윤리와 실행 계획이 복잡한 문제라는 점을 진지하게 받아들이고 있다.

이처럼 고르지 못한 노동 지형을 내부적으로 이해하는 것이 2014년

말 시행한 연례 직원 설문 조사의 암묵적 목표였다. HR팀의 장 팀장은 이 설문 조사가 고압적인 상사, 긴 업무 시간, 불균등하게 강요되는 노동 정책하에서 힘들게 일하고 있는 여러 부서의 젊은 직원들의 내부 상황을 드러내리라고 확인했다. 장 팀장은 이들의 세계와 동떨어져 있으면서도 조직적으로는 상위 부서인 지주회사 HR팀이 조직의 집단적 불만을 해소할 방안을 제공할 수 있다고 믿었다. HR팀은 직원들의 응답 내용을 수집한 뒤 이를 수치화하고 통계적 상관관계로 전환함으로써, 설령 그들이 한 번도 방문하지 않았을지라도 한국 전역에 분포한 상도그룹 일터의 업무 환경을 개선할 역학을 명확히 끄집어낼 수 있으리라고 생각했다. 이 설문 조사는 지주회사를 통한 상도그룹의 조직 관리에 새로운 전환이 있음을 보여주는 사례였다. 지주회사에는 상도그룹의 계열사 및 각지에 분산된 지사에 외부 지식과 리더십을 제공하고자 최근 고용한 새로운 전문가 집단이 있었다.

한국에서 누구나 아는 이름은 아니었지만, 당시 상도그룹은 서울에서의 존재감은 물론 그룹 구조에도 상당한 변화를 겪고 있었다. 2010년대 초 상도그룹은 새로 지은 오피스 타워로 계열사들을 모았다. 훨씬 규모가 크고 상대적으로 자율적인 계열사 조직들 옆에 지금까지 회장 직속 기구로서 존재하던 작은 지주회사가 다국적 그룹을 총괄하는 새로운 전문 허브로 확장하고 있었다. 인적 자원, 전략, 성과 관리, 법무, 홍보 등의 분야에 전문가팀이 신설됐으며, 이름 있는 다른 대기업에서 장기 재직했거나, 회계학 학위가 있거나, 컨설팅 경력이 있는 중상위급 관리자들이 영입됐다. 이들 전문가 그룹은 대기업이 갖는 차별성을 각기 다른 방식으로 다뤘다. 전략팀은 계열사가 확장할 수 있는 신흥 시장을 분석하기 위해 구성됐다. 홍보팀은 공유할 수 있는 기업 가치 도입과 내부 브랜딩을 비롯한 다년간의 기업 이미지 활성화 사업을 감독했다. HR팀은 복리후생 정책, 승진 시험, 임원 평가, 직원 교육, 업무 추적 시스템 등 인사 관리 인프라를 다루는 많은 프로젝트를 수행했다.

상도 타워의 최상층을 차지한 이들 팀은 일부 직원들에게는 독특한 계열사 조직에 새로운 경영 이상을 부여하려는 엘리트 전문가 집단으로 보였을 것이다. 경영 이상주의에 대한 비판은 관리 프로그램이 지나치게 합리적인 설계와 고매한 의도 또는 계급 격차로 인해 인간적 가치관에 부응하지 못한다는 사실을 바탕에 두고 있다.[5] 이 책에서 나는 200년 전 철학자 프리드리히 헤겔Friedrich Hegel이 《법철학 요강Grundlinien der Philosophiie des Rechts》에서 기업에 관해 설명했던 기조를 따라 기업과 기업 구성원 집단을 비교적 신실한 윤리적 참여의 장으로 간주하고 있다. 헤겔은 기업을 시장이나 국가와 같은 사회 형태로는 불가능할 수 있는 '인륜sittlichkeit' 탐구의 핵심 장소로 식별했다. 헤겔에게 기업은 자본주의 내에서 형성된 윤리적 공동체의 한 형태였으며, 그 공동체의 구성원이 된다는 사실은 "나는 중요한 사람"임을 시사하는 것이기도 했다.[6] 물론 헤겔은 당시로서는 대규모 산업 생산에 초점을 맞추고, 글로벌 상업 체계에 얽매여 있으며, 지역적 맥락을 이탈한 것처럼 보이는 현대 기업의 광범위한 성장을 염두에 둘 수 없었다. 하지만 그렇더라도 나는 공정성과 도덕성 그리고 인정을 기대한 채 자신의 업무에 접근하는 한국의 수많은 사무직 노동자들과 경영자들에게 기업의 이상과 직장 생활의 복잡한 현실을 헤쳐나가는 일은 헤겔의 생각처럼 여전히 윤리적 문제로 남아 있다고 말하고 싶다.

헤겔이 기업의 초기 관념에서 자유를 위한 기회, 즉 "자신의 기술을 발휘할 수 있는 자연적 권리"를 발견했다면, 이 책에서 나는 현대 기업에서 가능한 다른 자유를 주목한다.[7] 바로 기업의 위계화에 참여할 수 있는 자유다. 여기에서 내가 지칭하는 '위계화'는 인간 불평등에 관한 낭만적 관점이 아니다. 현대 기업 조직에 의해 조직화하거나 최소한 응집된 사람들의 차등적·위계적 역량을 약속할 수 있는 자유다. 이를 통해 사람들이 경력 진전 사항을 추적하고 인지하는 방법과 국가, 사회, 가족에 의한 사회적 통제나 평가로부터 형식적으로 자유로울 수 있는 경계를 명확히 할 수 있다.

정규직 신입사원이나 팀장처럼 확실히 인지할 수 있는 위치에 자리 잡는 것은 대기업이 여전히 계층 이동성과 관련해 중산층의 요충지로 남아 있는 한국 사회에서 자신이 중요한 존재임을 보여주는 방식이다. 그렇다고 해서 이 위계화 약속이 항상 달성되는 것은 아니다. 실제로는 여러 가지 현실적 요인 때문에 양상이 더욱 복잡해진다. 어쨌든 이와 같은 이상 또는 약속은 자유의 한 형태로 간주할 수 있으며, 오늘날 한국 사회에서 직장 생활을 지속적 개혁과 성찰의 장으로 만드는 요인이기도 하다.[8]

··· 한국은 초기업 사회 ···

20세기 중반에 대규모 기업 조직의 안정성을 자본주의의 중요한 성과라고 여기던 때가 있었다. 기업 조직은 지역 공동체 내에 단단히 자리 잡고 있었을 뿐 아니라 개인 삶의 여정에서, 노동의 화합에서, 지역 사회를 위한 투자에서, 장기적이면서 제도적인 궤를 함께했다. 1970년대 미국을 필두로 관료적·위계적 조직의 경직성과 고루함에 대한 비판이 시작됐다. 그리고 이런 분위기는 개인이 반드시 비효율적 관리 경로에 의존하거나 억압적 직장 규범에 묶일 필요 없는 시장과 금융 우위를 향한 새로운 견해를 싹트게 했다.

사회학자 제럴드 데이비스Gerald Davis는 이 같은 변화를 '조직 사회'에서 '포트폴리오 사회'로의 전환이라고 설명했다. 그에 따르면 조직 사회에서 "기업은 구성원의 일상을 형성하는 필수 요소"였지만, 포트폴리오 사회에서 "조직 구성원은 단기 투자자로 대체"됐다.⁹ 미국의 경우 이 전환은 직장의 위계 구조 해체와 맞물렸다. 완곡하게는 '직계 간소화 delayering'라고 불렸지만, 사실 조직의 허리 기능을 담당했고 직장인들의 장기 생존을 위한 경로였던 중간 관리자의 말살을 의미했다. 실제로 투자 은행과 헤지펀드를 비롯한 금융 기관이 미국과 서구 자본 및 노동 시장을 크게 재편할 통제와 구별 짓기의 새로운 제도적 행위자로 기업 조직을 수렴하면서 위계 구조 해체가 본격화했다.

대기업에서 일하며 중간 또는 고위 관리직에 오르는 것은 대기업과 그룹 체계와 대규모 관리직 채용 시스템이 중심적 위치를 차지하는 한국과 일본에서 여전히 매력적인 일이며, 경제적·문화적으로 선망의 대상으로 여겨지기에 그 의미를 과소평가할 수 없을 것이다.[10] 일본에서는 장기간에 걸쳐 다양한 학자들이 '샐러리맨salaryman'으로 상징되는 사무직 노동자를 중심으로 일본의 자본주의적 근대성과 전후 정상화에 대한 서사를 매개한 기업의 역할을 논의해왔다. 이 서사는 평생 고용의 꿈을 달성하기 더 어렵게 만드는 변화 속에서도 집요하게 이어졌다.[11]

반면 한국 기업들의 출세 지향적 측면은 지난 50여 년 동안의 격동과 경쟁의 정치와 경제, 특히 재벌 기업과 발전주의 국가의 역할에 가려져 관심을 얻지 못했다. '재벌'이라는 용어는 창업주 집안이 기업을 대대로 소유하고 경영하는 대기업을 지칭한다. 이들 재벌 기업은 1970년대와 1980년대 그리고 1990년대 한국의 경제 성장 무대에서 중심을 차지한다. 고전적인 산업 재벌은 정계와 유착된 야심 찬 자본주의 리더들을 결합했다. 이들은 정부 계획, 허가, 대출 및 그 밖의 수많은 유리한 대우를 받으면서 신규 산업 기업들을 이끌고 감독했다.[12] 이처럼 국가 차원에서 대기업이 성장할 수 있는 환경을 조성한 '국가-기업 자본주의state-corporate capitalism'는 한국이 산업 근대화를 공격적으로 가속하는 데 유용하다고 믿었던 발전주의 국가 '대한민국 주식회사Korea, Inc.'의 주목할 만한 특징이었다. 그런데 1990년대 중반에 이르자 한국은 은행 및 자본 투자에 대한 주도적 역할에서 크게 물러났고 재벌들이 다양한 분야로 산업을 확장하도록 내버려뒀다. 그 과정에서 재벌 기업들은 엄청난 부채를 스스로 감수하게 됐다. 재벌들의 이런 과도한 확장이 초래한 경제적·사회적 상충관계는 1997년 아시아 금융 위기를 촉발한 부채 공황으로 절정에 달했다. 부채 비율이 감당 불가능한 수준까지 치솟았고, 결국 국가와 국제통화기금International Monetary Fund, 이하IMF의 개입과 산업 재편이 필요했다.

20세기 말은 한국 특유의 대기업 자본주의의 종언을 고하고 노동조합의 역할, 가족의 기업 소유, 연공서열 중심의 승진 체계 같은 기존 조직 문화가 해체되면서, 새로운 자본주의 모델로 향하는 길을 닦는 것처럼 보였다. 새 천 년이 시작되는 21세기를 맞아 특히 노동조합의 역할 감소와 관련해 상당한 변화가 있긴 했지만, 대기업 중심 체제에서 완전히 멀어진 것은 아니었다. 국가 역할 대부분이 규제와 홍보로 축소됐고, 외국 및 기관 투자자들이 한국 기업들의 더 큰 지분을 차지하게 됐어도, 대기업 조직은 여전히 경제 지형에서 중요한 고정물로 남아 있었다. 관리직으로 올라가는 전형적 코스인 정규직 고용 시스템도 직장 생활의 궁극적 목표이자 사회적 구별을 표시하기 위한 종착역으로서 여전히 건재했다. 대기업 직장 생활의 매력적인 이미지도 퇴색하지 않았다. 다만 양상이 바뀌었다. 산업화 시대의 대기업과는 다르나 조직 모델은 모사한 신규 기업 그룹들이 대두했다. 여기에는 네이버NAVER나 카카오Kakao 같은 빅테크big tech 기업, 넥슨NEXON 등의 게임 회사, 아모레퍼시픽Amore Pacific 등의 화장품 회사가 있다. 국영 기업에서 민영화한 통신 회사 한국통신KT과 철강 대기업 포스코POSCO 역시 중산층이 취업하기를 희망하는 인기 기업들이었다.

한국의 재벌 현상은 서구 자본주의와는 다른 세 가지 변칙성, 즉 가족 소유와 통제 지속, 재벌 대기업이라는 형태 자체, 국가 개발 목표와의 긴밀한 통합으로 인해 외부의 주목을 받았다. 그렇지만 재벌의 이 같은 측면들은 서구에서 초기에는 다양한 지점의 경제적 본보기로 여겨졌으나, 이내 폐기해야 하는 양상으로 흘러갔다. 소유권 세습을 비롯해 소액 주주와 중소기업을 희생시키면서 자본을 재벌 기업에 집중하는 기업 체계에 비판적인 한국인들도 쉽게 찾을 수 있다. 기업 오너의 비도덕적 행위, 노사 충돌, 나이든 관리자들의 시대착오적 언행, 유흥에 큰돈을 탕진하는 오너 일가의 행태 등으로 대중의 비난을 사기도 한다. 그렇지만 이와 같은 비판과 비난 또한 기업의 역동성은 대중의 이목을 끄는 대상이며, 바람직한 기업 조직은 지배 구조가 적절하고 공정한 인정이 이뤄지는 곳이어야 한다는 생각을 강화한다. 이런 맥락에서 보면 국가 발전과 개인적 열망을 아우르는 지표로 대기업 취업과 경제적 성공이 상징하는 위치는 여전히 정치적 스펙트럼 전반에 걸쳐 모순적 상황을 만들어낸다.[13]

이것이 한국 작가 조남주의 인기 소설 《82년생 김지영》이 담고 있는 전제다. 2016년 출간 이후 여러 언어로 번역되고 영화로도 제작된 이 소설은 향상심 강한 워킹맘이 한국 사회 곳곳에서 마주하게 되는 차별을 이야기한다. 이런 차별은 김지영이 결혼하고 아이를 낳고 일을 계속하는 과정에서 심화한다. 이는 인류학자 조한혜정이 '주부화'로 묘사한 규범적 제약을 반영한다. 이 과정은 20세기 한국을 비롯한 여러 곳에서, 남성은 현대 노동 가치와 긴밀하게 연결되고 여성은 남편의 성공과 훗날 자녀의 성공에 기대야 했던 많은 곳에서 일어났다.[14] 김지영의 고투는 사회, 가족, 조직을 가로지르는 젠더 위계를 보여주지만, 역설적이게도 최소한 직업적 경험 차원에서 김지영의 궁극적인 바람은 그와 같은 체제를 완전히 떠나는 게 아니라 거기에 참여할 수 있게 되는 것이다.

이 소설은 김지영이 차별 없이 기업 사회에 참여할 수 있어야 하며, 그녀가 일하는 전도유망한 지식 노동 분야광고 기획에서 그 재능과 노력이 공정한 보상을 얻어야 함을 상기시킨다. 이 관점의 밑바탕에는 문제가 기업 시스템 자체가 아닌 그보다 광범위한 사회 위계에 있다는 생각이 깔려 있다. 이 소설에서 묘사하는 차별의식 적고 이해심 많은 상관, 능력에 대한 인정, 새로운 일터는 사회의 다른 조직이나 인간 군상과 비교해 소소한 해방의 공간으로 작용한다. 요컨대《82년생 김지영》에서 우리는 직장 생활을 갈등의 장으로 여기면서도 문제 있는 사람들과 시대착오적 생각에서 벗어나면 그런 갈등을 해결할 수 있다는 '초기업 이상'의 일면을 엿볼 수 있다.[15]

지위를 얻거나 승진하는 것이 내부자로서 인정받는 지표가 되면 조직 내 내부자들의 위치는 더 불명확해진다. 왜냐하면 부분적으로라도 내부 구별 짓기는 다양한 업무를 담당하는 직원들 사이의 상호작용을 매개로 이뤄지기 때문이다. 가장 공식적인 의미에서 구별 짓기는 인재를 분류하고, 기록하고, 평가하는 HR 기법에 기반을 두고 있다. 인적 자원 관리Human Resource Management, HRM와 같은 관리 영역에서는 평가, 승진, 성과급 등에 대한 합리적 구별 짓기에 근거를 제공하고자 유사한 측정 기준에 따라 직원들을 평가하려고 할 것이다. 이론적으로 이 체계는 직원들의 업무 과제, 책임, 혜택 전반에 걸친 상대적 차이를 추적하면서 가시적인 외적 구별 짓기를 구현할 수 있다. 그렇지만 오늘날 기업의 일과 직장 생활은 그와 같은 추상적 역량이 다른 직원들과의 상호작용에서 형성되는 방식을 보여주는 다양한 관행과 복잡하게 얽혀 있다.

추상적 이상으로서의 구별 짓기와 참여는 우호적인 관계가 주는 즐거움, 프로젝트 참여에서 얻는 흥미로움, 자신의 일과 관련한 고위 임원의 칭찬 등 다양한 시간과 공간에서 어우러져 존재 및 부재의 영향력을 형성하는 여러 요소의 조합으로 이해할 수 있다. 실제 기업 현실에서 추상화된 시스템 전체를 바라볼 때보다는 일상적인 업무에서 오히려 구별 짓기와 참여의 측면을 쉽게 인지할 수 있다. 달리 말하면 일상적인 상황에서 접하게 되는 다양한 사건이 직장 생활에 대한 긍정적 기대에 부응하거나 기대를 깨뜨릴 수도 있는 것이다.

상도그룹 일본 지사에서 일하던 진희 대리를 예로 들어보자. 나는 협업 HR 프로젝트에서 그녀와 온라인을 통해 만났다. 그녀는 대학 졸업 후 해외 봉사 활동을 하다가 도쿄에서 한국 기업 경력을 시작했다. 상도 일본 지사는 현지 법인 고객과 일본어로 대화가 가능한 한국인 직원들로 가득했다. 그녀는 도쿄 상도가 다른 일본 기업들보다 급여 수준이 낮고 일본인 대부분이 상도그룹이나 기업 간 철강 영업에 관해 잘 모른다는 사실을 알고 있었다. 그런데도 그녀는 상도 일본 지사에서 신입 사원으로 시작해 3년 만에 대리로 승진한 데 커다란 자부심이 있었다. 진희 대리는 상도그룹의 일본 지사 인트라넷 시스템을 서울 본사 시스템과 연결하고 다양한 데이터베이스 유형을 수동으로 조정하는 특수 프로젝트를 담당했다. 때로는 서울에서 상도그룹 계열사 CEO가 일본 지사를 방문할 때 수행 업무에 참여하기도 했다. 그러나 그녀의 업무에서 구별과 참여의 합리적 조합은 승진한 남성 임원이 그녀를 직함으로 부르지 않을 때 훼손됐다. 퇴근 후 회식 때 노래방에서 상사가 추근거릴 때 그녀의 직장 생활 자신감은 더욱 떨어졌다. 이는 그녀가 기업 업무의 궤를 함께하는 동료라기보다 여성 접대부로 취급되고 있다는 징후가 되기에 충분했다. 그 일련의 불쾌한 사건들은 그녀에게 그런 징후가 무엇을 의미하는지를 인식하게 만드는 계기로 작용했다. 그것은 그곳 도쿄에서 이전까지 경험으로는 한 번도 생각해보지 않았던 한국식 직장 생활로의 회귀였다. 호칭이나 회식 등 업무와 별개로 보이지만 직장 생활 과정에서 엄연히 나타나는 갖가지 지표는 기업 내 구별 짓기를 둘러싼 다른 역량과 연계를 재구성하고 직급, 급여, 책임처럼 공식적·실질적으로 중요한 요소를 불안정하게 만들 수 있다.

이와 같은 맥락으로 보면 한국에서의 초기업 이상은 대기업의 힘이나 명성 또는 직장에서 뚜렷하게 드러나는 계급의 위상만을 반영하는 것이 아니다. 그보다 기업 체계의 형식적 측면만큼이나 실제로 각 팀에서 형성되는 동료애와 선후배 관계 등 직장 생활 전반에 걸쳐서도 많은 영향을 받는 조정 잠재력으로 이해할 필요가 있다. 그런 조합들이 적절히 조정된다면 개인 또는 가족의 경제적 이동성 서사에 관한 더 넓은 성공 아이디어를 충족시킬 수 있다. 하지만 반대로 조정이 제대로 이뤄지지 않으면 개인의 실패와 특정 기업의 문제를 넘어 한국 전체의 문제, 나아가 현대성 달성 실패라는 상위 서사를 확정할 수 있다.

여기에서 간과하지 말아야 할 부분은 현실에서 초기업 이상을 인식하거나 해석하게 만드는 갖가지 징후는 형식적인 프로그램으로 환원될 수도 없고 한국 내 모든 기업에서 같은 정도를 갖지도 않는다는 점이다. 진행되고 있는 해석과 서사는 기업 생활의 일부이자 한 꾸러미다. 그렇기에 같은 사건이라도 보는 관점에 따라 다르게 해석될 수 있다. 이런 측면에서 HR과 같은 인사 전문 분야나 기업 조직의 상부에 있는 사람들이 하는 일은 단순히 권력으로 밀어붙이거나 저항을 억눌러 자본이나 경영을 옹호하는 것이 아니다. 그들의 일에는 한국에서의 구별 짓기와 참여라는 다소 불안정한 현실에서 마찰이 발생하는 지점을 파악하는 것도 포함된다. 내가 인터뷰한 많은 HR 담당자들에게 직장 생활의 기본적 모순은 기업 어젠다보다 완벽한 균형이나 직장 만족은 실현 불가능한 일이라는 것이었다.

실제로 한국의 HR 업무에는 상사 눈치를 보느라 휴가를 내지 못한 직원에게 업무를 떠넘기는 식의 참여 남용으로 보이는 상황을 인식하는 일을 포함해야 한다. 또 다른 차원에서 HR 담당자들은 구별 짓기를 위한 새로운 방식을 마련할 때 그것이 직장 생활의 다른 영역에 미칠 영향을 신중히 고려해야 한다. 내가 제2장에서 언급하고 있듯이 모든 직원의 직함을 '매니저'로 통일해 수평적 조직 구조를 만들려는 실험은 결국 많은 한국 기업에서 문제를 일으켰는데, 실질적인 관리자가 누구인지 아는 상황에서 업무 구별이 필요한 부분까지 평준화한 게 원인이었다.이것이 단 하나의 원인은 아니더라도.

직장 생활을 개인적 구별과 집단적 참여 사이의 복잡한 항해로 비유할 때, 이 두 가지를 모두 위협하는 영역이 있다. 다름 아닌 '세대 차이'다. 제3장에서 논의하듯이 일반적으로 나이든 남성 관리자들은 직장 내에서의 적절한 행정, 인도적 처우, 성별과 무관한 공평한 기회 등을 방해하는 요인으로 나타났다. 그와 같은 양상은 과거의 위계질서에 대한 부정적 견해가 구체화한 것이라고 볼 수 있다. 세대론을 둘러싼 보다 광범위한 한국적 서사에서 보자면, 직장 생활에 관한 여러 의견을 종합할 때 이 나이든 남성 관리자들을 다른 시대 사람들이고, 공정한 구별과 건전한 참여를 저해하는 직장 내 불평등의 원인으로 인식됐다. 위계 구조의 부정적 측면이 기업 공간에서 계속 다시 나타나는 듯 보인다는 사실이 꼭 기업 취업의 신화를 깨뜨리는 것은 아니지만, 그런 모습들은 실제로 어떤 조직이 다른 조직보다 낫다거나 더 극적으로 개혁해야 할 영역이 있다는 생각을 충분히 강화할 수 있다.

… 구별과 참여의 정제와 관리 …

이 책은 구별 짓기와 참여의 복잡성을 다루기 위한 두 가지 접근 방식과 그것이 초기업 이상과 어떻게 연결되는지에 초점을 맞추고 있다. 두 가지 접근 방식은 구별과 참여를 '정제'하려는 시도와 '관리'하려는 시도를 말한다. 정제는 행위자가 사람들 사이의 상호작용이나 차이를 일련의 핵심적 역량, 특성, 요소로 단순화하거나 통합하고자 시도하는 방식이다. 관리는 일터 전반에 걸쳐 최소한 또는 필요한 구별 짓기만 부각함으로써 불공정한 구별에 대한 위험 요인을 완화하거나 통제하는 방식이다. 정제가 특정 종류의 구별이나 참여를 가시화하기 위해 직장 생활을 복잡하게 만드는 부적절한 요소를 제거하는 작업전문적인 용어로는 '중재' 이라면, 관리는 직장 생활 자체의 복잡성은 인정하되 추가적 충돌을 초래할 수 있는 차이 영역을 바꾸거나 심지어 그런 영역을 숨기는 작업이다.

'정제' 사례로 상도 지주회사 전략팀의 백 과장을 들 수 있다. 백 과장은 글로벌 철강 산업과 그 안에서 상도가 차지하는 위치에 깊은 관심이 있었다. 그에 따르면 한국 철강 기업들은 그동안 이렇다 할 경쟁 없이 철강 및 금속 제품 시장을 안정적으로 점유하고 있었다. 그러나 백 과장은 그런 그들의 발아래 땅이 변하는 것을 봤다. 여러 부문에서 도전 과제가 쌓이고 있었다. 중국에서는 정부의 지원 아래 국영 철강 기업이 생산을 늘리면서 세계 철강 가격을 하락시켰고, 한국의 다른 대기업들은 보호 장치가 없는 업계로 진출을 모색했으며, 미국은 한국산 철강 제품에 새로운 관세를 부과하려고 바쁘게 움직이고 있었다.

백 과장이 보기에 상도그룹의 일부 리더들은 낡은 사고방식에 갇혀서 계열사 합병이나 신흥 시장 진출이나 공장에 신규 생산 기법을 도입하는 등의 변화에 필요한 일을 할 수 없었다. 백 과장 눈에 상도는 급변하는 세계 질서 한가운데서 빠르게 추락하고 있었고, 극적인 변화가 없다면 상대적으로 안전했던 한국 내 시장에서의 위치도 위협받을 수 있는 상황이었다. 전략팀에서 백 과장이 참여한 프로젝트 중 하나는 새로운 제조 방법을 상도그룹 계열사 생산 현장에서 시험 운영하는 것이었다. 백 과장은 소규모 전략 그룹과 함께 이 새로운 관리 접근법을 실험하면서 생산 프로세스에 능동적 오류 수정을 구현하는 시스템 구축을 목표로 세웠다.

이 체계의 핵심은 현장에서 만들어진 보고서가 상부에 전달되는 방식에 있었다. 백 과장이 참여한 프로젝트를 이끌던 정 상무는 이를 '1페이지 시스템'이라고 표현했다. 이 체계에서는 공장 현장 데이터가 곧바로 계열사 CEO와 이후 상도그룹 회장에게 전송된다. 달리 말하면 그동안 데이터를 상사에게 깊은 인상을 남기고자 파워포인트 프레젠테이션 문서로 꾸며왔던 중간 관리자층을 건너뛰는 것이다. 기존 방식에서는 여러 층의 관리자를 거쳐 CEO나 회장과 같은 최종 의사결정권자에게 도달할 무렵이면 원래 정보는 왜곡돼 있었을 것이다. 정 상무와 백 과장은 시장에서 상도의 위치를 뿌리째 위협하는 거시적 수준의 대규모 변화에는 가장 밑바탕인 현장을 재조정하는 일에서부터 대응해야 한다고 생각했다. 보고 체계 단순화로 현장 파악을 체계화하는 그들의 프로젝트는 효율성 운동의 오랜 역사에서 계승된 사고방식을 따른 것이었다. 이와 같은 정제를 통하면 조직 위계가 낮은 비효율성에 뿌리를 둔 다른 관리 관행도 한 번에 고칠 수 있다.

내가 상도에서 근무할 때 대부분 시간을 보낸 HR팀의 경우 문제는 비단 문제를 일으키는 관행의 징후를 찾아 제거하는 것뿐 아니라, 대인 관계와 사내 정치에 혼란을 초래하지 않으면서 명확한 구별 짓기가 이뤄지도록 '관리'하는 데 있었다. HR 관리자는 직원의 학력 사항, 가족 사항, 성과 검토, 급여 및 상여금성과급 정보, 개인 요청 사항, 직장 내 사고사건 등 세부적인 정보에 쉽게 접근할 수 있었다. 그런 정보는 HR팀 내부에서도 철저히 보호되고 있었는데나는 그것들이 어디에 있는지 전혀 알지 못했다, 부분적으로는 직원들 사이의 구별 짓기가 팀워크에 분열을 일으킬 수 있다는 우려 때문이었다. 연말에 한 계열사에서는 모든 직원이 연말 상여금으로 35만 원 상당의 상품권을 받았다는 소식도 한몫했다. 지주회사 직원들은 샴푸와 컨디셔너 세트만 받았기 때문이었다. 지주회사 소속 직원들에게 그런 구별 짓기는 기업 내 전문가 집단 소속이라는 자신의 입지와 상충하는 일이었다.

제5장에서 더 자세히 논의하겠지만, 앞서 언급한 직원 설문 조사는 상도그룹 전체에 걸쳐 위계 구조의 부정적 영향을 드러내기 위한 프로젝트였다. 이 설문 조사는 고쳐져야 하는 부분에 대한 강도 높은 여러 주장을 보여주기도 했지만, 그 결과에 대한 분석과 발표는 문서상의 구별 짓기가 계열사 사이의 관계나 계열사와 지주회사의 관계를 비롯한 다른 부분에서의 구별 짓기에 미칠 수 있는 영향을 고려해 신중하게 이뤄졌다. 일테면 노골적인 불만 사항들은 계열사 관리자들에게 공유하지 않았다. 그들에게는 여러 계열사 및 지사별 직원 만족도를 비교할 수 있는 집계 자료만 보냈다. 그 또한 다른 계열사 자료는 익명화해서 적절한 수준만 인식할 수 있게 했고 직접적인 경쟁심이 유발되지 않도록 조처했다. 설문 조사 결과가 지도부를 자극하고 내부 문제를 일으키리라고 예상한 계열사 한 곳에는 아예 설문 조사 자체를 진행하지 않아서 그곳 직원들은 설문지를 작성조차 하지 못했다.

서로 다른 다양한 전문 분야에서 나타나는 구별을 정제하고 관리하는 데 초점을 맞추면 초기업 이상을 달성하거나 위협할 방법에 관한 상충 개념들의 복잡성을 포착할 수 있다. 사람을 잘못된 방식으로 구별하게 만드는 작은 차이조차 주목해야 할 대상이 된다. 그와 같은 구별 짓기가 더 넓은 차원에서는 중요하지 않거나 단순히 상징적인 문제라는 이야기가 아니다. 오히려 사무 공간, 다른 직원들의 의견, 호칭, 업무에 보내는 시간 등에서 느낄 수 있는 모든 차이가 구별과 참여의 질을 이루는 거대한 집합 일부가 된다. 이런 요소들을 경영의 산물로만 축소해서는 곤란하다. 직장 생활이 사회적·경제적 이동성의 통로라는 기대를 품고 있는 한 매우 복잡한 양상으로 곳곳에 존재하기 때문이다. 계열사 사이의 관계 그리고 내부 부서 사이의 관계로 형성되는 대기업은 실제로 다양한 유형의 구별 짓기가 나타나는 복잡한 사회적·물리적 환경이다. 어떤 기업은 구별 짓기를 단순화해서 구별을 정제하거나 그 수를 줄이는 한편, 어떤 기업은 문제를 유발할 가능성이 있는 구별의 결과를 관리하거나 숨기는 것을 목표로 삼기도 한다.

⋯ 위계와 구별을 되돌아보다 ⋯

이 책에서 나는 특정 유형의 위계 구조를 비판하는 한편, 더 나은 형태의 구별과 참여가 기업 내에서 가능하다는 생각을 신중히 수용함으로써 사회적 현상으로서의 '정돈된 차이ordered difference'라는 보다 넓은 개념을 고찰한다. 자본주의라는 이름의 강요를 배제한 채 오늘날 기업 내에서 일어나는 구별과 참여를 분석할 수 있을까? 다시 말해 그것들을 위계 구조의 새로운 형태실제 효과를 더 잘 은폐하는가 아닌 다른 것으로 볼 수 있을까?

내가 이런 식으로 질문의 프레임을 짠 까닭은 위계가 사회성의 부정적 형태로서 보편적인 정의를 가질 수 있기 때문이다. 위계 구조는 사람들 사이에 근본적 차이가 있음을 암시하는 데다 평등주의, 민주주의, 공정성처럼 사람 개개인에게는 미리 정해진 질서가 없다고 전제하는 긍정적 자유주의 가치와 정면으로 배치되기에 유럽 및 미국의 사고에서는 도외시하는 분석 개념이다.[16] 특히 위계 주고의 한 유형인 개인 간 구별 짓기는 노동자 사이의 가짜 경쟁을 유도하는 자본주의적 통제 도구나 신자유주의 학파가 퍼뜨린 능력주의 신화로 여겨졌다.

한국에서 구별 짓기 같은 주제를 꺼내려면 나름의 위험을 감수해야 한다. 한국이 서구와 비교해 극단적 형태의 냉혹한 자본주의 사회라거나, 일 말고는 삶에서 의미를 찾는 다른 방법을 인식하지 못하고 있음을 공식화하는 셈이기 때문이다. 따라서 다양한 구별 짓기의 기원을 찾아 그것이 한국 사회에 미친 영향을 분석하는 이 책은, 비판적 견지는 분명히 아니지만, 다른 나라 사람들은 기업 중심의 구별 짓기를 버리고 자본주의의 다른 곳에서 새로운 형태의 자유를 찾은 데 반해 한국인들이 그 개념을 받아들인 데에는 몇 가지 문화심리학적이나 역사적인 이유가 있다는 인상을 심어줄 수 있다.[17] 이와 마찬가지로 구별과 참여의 장으로서 현대 한국 기업 생활에 존재하는 사고의 모순을 지적하는 일은 한국의 자본주의에는 무엇인가 잘못된 부분이 있고 다른 나라는 그렇지 않다는 의미로 전달될 수 있다.

위계 구조나 구별 짓기를 불평등과 억압 등 순전히 부정적인 사회 형태와 결부시키는 것은 자본주의 사회에서 당연하게 여겨지는 구별의 편재성에 관한 맹점을 드러낸다. 최근 많은 인류학자가 구별 짓기와 다른 형태의 위계 구조를 되돌아보고 있다. 특히 이것들이 개인주의적이고 자유주의적이라고 간주해왔던 서구 사회에서도 보편적으로 찾아볼 수 있는 하나의 양상이라는 점에 주목하고 있다. 통상적으로 평등주의, 세속주의, 민주주의처럼 다른 형태의 위계 구조나 구별 짓기를 명시적으로 부정하는 문화적 가치가 다른 가치들보다 우위에 있다고 평가받는다. 그런 척도가 본질에서 자유주의적이거나 진보적일 수는 있지만, 사실 그것들 역시 외부에서 부과한 위계 형태일 수 있다. 이 점은 세계 자본주의에 관한 여러 인류학 연구에서 잘 드러난다. 이들 연구는 형식적 위계와 권위를 둘러싼 사안에 민감한 새로운 서구 관리자-전문가 집단을 묘사한다. 이런 관리자들이 평등주의적 언사나 일에 대한 새로운 기준을 부여하는데, 그런 기준들은 더할 나위 없이 민주적인 것처럼 보이지만 사시른 기존 가치를 격하시키면서 자신들의 가치관을 중심으로 하는 새로운 위계질서를 형성할 뿐이다.[18]

한국에서 초기업 이상은 때때로 다른 기관들이 부패하기 쉽거나 관행적으로 보일 수 있는 곳에서 시민을 공정하게 분류하는 기업의 기능에 대한 우려로 나타난다. 한국의 기업 노동자들과 사회적 관찰자들이 이와 같은 목표를 저해할 문제에 민감하게 반응하는 까닭도 여기에 있을 것이다. 한국에서 가장 강도 높은 경제적 비판을 받는 사람들은 인맥이나 연고 등의 불공정한 방식을 통해 기업에서 지위를 차지하는 사람, 사무실에서 이른바 '갑질'이라는 권력 남용으로 다른 직원들을 학대하는 사람, 친구나 가족에게 도움을 주고자 평가 또는 관리 체계에

손을 대는 사람들이다. 이것이 내가 직장 내 위계를 두고 부정적인 도덕적 특성이라고 비판하는 관점과 긍정적인 미덕으로서의 구별 짓기를 옹호하는 관점을 대조한 이유다.

위계를 향한 비판은 윗사람이 아랫사람에게, 큰 조직이 작은 조직에 자행하는 착취와 학대의 형태를 반영한다. 그렇지만 구별 짓기는 인재를 평가하고 사람들의 상대적 장점이나 역량을 가늠하는 보다 적절한 방법이라고 이해하는 편이 나을 것이다. 물론 이런 표면적으로 '공정한' 구별 짓기 형태, 현대 자본주의의 피조물 또는 평가의 환상으로서의 구별 짓기에서도 결점을 찾아낼 방법은 많이 있다.[19] 그러나 민족지학 연구의 결과물인 이 책에서 나는 함께 일하며 다른 사람들을 대상으로 이뤄지는 다양한 고려와 계산을 엿볼 수 있게 해준 상도그룹 직원들에게 문화적으로든 지식적으로든 자의적인 가치 척도는 대입하지 않을 것이다.

구별 짓기를 '정제'하거나 '관리'하려는 상도 내부의 노력은 대인관계 수준에서 일종의 조직 관리 윤리, 즉 직장에서 사람들은 어떻게 협력해야 하며 서로 어떻게 구별돼야 하는지에 대한 윤리가 관여한다는 사실을 보여준다. 그 같은 관여에는 HR 관리자가 각각의 직원이 동료와 비교해 어떻게 일하는지 추적하고 관찰하고 통계화하는 평가 시스템을 개발함으로써 해당 평가에 편견이나 편애가 반영되지 않도록 하는 일 등을 포함한다. 성과 차등 연봉, 복지 혜택, 상여_{성과급}, 휴가, 보험 정책, 복장 규정, 스톡옵션 등을 통해 구별 짓기가 어느 부분에서 어떻게 나타나고 인식되는지 살피는 것을 의미하기도 한다.

그런데 이런 형태의 구별 짓기를 관리자가 완벽하게 통제하기란 현실적으로 불가능하다. 제6장에서 자세히 논의하겠지만 업무 공간만이 직장은 아니다. 사무실 밖 직장 생활에서도 구별 짓기가 만연하다. 직장인들은 주량, 소비 취향, 심지어 골프 핸디캡까지 구분하면서 직장 생활에서 끌어낼 수 있는 복잡한 유대관계를 늘려나간다. 이 책에서 내가 설명하는 HR 관행과 우려 사안 대부분은 젊은 직장인들이 부당한 대우를 받고 있다 느끼고, 연공서열이 우선시되고, 퇴근 후 일을 문제시하기 어려운 것 등과 관련이 있다. 사회적 관계를 정제하는 일은 더 공정하게 조직되고 구별되는 업무를 가능하게 하고자 어떤 문제 해결을 목표로 삼는 웅대하거나 실험적인 조치를 반영할 수 있다. 반면 구별 짓기를 관리하는 일은 어떤 직원에게는 유리하고 어떤 직원에게는 불리한 구별 체계가 만들어질 수 있는 지속적인 윤리적 불확실성을 반영한다. 그렇긴 하지만 초기업 이상을 받아들이는 사람들은 이를 무엇으로 정의하든 간에 적절한 협력과 적절한 구별이 공존하는 직장을 향한 희망을 품고 있다. 그 희망은 언제나 가혹한 비판 너머에 있지만 말이다.

이 책에서 나는 상도의 사례와 초기업 이상이라는 개념을 바탕으로 크게 두 가지 줄기에서 논의를 전개할 것이다. 첫 번째 줄기는 기업의 구별 짓기 문제가 조직 형태의 양극단인 민주주의와 계급주의또는 관료주의라는 개념 사이에 불편하게 놓여 있다는 것이다. 이 주장은 한국 등 일부 국가의 기업에서는 질서와 차이를 중요시하고 다른 곳들은 그렇지 않다는 식으로 읽힐 수 있다. 하지만 관리 위계 구조의 오랜 해체 과정을 거쳤고 직장 민주주의와 유연 업무 가치관이 지배적인 서구 노동자들에게도 구별 짓기는 여전히 중요하다. 노동자들은 기업의 가치관이 무엇인지, 그 가치관이 자신의 가치관에 부합하는지, 그리고 그것이 세상에서 어떤 차이를 만드는지에 따라 자신을 구별한다. 정의와 이상은 조금씩 다를 수 있으나 이 모두가 구별이 이뤄지는 지점이다.[20] 그런데 서구에서는 이런 사안이 노동자 자신의 결정에 맡겨지는 경우가 많지만, 한국에서는 직원을 어떻게 평가하고 수익을 어떻게 분배하는지 등의 복잡한 윤리적 문제를 HR 담당자들로 구성된 전문 부서에서 관리한다. 이들이 수많은 직원을 대상으로 이익과 위험을 주의 깊게 분석한다. 그렇더라도 구별 짓기 체계는 특정 조직 형태와 무관한 오늘날 기업-자본주의 사회의 핵심적인 특징으로 봐야 한다.

두 번째 줄기는 직장이 구별과 참여라는 이상을 복잡하게 만드는 현장이 된 원인과 관련이 있다. 일상 업무의 복잡성은 직장이 커뮤니케이션, 관리 기술, 상호작용 공간 이상으로 확장했음을 시사한다. 아울러 매우 많은 기관과 외부 조직이 초기업 이상에 대한 나름의 비전을 명확히 하는 데 관심을 가져왔음을 보여준다. 실제로 한국에서는 지주회사, 투자자, 규제 기관, 금융 기관, 노동조합 등이 인력을 구별하고 조직하는 기업 조직의 방식에 큰 관심을 두고 있으며, 이는 구별 짓기와 참여가 어떤 식으로 구현돼야 하는지에 관한 각기 다른 생각과 이념을 반영한다. 외부 투자자나 경영 컨설턴트의 경우 구별 짓기는 인간 관리자 없이도 추적하고 목록화할 수 있는 사용 가치 또는 제품 품질 관리 측면에서 중요하게 작용할 것이다.[21] 노동조합의 경우 이익 정도, 계약 보장, 근속 기간 기반 보상 등이 구별 짓기 요소가 될 수 있을 것이다. 부유한 기업 오너의 경우에는 구별 짓기가 다른 재벌 그룹과의 비교, 높고 멋진 빌딩, 다른 기업과 차별화할 수 있는 상징 등과 관련이 있을 것이다. 젊은 직장인들의 경우 구별 짓기는 상사의 공정한 평가와 정시에 퇴근할 자유를 전제해야 할 것이다. 구별 짓기를 둘러싼 사고방식은 이처럼 제각각이지만, 기업을 구별과 참여의 중요한 수단으로 여긴다는 사실은 분명하며, 그 형태는 직장 생활 전반에 걸친 다양한 신호와 더불어 갖가지 이상화한 구성을 취하고 있다. 이와 같은 관점 중 일부는 재무적 또는 다른 방식으로 기업 공간을 정제해 일련의 집합 각각 다른 구별을 강조하는 데 관심이 있을 수 있지만, 내가 이 책에서 중심적으로 다루는 상도그룹 지주회사 HR 담당자들처럼 일상적인 수준에서 구별 짓기의 복잡성과 씨름하는 현장의 관리자들은 잘못된 구별 짓기가 초래하는 위험 또한 관리와 억제의 대상으로 본다.

따라서 이런 의미에서 본다면 이 책의 논제는 한국 기업계 전체를 대상으로 설정한 것이 아니며, 상도그룹이 전형적인 한국 대기업을 대표하는 것도 아니다. 그렇기에 독자 여러분은 이 책을 한국 기업의 현대성을 약속한 이상이 변화의 시기 동안 특정 조직의 현실에 어떤 영향을 미치고 있는지 연구한 한 가지 방식이라고 이해하면 된다.

··· 이 책의 구성 ···

이 책의 논지는 내가 상도에서 일하며 연구하는 동안 그룹 내에서 일련의 역학 속에 펼쳐진 초기업 이상을 중심으로 전개된다. 주로 지주회사와 전문 관리자가 그룹 전체를 인도하고 재정립하고 관리하기 위한 노력을 이야기한다. 곧바로 설명하겠지만 상도그룹은 톱다운 통제 형태를 확립한 대기업이 아니라 그룹 내 관리 자체가 모호한 관계에 있었다. 나는 지주회사가 기존까지 대부분 자율적이던 계열사들을 통합하는 새로운 기업 비전을 구체화하던 전환의 시기에 상도에서 연구를 시작했다. 그룹 내 다양한 정치적 긴장을 둘러싼 직접적 대립뿐만이 아닌 서울의 도시 엘리트들이 선호하는 새로운 이상을 실현할 가능성까지 고민하던 시기였다. 이 '과도기' 한가운데의 모회사는 초기업 이상이 새로운 공간, 프로젝트, 기법을 통해 어떻게 구축되고 변모하는지를 잘 드러낸다. 이 책 전반에 걸쳐 소개하는 관리자들의 경험은 익숙했던 통제와 저항의 축이 아니라 복잡한 대기업의 세계에서 초기업 이상을 정제하고 관리하려는 시도를 중심으로 이뤄졌다.

이 책의 '제1장'은 신축된 상도 타워 최상층에 지주회사를 두고 통합된 복합기업으로서 모습을 갖추게 되는 상도그룹에 관해 이야기한다. 2000년대 초반 한국에서 수많은 기업이 지주회사 체계로 전환한 까닭은 기업 내부의 순환적인 지분 소유 방식 이면에 숨겨진 위계를 정리하기 위한 것이었다. 하지만 다소 역설적이게도 지주회사들은 중앙 계획 및 소유권 통합을 위한 새로운 장소가 됐다. 이 장에서 나는 상도그룹이 새로운 세대의 소유권 출현에 발맞춰 지주회사를 어떻게 계열사들을 중앙집중화하는 전략 및 기획 사무소로 재규정했는지 설명한다. 계열사들을 통일된 브랜드로 한 지붕 아래 통합한 상도그룹의 정제 조치는 지주회사 관리자들에게 자회사와의 새로운 관계와 구별을 탐색하는 복잡한 작업이었다. 나는 상도 지주회사의 세 가지 전문 영역인 홍보, 성과 관리, HR에 초점을 맞춰 전문가팀이 새로운 형태의 구별을 계열사들과의 관계로 전환한 방식과 함께 이들이 새 위계 구조가 성립할 때 어떤 주의를 기울였는지 살필 것이다.

'제2장'은 수평화 개념을 통해 기업의 위계 구조를 근본적으로 뒤집기 위한 한국의 실험에 대한 논의로 시작한다. 2000년부터 한국의 거의 모든 재벌과 대기업은 주로 상호 조정 재설계와 언어 정책 역할을 재고하는 방식으로 갖가지 형태의 수평화 실험을 진행했다. 이 장에서 직원들 간 다양한 형태의 묵시적·명시적 구별 짓기를 전제로 하는 정체성 지표의 복잡한 인프라에 공간적 은유로서 수평화 개념을 적용하는 데 따른 어려움을 논의한다. 수평화 프로젝트가 효과를 보지 못하는 이유 중 하나는 그런 조치들이 많은 노동자에게 개인의 경제적 이동성을 축적하기 위한 장으로서 기업 노동의 근본적 존재 이유를 드러내는 여러 구별을 방해하기 때문이다. 이 장에서 나는 직원들 사이의 이와 같은 상호 조정 혼란이 왜 과거의 위계 형태에 대한 선호 이상으로 민감하고 어려운 주제가 될 수 있는지 설명할 것이다.

'제3장'은 과거에서 비롯한 부정적 힘으로서의 위계 개념이 어떻게 심각한 세대 차이를 초래했는지 살핀다. 한국의 나이든 남성 관리자라는 유형이 직장 내부 및 미디어에서 거론되는 모습과 함께 기업의 HR 정책에서조차 문제 유형으로 규정되고 있는 현상을 설명한다. 이 인물 유형은 비효율에서부터 불만에 이르기까지 기업 내 병폐의 원인으로 자주 비판을 받았다. 이런 인물들의 삶이 문제의 중심으로 떠오른 까닭은 이들의 개인적 특성이 새로운 종류의 직장 생활 개혁이나 나이든 남성 관리자가 초래한 문제를 해결하려는 노력에 영감을 제공했기 때문이다. 나이든 남성 관리자라는 유형에서 문제를 찾는 것이 공정한지 아니면 연령주의적 편견을 반영하는지와는 별개로, 나는 이들이 새로운 초기업 이상을 설정하는 대상이 됐다는 사실과 더불어 이 인물 유형을 제거하면 기업 내 적절한 구별 짓기와 상호 조정 문제를 해결하리라는 믿음의 밑바탕이 무엇인지에 주목한다.

'제4장'에서는 앞서 언급했던 직원 설문 조사 결과를 검토한다. 겉보기에 전혀 악의가 없는 HR 관리인 방식인 직원 만족도 조사는 기업 변화의 근거로 필요한 기본적·실증적 증거를 수집하는 핵심 도구로 쓰인다. 그 과정에서 직원들의 생생한 목소리를 확실성 기반에 두는 구별 짓기 가능성에 대한 잠재력이 드러난다. 그리고 이를 다시 행동 계획을 통해 해결해야 할 문제로 전환할 수 있다. 이 장에서 나는 설문 조사로 나쁜 직장 생활 문화라는 이미지를 고치려고 시도했으나 수치적 결과가 자신들이 제시하고자 한 이미지와 연결되지 않았을 때 HR 관리자들이 직면하게 되는 어려움을 자세히 살필 것이다. 수치적 입증 실패는 내부 전문가로서 그들의 지위까지 위협했다.

'제5장'은 여러 종류의 초기업 이상이 설정되는 현장인 주주총회에 관해 분석한다. 법과 규정으로 국가와 시장이 강제하는 주주총회는 기업 생활의 단조로움을 깨고 다양한 위계 구조와 구별 짓기의 뒤집힌 형태가 만들어지는 이례적 공간이다. 이때는 소액 주주들이 일시적으로

나마 권력을 잡을 수 있는데, 이 권력은 발언권뿐 아니라 경영진을 공개적으로 질책하고 고발할 수 있는 권리에 근거한다. 나는 한국에서 총회꾼주총꾼, 주주 활동가, 외국인 투자자, 기관 투자자 등 다양한 행위자들이 이 권력을 어떻게 이용하는지 설명할 것이다. 이들 모두는 저마다 각기 다른 목적에 대해 더 큰 외부 통제력을 갖게 해줄 수 있는 새로운 구별 짓기를 규정하고자 주주총회 형식을 방해한다. 여기에서 나는 얼마나 많은 직원이 외부 방해자들로부터 주주총회를 사수하는 참여적 역할에 동원되는지도 이야기할 것이다.

'제6장'은 한국의 직장 문화를 향한 불만이 가장 자주 제기되는 현장인 퇴근 후 친목 활동의 장으로 시선을 옮긴다. 때때로 퇴근 후 친목 활동은 업무 시간의 갖가지 공식적 요구에서 벗어나는 피난처이자 직장 생활에서 무언의 측면이 해소되는 기회로 여겨지곤 한다. 이 장에서 나는 한국의 퇴근 후 친목 활동이 나름의 구별과 참여 형태를 가진 영역으로 작용하는 방식에 초점을 맞춘다. 함께 술을 마시거나, 노래를 부르거나, 스크린 골프 같은 운동을 하는 퇴근 후 친목 활동은 놀이나 여가 형식으로 직장 생활에 영향을 미친다. 모두 직장 밖에서 이뤄지지만, 이런 활동은 술을 얼마나 마실 수 있는지, 밖에서 얼마나 늦게까지 시간을 보낼 수 있는지, 노래를 얼마나 잘하는지와 같은 대안적 구별을 형성하는 장이 된다. 아울러 이런 활동은 그들만의 규범적 강압도 낳는다. 나는 이 사무실 밖 친목 활동이 속내를 감춰야 하는 직장 생활과 대조해 그저 놀고 즐기는 데 그치지 않는 복합적인 현장임을 지적할 것이다. 팀 구성원과 팀 관리자는 기업 조직 관리 체계에서 결코 완벽히 분리될 수 없기에, 직원들은 여전히 팀 구성원 사이의 구별과 참여 분위기와 계산에 밀접히 묶여 있다는 사실을 반영하는 방식으로 다른 사람들의 선호를 관리해야 한다.

이 책의 결론 격인 '나오며'에서 나는 일부 직원들이 어떻게 기독교나 군대와의 관계 등 기업 자체에 숨겨진 형태의 구별을 찾게 되는지 설명한다. 비교에 대한 언급을 지나치는 것조차 기업이 때로는 그 자체로 본보기가 되고 때로는 비교 대상이 되는 다른 기관과의 맥락 속에서 존재하는 방식을 반영할 수 있다. 여기에서 나는 차이를 찾는 문제가 객관적 형태나 특성이 아니라 부분적으로는 창조적 행위라고 제안한다. 이는 직원들이 자신을 위한 구별 짓기 형태를 어떻게 접하거나 서술하는지에 달려 있다.

나는 이 책 끝에 따로 '더 이야기할 것들'이라는 지면을 할애해 내가 연구자로서 만난 사람들에 관해 이야기한다. 이런 만남은 세 가지 측면에서 내 민족지학적 연구에 큰 영향을 미쳤다.

첫째, 내가 상도그룹과 연결된 방식은 다른 사람들이 나를 대하는 태도와 내가 접근할 수 있는 영역에 영향을 미쳤다.

둘째, 인류학 연구자로서 나는 조직 행동과 관련해 명확하고 투명한 방법을 사용하고 프로젝트 일정에 정통한 숙련된 전문가들이 일하는 공간에 들어갔다. 이때 나는 지위와 전문성에서 내가 한참 뒤진다는 사실을 깨달았으며, 이를 통해 인류학자란 어떤 존재이고 무엇을 연구해야 하는지에 관한 생각이 크게 바뀌었다.

셋째, 이 책을 쓰는 동안 탈위계적 한국에서 기업을 긍정적인 구별과 참여의 장으로 탈바꿈시키려는 노력이 수반한 윤리와 딜레마로 초점을 이동하는 과정에서, 그동안 내가 기업을 태생적으로 부정직한 통제의 현장이라고 인식한 방식에도 나 나름의 구별 짓기가 있었음을 인정하게 됐다.

제1장

새로운 타워

매끈한 외관의 고층 사무실 빌딩 수백 개가 서울의 스카이라인을 수놓고 있는 모습은 중세 이탈리아 도시 국가를 장식했던 귀족적인 탑들과 무척 닮았다. 각각의 빌딩은 별개의 역사를, 일련의 권력을, 도시와 그 너머 세계에 대한 전망을 대변한다. 멀리에서도 보이는 대형 로고로 뽐내는 이 고층 빌딩들은 개별 기업 브랜드를 일반 대중에게 보여주면서 한국의 도시 자본주의 사회에서 기업이 수행하는 엄청난 역할을 암시하고 있다. 이런 빌딩들은 표면적으로는 한국과 서울이 20세기 동안 거쳐온 경제적 여정을 보여주지만, 그 각각은 기업의 부와 위용을 과시하고, 인재를 끌어들이고, 조직의 일체감을 전달하기 위해 서로 경쟁한다. 어떤 빌딩은 국내 경제 지형에서 그 인지도가 명확한 삼성이나 기아 같은 유명 브랜드의 이름을 달고 있지만, 한국 사람들조차 정확히 어떤 사업을 하는지 식별하기 어려운 이름을 가진 건물들도 많다.

최근 신축된 40층 높이의 상도 타워도 이름만으로는 무슨 일을 하는지 곧바로 떠올리기 어려운 기업 조직의 건물이다. 서울의 한 지역에서는 유명하더라도 해당 업계와 시장 밖에서는 이름 있는 기업 그룹으로 거의 알려지지 않았다. 이 빌딩은 2010년 이후 계속 서울에서 재개발이 이뤄지고 있는 지역에 세워졌다. 그 주변으로 도시 지하철 시스템과 통합된 쇼핑센터와 신축 아파트가 들어서 있다. 상도 타워는 유리로 반짝이는 외관과 대리석 로비 같은 현대적인 기업 건축 디자인 추세를 반영한 건물이다. 타워 1층의 로비는 그룹 광고, 화려한 브랜드 현수막, 유니폼을 입은 안내원들이 상도의 정체성을 보여주고 있다. 짙은 감색 정장 차림에 사원증을 목에 건 상도그룹의 남녀 직원들이 아침부터 저녁까지 활기차게 건물을 드나드는 모습을 볼 수 있다.

로비의 승강기 앞 벽에는 상도그룹의 10여 개 계열사 이름이 기업 내 서열에 따라 붙여져 있다. 타워 최상층은 상도그룹 회장실과 지주회사가 차지하고 있다. 최하층에는 그룹 내 규모가 가장 작으며, 다른 계열사의 내부 서비스와 관련된 일을 하는 상도로지스틱스_{Sangdo Logistics}와 상도NET_{Sangdo NET}이 있다. 그 사이로는 철강 및 금속 생산 분야의 여러 제조업 계열사가 들어서 있다. 이처럼 상도 타워 안에 모여 있으나 여러 층으로 흩어져 있는 상도그룹 계열사들은 주로 매출과 종업원 수에 따라 위에서부터 아래의 순서로 사무 공간이 할당됐다. 계열사별 연간 매출액은 최고 1조 3,000억 원 이상에서 최소 135억 원까지 다양하다. 규모가 가장 큰 두 곳인 상도사우스_{Sangdo South}와 상도퍼스트_{Sangdo First}는 많은 영업 인력과 관리 직원들을 수용하기 위해 여러 층을 차지했고, 상도맥스Sangdo Max와 상도원Sangdo One 같은 작은 계열사는 한 층을 공유하고 있다.물론 지금까지 언급한 모든 계열사 이름은 가명이다.

상도그룹의 이 새로운 타워 안에는 직원들이 모임을 하거나 소통할 수 있는 공간이 마련돼 있다. 5층에 있는 회사 카페는 점심 식사 후 사무실로 돌아가는 길 또는 공급 업체나 고객과 미팅할 때 커피와 스무디를 주문할 수 있는 공간이다. 카페는 편안한 휴식을 위한 가죽 소파, 탈공업화 스타일의 벽돌벽, 상도 창업자 소유의 영문 및 국문 경영서들이 가득한 맞춤 책장으로 현대적 사무실 생활양식 이미지를 보여준다. 아울러 사방이 커다란 통유리창이어서 주변 경치도 감상할 수 있다. 한쪽 편에는 상도의 연혁, 상도의 철강 제품, 상도의 변천 과정 속 주요 순간을 보여주는 전시물들이 회장 일가의 사진과 함께 박물관처럼 상시 진열돼 있다. 복도를 따라 이동하면 회사 헬스클럽이 있는데, 직원들은 무료로 제공되는 상도 로고가 박힌 운동복을 입고 일과 전후에 이곳에서 마음껏 체력 단련을 할 수 있다. 업무 회의를 하거나 퇴근 후 어학 공부에 활용할 수 있는 첨단 회의실도 있다. 200명 수용 규모의 강당도 마련돼 있으며, 이곳에서 상도그룹 직원을 대상으로 한 경영학 교수들의 경영 강의나 클래식 음악 강좌 등 문화 강의가 이뤄진다.[1]

위층으로 올라가면 팀별로 책상이 모여 있는 동일한 개방형 구조의 사무실을 볼 수 있다. 팀의 업무 공간은 팀 구성원 사이 위계 구분을 최소화한 다각형 형태로 둘러싸여 있다. 직원들이 사용하는 업무 책상은 상도 로고를 새긴 맞춤형으로 제작됐다. 그리고 모든 직원에게는 오너 경영진 중 한 사람이 직접 골랐다는 유명 가구 디자이너의 사무용 의자가 지급된다. 각 층의 가장자리에는 유리로 벽을 만들어 구분한 임원실이 있는데, 최고위 임원의 경우에는 반투명 유리로 처리해놓았다. 임원실 옆에는 투명하게 안이 들여다보이는 회의실이 있다. 첨단 프레젠테이션 장비와 함께 천장에서 바닥까지 내려오는 화이트보드를 설치해서 직원들이 실리콘 밸리를 연상시키는 개방적인 토론에 참여할 수 있다. 지주회사 위 타워 꼭대기에는 중앙에 디지털 스크린과 짙은 목재 패널로 세련되게 꾸민 임원 회의실이 있다. 갤러리라고 해도 손색이 없을 만큼 훌륭한 조각과 회화 작품들이 이 회의실 공간을 둘러싸고 있다.

이 새로운 상도 타워 덕분에 상도그룹은 외부인 또는 방문객에게 이 기업은 다르다는, 진취적인 세계적 기업이라는 인식을 불러일으킬 수 있다. 상도 타워의 다양한 공간적 특징들은 오래됐거나 일반적인 주변 사무실 건물들과 구별 짓고 다른 유명 대기업 빌딩들과 동질성을 띠는 건물로 보이게 만든다. 상도그룹 소속의 직원들은 물론 출입이 허용된 방문객의 눈에 드는 사무실 내부의 분위기는 이와 같은 구별 짓기 요소를 강화함으로써 상도는 특별한 기업이며 상도인은 특별한 직장인이라는 이미지를 한층 더 각인시킨다. 이와 더불어 직급 및 나이와 상관없이 모든 직원에게 동등한 업무 공간, 카페, 헬스클럽, 강당, 회의실 등의 시설이나 고급 사무용 의자와 같은 사무용품은 참여 요소를 부각한다.

그러나 한편으로 새로운 상도 타워는 또 다른 구별, 특히 조직 간 다른 유형의 구별 짓기를 초래했다. 상도 타워 입주 전 각각의 상도 계열사는 내가 앞서 '자율적'이라고 표현한 '자율 경영', 즉 어느 정도 독립적인 소유권 철학을 바탕으로 운영돼왔다. 이런 철학 아래에서 계열사는 CEO가 그룹 회장에게 직접 보고하는 일을 최소화하면서 사무실 기능과 관리 및 생산 기법에서 나름의 방식을 유지해왔다. 상부에서 자회사까지 침투하는 통제 채널은 거의 없었다. 그런데 이는 부분적으로 계열사들의 매우 다른 역사 및 업무 분야와 관련이 있다. 일테면 일부 계열사는 역사적으로 경쟁이 치열한 지역인 전라도나 경상도를 기업 기반으로 하고 있었다.

외부인들에게는 똑같은 철강 산업으로 보였겠지만, 내부자들에게는 생산 제품이 내수용인지 수출용인지, 어떤 종류의 철강 제품을 생산하는지에 따라 큰 차이가 있었다. 가장 큰 자회사 공장 노동자들의 경우에는 가입해 있던 노동조합도 서로 달랐다. 경영 통합 노력에 반대하거나 차이를 보이는 다른 성향의 노동조합총연맹에 소속돼 있었다. 이런 측면에서 보면 모든 계열사의 상도 타워 입주는 상당히 파격적이고 새로운 내부 기업 질서를 형성하는 조치였다. 당연한 일이겠지만 순탄하게 진행된 것은 아니었다. 대부분의 계열사 CEO들이 상도 타워 입주를 꺼렸고, 그 가운데 일부는 중앙집중화에 대한 항의 표시로 지역 공장 내에 사무실을 유지하고 있다는 소식도 들렸다.

다른 조직이나 사회 전반에 자신을 내보이는 비즈니스 타워와 마찬가지로 기업 집단은 소비자 교환, 홍보 언어, 경영 편람 및 사례 연구처럼 외부 시각에서 더 일관성 있게 바라볼 수 있다. 인류학자 마리너 웰커Marina Welker는 이를 기업이 '규정'되는 현장이라고 표현했다. 그는 이를 통해 기업이 "태생적으로 불안정하고 불확실하며, 다수에 의해 만들어지고, 늘 유동적이며, 물질적 부분과 비물질적 부문 모두를 포함"한다는 사실에도 불구하고, 특정적인 주고받기 상황에서는 단일 행위자로 수렴한다는 기업 개념을 확립했다.[2] 마리너 웰커는 미국 굴지의 광산 기업 뉴몬트Newmont와 이 회사의 인도네시아 활동에 관한 민족지학 연구에서 다양한 인터뷰와 교류를 통해 기업의 각기 다른 얼굴이 어떻게 드러나는지 보여줬다. 뉴몬트에는 인도주의적 이미지를 불러일으키는 얼굴도 있었고 환경 파괴 주범으로서의 얼굴도 있었다. 기업이 성공적으로 세계에 진출한다고 해서 그 이미지와 정체성까지 이동하는 것은 아니다. 여러 압력과 기업의 힘을 행사할 수 있는 곳에서조차 그곳 구성원들에 의해 기업 이미지와 정체성이 다시 만들어지기 때문이다.

그렇다면 조직의 행위자가 적어도 표면적으로는 타인이 아닌 사람들과 상호작용하고 서로 인정하는 기업 또는 기업 그룹의 내부 '규정'은 어떨까? 내가 한국에 있는 동안 이런 질문과 관련해 기업을 산업, 역사, 소유권, 규모 등의 요소가 섞여 형성된 각기 다른 성격을 가진 존재로 여기는 관점이 일반적이었다. 한국 기업 사회에 잘 알려진 농담이 있는데, 직원들이 사무실에서 뱀을 발견했을 때 어떻게 반응하는지를 보면 그 기업의 성격을 알 수 있다는 것이었다. 일테면 현대그룹 직원은 일단 뱀을 때려잡은 뒤에 어떻게 할지 생각하고, 삼성그룹 직원은 뱀이 혹할 만한 무언가를 줘서 내보내며, 한화그룹 직원은 회장에게 보고해 뱀을 어떻게 처리해야 좋을지 묻는단다.

한국의 대기업 내부 질서에는 여러 형태의 위계가 교차하는 훨씬 더 복잡한 현실이 숨어 있다. 이 장에서 나는 철강 업계의 속성을 보여주는 명확한 내부 질서와 관리 위계 구조를 확립한 한국의 대표적 기업 그룹이 아니라, 때때로 완전히 예측할 수 없는 방식으로 그것이 형성되고 있는 상도그룹의 내부 질서 규정 과정을 살필 것이다. 내가 상도에서 일하며 연구를 진행하던 때가 바로 새롭게 상도의 질서가 구축되던 시기였다. 처음에는 상도 타워 이주를 통해서, 그다음에는 중앙집중식 관리라는 도전적 영역으로의 이동을 통해서였다.

새로운 수직 공간 안에 직원들을 모은_{또는 가둔} 상도 타워 내 상황은 조직의 관계를 재정립하는 여러 가지 방식을 낳았다. 타워 최상층에 들어선 지주회사는 이 대기업이 앞으로 어떤 모습이 될지, 구성원들은 서로 어떤 관계를 맺을지에 대한 새로운 비전의 원천이었다. 이런 규정 과정의 특정 영역은 상도그룹이 기업계에서 차지하는 위상의 전반적인 상승과 딱 맞아떨어졌다. 이는 대부분 구성원에게 영향을 미쳤고 한국 기업계가 더 진보했음을 시사했다. 상도그룹 자체로 보면 한국 대기업 예상_{때로는 실제} 기업 순위에서 더 눈에 띄는 위치로 올라가고 있었다. 다른 영역에서는 새로운 구별 짓기와 직원 간 또는 조직 간 차이를 어떻게 제시해야 하는지 재개념화하는 방식을 도입해 이전에는 없던 새로운 대조를 끌어내고 있었다.

학자들은 행복한 공동 참여 이미지를 직원들의 눈에 띄지 않을 수 있는 다른 유형의 위계 구조 부과와 대비시키면서 탈위계적 기업의 이상을 비판하는 경향이 있다. 그도 그럴 것이 참여의 이상은 일반적으로 새로운 위계를 은밀히 부과하는 데 도움이 되곤 한다. 사회학자 하겐구^{Hagen Koo}는 1990년대 한국 기업들이 "교육 프로그램, 여가 활동 동아리 및 기타 소규모 그룹 활동, 축제, 노래 경연대회, 노동조합 지도부를 위한 야유회와 해외여행" 등을 만들어 "기업 문화 운동"에 투자한 사례를 언급했다. 구 교수에 따르면 사실상 이런 프로그램들은 간접적인 노동 회유 방법이었다. 그는 이렇게 설명했다. "이와 같은 모든 기업 문화는 가부장적 언어와 상징을 이용해 공통의 경제적 운명을 공유하는 유사 가족을 재창조했다."[3]

그렇지만 이 장에서는 기업 역학에 대한 이와 같은 기존 비판에서 벗어나 탈위계 개념이 21세기 한국에서 어떻게 수렴되고 있는지를 상위 수준의 직장 생활에서까지 구별 짓기와 참여 방법에 존재하는 모순을 지적하는 방식으로 설명한다. '초기업 이상'을 바탕으로 바라보면 구별과 참여라는 개념은 본질에서 대립하는 게 아니라 기업 관리와 조직 생활의 다양한 영역에서 복합적으로 나타난다. 추상적 의미에서 관리 영역은 제품, 사람, 전략, 돈, 위험 등 경제 생활의 특정 범위를 사람들이 상호작용하면서 어떤 식으로든 지배하거나 질서를 세우려고 시도하는 관심의 대상으로 받아들인다.

그런데 관리가 추상적인 개념에서 문서, 회의, 보고 등과 같은 업무나 사건을 표시하는 쪽으로 이동하는 조직 생활 내면을 고려하면, 개념상의 구별 짓기와 참여의 형태가 늘 현실의 삶을 반영하거나 현실의 삶과 연결되지는 않는다. 달리 말해 새로운 기업 비전을 통해 외부인들에게 높은 수준의 명확한 관리 전략으로 보이거나 기업 구조에 담겨 있는 듯 보이는 것들도 영역에 따라 복잡하게 전환돼야 한다. 특히 지주회사의 고위급 전문가들이 직원들을 위한 새로운 형태의 구별 짓기와 참여 방식을 창안하는 일은 또 다른 위험을 초래할 수 있다. 창안하는 과정에서 위계 및 권력 구조와의 부정적 연관이 되풀이될 수 있기 때문이다.

이제 나는 상도 지주회사의 대두에 대해 논의한 다음, 이곳의 새로운 전문가 집단이 구별과 참여라는 상위 개념을 현실로 전환할 때 어떤 문제에 봉착하게 됐는지 살펴볼 것이다. 그들은 스스로 실험의 대상이 되기도 했으며, 의도와 달리 또 다른 위계 구조를 부과하고 있는 자신들의 모습을 발견하기도 했다.

··· 새로운 세대의 소유권과 기업의 계모 ···

상도의 수십 년 역사는 처음부터 다시 일어선 현대 한국사의 부침과 궤를 같이하고 있습니다. 상도는 지난 수십 년간의 여정 동안 성장하는 대한민국과 성공, 좌절, 기쁨, 고뇌를 함께했습니다. 대한민국과 상도 모두에게 이 시간은 역동과 열정 그리고 땀의 세월이었습니다. 이제 지난 세기에 걸친 그 모든 성쇠를 뒤로 한 채 우리 상도는 또 다른 역사의 이정표를 당당히 마주할 준비가 되었습니다.

_상도 공식 기업 연혁에서 발췌(익명화를 위해 수정)

이와 같은 설명은 기업인 상도를 국가인 한국과 더불어 20세기와 21세기의 우여곡절을 오롯이 견뎌온 단일 조직체라는 통합적인 모습으로 그리고 있다. 2014년 내가 상도에 들어갔을 때 그룹의 상도 타워 이전은 글로벌 혁신 기업으로 도약을 앞둔 기업 공식 서사에서 가장 최근의 페이지였다. 타워가 건립되기 이전까지만 해도 상도그룹은 업계에서 이름만 공유하는 이질적 계열사들의 집합이었다. 영업사원, 회계 직원, 조달 관리자 등으로 구성된 각 팀은 독립적으로 운영되는 별도의 지역 공장들과 연계된 상태로 서울 여러 지역에 개별 사무실 건물을 두고 있었다.

그래도 일부 예외를 제외하고 계열사 지분 과반은 지주회사가 소유했으며, 지주회사 지분은 회장을 비롯한 몇몇 임원들로 이뤄진 오너 경영진이 갖고 있었다. 지주회사라고는 하지만 계열사 한 곳 본부 소속의 소수 직원에 작은 사무실이 전부였다. 그때 지주회사 사무실에서 일했던 직원들에 따르면 그룹 내에서 최소한의 관리 감독만 받는 긴밀한 조직이었으며, 주로 고위급 업무를 담당했고 계열사 운영에 방해가 되지 않는 그룹 전체 활동, 즉 재무 보고, 그룹 마케팅, 임원 승진, 감사 및 자선 활동 같은 오너 일가와 관련된 문제만 맡았었다.

그랬던 지주회사가 상도 타워로 이주해 회장실 바로 아래 서열로 자리매김하자 기업 지배 구조를 담는 그릇이라기보다 대기업이라는 배의 키를 잡은 중앙 기획실의 모습을 갖추게 됐다. 내가 상도 지주회사에서 일을 시작했을 때 이곳에는 이미 9개 팀에 50명에 가까운 직원이 있었다. 2010년 초반 상도그룹에서 지주회사가 대두하게 된 데는 다음과 같은 세 가지 요인이 있다.

첫 번째 요인부터 살펴보면 1997년 아시아 금융 위기 이후 정부 정책은 대기업 지배 구조 개혁에 초점을 맞췄는데, 지주회사는 내부 재무 투명성과 바람직한 기업 관리를 위한 좋은 수단으로 여겨졌다. 하지만 역설적이게도 한국에서 대기업의 지주회사 체제는 1980년대까지 법으로 금지됐었다. 대기업 소유주들의 과도한 경제적 집중을 불러일으킨다는 우려 때문이었다.[4] 그러다 1990년대 말 지주회사 금지 조치가 철회됐다. 2000년부터 한국 정부는 지주회사를 적절한 기업 지배 구조와 재무 투명성 수단으로 오히려 장려됐고, 모든 대기업에 내부 지분관계를 바로잡도록 권고했다. 계열사끼리 서로 지분을 교차 소유하던 순환출자의 관계를 바로잡자는 것이었다. 이전까지는 대기업 내 어느 계열사가 얼마만큼의 금융 자본을 보유하고 있는지, 궁극적으로 어떤 곳이 책임을 지고 있는지 파악하기 어려웠다.

지주회사 체제 출현은 대기업들이 정부, 주주, 금융 시장에서 투명해진다는 사실을 암시했다. 이론상 지주회사 체제는 실적이 저조한 자회사가 그룹 전체에 위험을 확산하지 못하도록 그룹에서 분리하거나 분사하는 데 더 수월하다. 지주회사 체제에서 계열사들은 서로의 지분을 소유할 수 없고 한 곳 이상의 자회사를 둘 수 없다. 그 결과 그룹 지배 구조는 결국 피라미드의 형태가 된다.[5] LG그룹이 한국 기업 가운데 처음으로 지주회사 체제를 도입했으며, 상도그룹 또한 2000년대 초 다른 여러 기업과 함께 지주회사 체제로 전환했다. 상도 지주회사는 자회사 한 곳을 분리하고 주요 신규 인수를 포함해 모든 계열사의 과반수 지분을 점진적으로 흡수함으로써 형성됐다.[6]

두 번째 요인은 현 회장에서 차기 회장으로의 소유권 세대 교체였다. 한국 기업에서 오너 일가가 갖는 특수성 때문에 가족 구조를 상세히 밝힐 수는 없지만, 다른 많은 재벌 그룹과 마찬가지로 상도그룹도 시간을 두고 한 세대의 리더십을 다른 세대로 전환하고 있었다. 회장은 그룹 내에서 최고위 임원이자 정치, 성공과 실패, 기업 문화의 중심에 있는 명목상 가장 높은 위치의 사람이다. 여러 보고서와 연구에서 알 수 있듯이 회장 개인은 그룹 지분의 1% 남짓만 소유하고 가족이 아닌 전문 경영진과 리더십의 상당 부분을 공유하는데도 그렇다. 아울러 회장은 기관 투자자, 금융 기관, 규제 기관의 감독 아래 소유권 책임의 균형을 유지한다. 그런데도 회장직은 일반적으로 창업주의 직계 후손에게 있는 세습권과 사업 적성, 인성, 업계 지식, 위계 구분 등에 의해 획득되는 구별 짓기의 정점으로서 주효한 역할을 한다. 무엇보다 회장에게는 개인 운전기사, 개인 비서, 그리고 회사 밖에서 회장의 일정을 세세히 계획해 원활하게 처리하는 전담팀이 배치되는 등 대우 측면에서 다른 직원들과 비교해 두드러진 구별 짓기가 이뤄진다.

한국에서 전통적으로 가족 소유 재벌의 회장직은 대개 직계 상속인 _{때로는 상속인의 배우자}에게 이양되지만, 단독으로 상속받을 수 있는 권리는 사실상 없다고 볼 수 있다. 결국 아들이나 딸들이 직책을 얻게 되는데, 이들은 해외 유학을 통해 명망 높은 대학에서 학위를 취득한 뒤 경영, 전략, 컨설팅, 재무 등에 관한 지식을 쌓고 계열사에 입사해 사업부 또는 자회사의 리더로서 잠재력을 시험하는 과정을 거친다. 물론 법인 기업의 다른 임원직과 마찬가지로 회장직도 주주총회의 승인을 받아야 한다. 어쨌든 재벌의 후계 구도는 국내외 미디어 그리고 모두 성공하는 것은 아니지만 미래의 리더들이 경험을 쌓고 있는 대기업 내에서 주목할 수밖에 없는 주제다.

상도에서 차기 회장으로의 이와 같은 전환이 언제 어떻게 이뤄질지는 명확하지 않았지만, 오너 일가 구성원들은 이미 그룹 내 여러 부서에서 여러 직책을 차지하고 있었다. 그들 가운데 한 사람은 지주회사 임원직을 맡았는데, 지주회사의 대두는 이 임원의 부상과 일치했다. 이 임원은 통상적인 경영 업무 외에도 재벌 그룹의 최상위에 있는 회장의 후원 아래 팀 관리자 및 임원 채용과 새로운 관리 전문 영역을 확장하는 데에도 간여했다.

명시적인 정책을 찾기는 어려웠지만, 내가 상도 지주회사에서 만난 모든 사람은 지주회사를 상도그룹의 거점으로 만들겠다는 이 임원의 의지가 회계나 법무 등 몇 가지를 제외하고 기업 관리의 매우 많은 부문에 영향을 미치고 있음을 잘 알고 있었다. 실제로 이 임원은 프로젝트 보고서의 비공식 수취인이거나 새 프로젝트 아이디어의 출발점일 때가 많았다. 이런 맥락에서 상도 지주회사는 단순히 경영 주체가 아니라 미래전략실이나 전략기획실로 변모하고 있었다. 당시 전략실이나 기획실은 다른 대기업에서도 엘리트 전문가가 배치되는 거점으로 인기가 많았다. 기업들은 회사 안팎에서 수십 명 때로는 수백 명에 이르는 전문가를 영입했고, 이들은 기업 경영의 다양한 측면에서 소유권을 확장하거나 위임하는 역할을 수행했다.[7]

지주회사 대두의 세 번째 요인은 세계 철강 산업의 상황과 그 안에서 상도가 처해 있던 허약한 위치였다. 이 책의 서두에서 내가 백 과장의 입을 통해 설명했듯이 상도는 국외 및 국내 철강 시장 모두에서 상당히 불안정한 상황에 놓여 있었다. 국내에서는 철강 시장이 한때 안정적으로 시장을 분할하고 있는 것으로 보였으나 한국 내 핵심 공급 기업들이 자체 철강 생산에 본격적으로 투자하면서 구도가 급변하기 시작했다. 이는 몇몇 철강 기업의 파산으로 이어졌다. 그리고 이와 동시에 중국 국영 기업이 생산한 철강 제품이 시장에 범람하면서 가격이 전세계적으로 급락했고, 이 과잉 상태가 해결되는 데 수년이 걸릴 것으로 전망됐다. 한편으로 미국은 자국 철강 시장을 보호또는 부활하고자 한국 철강 제품을 덤핑dumping으로 규정, 즉 시장에서 영향력을 얻으려고 가격을 인위적으로 낮췄다는 명목으로 관세를 부과했다.

이런 상황은 이른바 위기 경영으로 이어졌다. 계열사들은 최대한 비용을 절감하거나 사업 효율성을 높여야 했다.[8] 그러나 철강 시장이 직면한 수많은 문제는 이 정도로 해결되지 않는 훨씬 더 심각한 결과로 나타났다. 수입 관세 때문에 미국 시장을 잃고, 가장 큰 국내 고객을 놓쳤으며, 계열사를 합병하거나 통합해야 하는 생산 라인에 대한 복잡한 결정을 마주하게 된 것이다. 이에 성과관리팀과 미래전략팀 같은 지주회사 신설 팀들이 그룹 내 기회를 발굴하고 확장 가능한 신규 영역 탐색 임무를 맡게 됐다.

현실에서 지주회사의 역할은 그 구성원들 사이에서도 늘 명확하지만은 않다. 일부 임원은 자신들의 역할을 자회사가 채택하거나 채택해야 할 신규 전략이나 계획을 수립하는 것이라고 여겼다. HR팀의 조 상무는 나와 처음 만난 자리에서 HR팀은 그룹 전체를 안내할 뿐 간섭하지 않는다고 단언했다. 그는 지주회사 HR팀은 임원 평가 및 승진 정책 등의 소관 업무에 제한돼 있고 인사 분쟁이나 정책 또는 노조 협상과 같은 복잡한 활동에는 간여하지 않는다고 분명히 밝혔다. 성과관리팀의 추 팀장은 내게 지주회사가 과거에는 회장에게 정보를 전달하는 역할만 했지만, 이제는 회장에게 매달 매출이 어떻게 변화하고 있는지, 직원 수를 늘리고 있는지 줄이고 있는지 등 각 계열사의 세부 사항을 보고하고자 더 많은 정보를 모으고 있다고 말했다. 당시 나는 어떤 임원이 다른 임원과 지주회사가 어떤 일을 해야 하고 계열사에 어떤 책임을 맡겨야 하는지 상의하는 것을 우연히 들은 적도 있다. 이 장의 뒷부분에서 이야기할 변 상무의 경우에는 자신의 업무가 단순히 계열사에 '기여'하는 것을 넘어 그들을 '관리'하는 것이라고 생각했다.

나는 상도 근무 초기에 지주회사 감사팀 관리자와 상도그룹의 내적 다양성을 파악하고자 애썼다. 김 팀장은 규모가 큰 계열사인 상도사우스에서 줄곧 경력을 쌓다가 지주회사 감사팀으로 이동했고, 처음에는 팀장으로 일하다가 이후 임원으로 승진했다. 그의 팀은 주로 원격 모니터링, 서류 감사, 현장 방문을 통해 상도그룹 전체에 대한 감사를 수행했다. 김 팀장은 중국, 중남미, 동남아 등지의 상도 지사를 방문했고 한국 내 모든 공장과 사무실을 둘러봤다. 지주회사 임원이 된 그는 그룹 내 어떤 사람보다 계열사와 지사의 재무 및 회계 상태는 물론 내부적 차이에 대해서도 꿰뚫고 있었다. 어느 날 나는 그에게 상도그룹 내부에 존재하는 것으로 보이는 커다란 차이, 특히 계열사의 다른 기업 문화에 관해 질문할 수 있었다. 그때 그는 상도그룹을 단일체로 칭하면서 "상도를 사랑한다"고 말했다. 계열사 간 차이를 인정하지 않으려는 완곡한 표현이었다.

그렇지만 이런 정서는 그가 원래 몸담고 있던 상도사우스가 예전에는 다른 기업의 자회사였고, 1990년대에 파산해 또 다른 기업에 속했다가 2000년대 초 상도에 인수됐다는 사실을 배제한 것이었다.⁹ 심지어 상도사우스는 역사는 상도가 설립되기 이전부터 시작됐다. 하지만 기업 연혁에 기록된 상도사우스의 공식 창립일은 다른 자회사의 설립일이었다.

김 팀장은 내가 하급자인데다 외부인이고 외국인이기에 그룹 내 균열을 드러내지 않으려고 애쓴 것 같았지만, 나와 더 친하게 지냈던 HR팀의 장 팀장은 다르게 이야기했다. 장 팀장도 외부에서 영입된 인물이었다. 그는 한 다국적 대기업 HR팀에서 10년 이상 근무했는데, 상도에서 일한 지는 몇 년 되지 않았다. 그는 평생 상도에 몸담았던 직원이 아니었고, 그룹 내 지주회사의 이방인 같은 위치에 대해서도 잘 알고 있었다. 계열사에 대한 재무적 통제력을 갖고 있는데도 불구하고 계열사 직원들은 지주회사를 계모처럼 생각한다고 그는 설명했다. 다시 말해 법적으로는 그룹에서 상위에 있으나 정당한 모회사로서 완전히 자리 잡지 못한 상태라는 것이었다.¹⁰

··· 새로운 브랜드 세계관 ···

"촌스럽죠?"

상도 타워 엘리베이터 안에 설치된 스크린 속 홍보 영상을 지켜보던 홍 과장이 말했다. 몇 가지 다른 영상과 함께 연속해서 재생되고 있는 이 홍보 영상은 어린 여자아이가 바이올린을 연주하는 것으로 시작해 정장 차림의 사람들이 회의실에서 대화하는 장면으로 넘어갔다가, 마지막에는 용광로 불꽃과 기계를 주시하는 사람들이 교차하는 철강 공장 내부 모습으로 바뀌었다. 그런 뒤 장면은 다시 바이올린을 연주하는 소녀로 돌아오고 카메라가 상도 타워를 배경으로 멀어져갔다. 곧이어 화면이 희미해지고 흰 배경에 상도 로고가 나타나면서 홍보 영상은 마무리됐다.

홍 과장은 인위적으로 연출된 사무실 풍경이 특히 마음에 들지 않는 모양이었다. 그의 동료 직원 몇 명이 그 회의 장면에 동원됐단다. 한국에서 "촌스럽다"는 표현은 시골과 도시 사이의 차이를 함축한다. 이 표현은 말하는 사람을 취향뿐 아니라 안목까지 있는 사람으로 보이게 해준다. 한국 기업계에서 구식 로고, 사내 광고, 어설프게 번역된 영문 브로셔 등은 과거의 잔재로 여겨지며, 개혁까지는 아니더라도 폄훼의 대상이 될 수 있다.

홍 과장은 자신의 팀이 몇 년 전에 제작한 영상이 아직도 회사 엘리베이터에서 재생되고 있다는 사실이 멋쩍은 눈치였다. 이제 직급이 조금 높아진 그는 상도의 새로운 방송용 콘텐츠 개발 업무를 맡고 있었다. 그의 팀이 광고 대행사의 도움을 받아 만든 새로운 홍보 영상은 블루칼라 노동이 낭만적으로 보이도록 실제 제강 과정을 드라마틱하게 담아냈다. 무역박람회를 위해 제작된 해당 영상은 상도그룹 웹사이트에는 업로드됐으나 아직 엘리베이터 스크린에까지는 나오지 못한 상태였다.

홍 과장은 그룹 전반에 걸쳐 상도 브랜드의 많은 홍보물을 관리하는 소규모 홍보팀 직원이었다. 그가 내게 개인적으로 한 "촌스럽다"는 말은 오늘의 상도와 어제의 상도 사이의 이분적 구분을 전제로 한 셈이었다. 그러나 홍보팀은 상도의 외양을 개편하는 것 이상의 일을 하고 있었다. 그들은 상도그룹이 구성원들에게 내부적으로 드러나는 방식을 근본적으로 변화시키고 있었다. 상도 타워가 상도를 다른 기업들과 구별 지음으로써 모든 계열사를 하나의 상도로 통합한 것처럼, 홍보팀은 타워에서 공장에 이르기까지 상도에 속한 조직의 모든 층, 모든 컴퓨터 스크린, 모든 대외적 상황에서 찾을 수 있는 통일된 이미지를 만들고 있었다. 이 통일된 이미지를 통해 단순히 이름 이상으로 상도그룹 내 모든 계열사를 아우르고자 했다. 각각의 계열사는 같은 기업 질서의 일부여야 했다. 공식 간행물에서 상도의 모든 계열사는 독립적 주체가 아니라 더 넓은 상도그룹의 구성원이었다. 달리 말하자면 저마다 나름의 역사와 제품을 가진 개별 주체로 존재하던 회사들이 이제는 기업 공동체로서 널리 알려지려 하고 있었다.

다양한 이해관계로 얽힌 개개의 주체들이 한 구성원으로 함께 탑승한 하나의 배로서 상도그룹의 정체성을 전파하려는 노력은 통합된 시각 및 디자인 소품으로 확대됐다. 홍보팀은 상도 로고와 기업 상징색이 들어간 갖가지 브랜드 소품을 개발했다. 노트, 재킷, 배지, 명함, 파워포인트 템플릿, USB 디스크, 볼펜, 자, 문진과 같은 용품이었다. 사무실 밖에서도 패션 아이템으로 보일 만큼 섬세하게 디자인했다. 판촉용 홍보물이나 기능성 작업복 같은 게 아닌 서울 사람들, 특히 화이트칼라 노동자들에게 인기가 많은 세련된 제품들처럼 고급 아이템을 염두에 두고 특별히 신경을 썼다. 일테면 회사 노트는 검은색에 몰스킨^{Moleskine} 브랜드를 연상시키는 독특한 질감을 갖고 있었다. 회사 카페의 커피 슬리브에도 상도 로고가 찍혀 있었다. 표창을 받은 직원들에게는 과하지 않게 한쪽 구석에 상도 로고가 살짝 들어간 가죽 서류 가방 등이 선물로 주어졌다. 이런 아이템은 디자인에 일가견이 있는 오너 경영진 가운데 한 사람의 의견을 받아 선정됐다. 아무런 설명 없이도 기업의 일원이라는 정체성을 드러내고 기업 브랜드를 알리는 역할을 했다.

이들 소품을 개발한 곳은 지주회사였으나 그 사실은 전혀 중요하지 않았다. 모두 상도의 아이템으로 불리면서 통일된 브랜드 이미지를 형성했다. 지주회사 홍보팀은 이와 같은 소품을 상도 타워 내에 있는 모든 직원에게 무료_{추가는 유료}로 배포했다. 직원들은 자신이 상도퍼스트, 상도사우스, 상도NET, 상도FX에서 일한다고 생각했을지 모르지만, '상도'라는 하나의 브랜드는 그들 위에 군림하는 게 아니라 모두를 아우르는 새로운 단일 정체성을 은연중에 심어줬다.[11]

상도그룹의 이런 새로운 세계관이 가시화한 대표적인 것은 다름 아닌 사보다. 상도그룹 사보 〈우리 상도〉는 지주회사 홍보팀이 연간 3~4회 발간해 그룹 내 모든 구성원에게 배포된다. 〈우리 상도〉는 시중에서 출간되는 정식 잡지로 봐도 무방할 정도로 잘 만들어진 사보다. 회장의 고무적 메시지, 전세계 상도 소식, 주제별 경영 이야기, 성공적 글로벌 기업 사례 연구, 상도의 역사 속 다양한 일화, 영업소 및 공장 탐방 기사,

임직원 경조사 소식 등을 다채롭게 담고 있다. 사보의 맨 뒷부분에는 절취해서 홍보팀으로 보낼 수 있는 엽서가 있는데, 이를 이용해 회사 연혁과 관련한 퀴즈 정답을 적어 경품에 응모하거나 사보 편집자들에게 메시지를 남길 수 있다.

〈우리 상도〉는 수십 년 역사를 갖고 있으며, 시간이 흐름에 따라 디자인과 편집 형식이 다양하게 바뀌었다. 이 사보는 2010년대 초 오너 일가와 임원들의 지원 및 외부 전문 필진, 사진작가, 그래픽 디자이너의 도움을 받아 최신 버전으로 재탄생했다. 그저 표지만 반짝거리던 재미없는 기업 간행물에서 유려한 언어와 고급 용지와 엠보싱 가공 같은 섬세한 조정을 통해 세련된 미감을 가진 잡지로 변모했다. 〈우리 상도〉는 비즈니스 교육과 동기 부여가 되는 미국 및 유럽 기업 소개 기사를 게재해 상도그룹의 글로벌 전망을 높였다. 상도가 해외 지사를 두고 있는 국가의 소개 자료도 실었는데, 이는 해외 출장을 가보지 못한 국내 직원들에게 상도그룹의 다국적 사업 역사에 대한 자부심을 고취하기 위함이었다.

그런데 한편으로 계열사들도 자체 사보를 간행했다. 어떤 경우에는 특정 공장이나 회사 노동조합이 사보를 발간해 자신들은 상도그룹 심지어 계열사와도 별개의 존재임을 강조했다. 일례로 〈우리 상도〉는 어느 해 1월호에서 상도그룹의 모든 구성원에게 "새로운 마음과 정신"으로 일할 것을 당부하는 회장의 신년사를 담았지만, 한 지역 공장 사보는 삶은 돼지머리를 앞에 놓고 공장의 "사고 없는 한 해"를 기원하는 고사 사진과 기사를 실었다. 〈우리 상도〉는 푸른색 정장에 흰 셔츠를 입은 단정한 직원들을 전문 사진작가가 촬영하고 고급 용지에 컬러 인쇄한 사진을 실었지만, 이와 대조적으로 공장은 저해상도 카메라로 찍은 사진이 담긴 사보를 사내 인트라넷에 게시판에 PDF로 게재했다. 이런 측면에서 공통된 그룹 정체성을 만들려는 지주회사의 노력은 기업 공동체를 상상하는 다른 방식들과 미묘한 경쟁을 펼치고 있었다.

〈우리 상도〉의 눈에 띄는 특징 가운데 하나는 각호에 실리는 팀 소개다. 근무 환경 및 팀원들 사이의 관계에 초점을 맞춰 계열사 중 한 팀을 소개하는 코너다. 이 코너에는 현장에서 장비를 사용하거나 회의하는 모습, 투지 넘치거나 장난스러운 포즈를 취하는 팀원들의 사진_{전문가가 촬영}_한도 곁들여진다.

어떤 호에서는 영업 및 수출, 어떤 호에서는 공장의 연구 및 개발을 담아내는 등 역할의 다양성을 반영하면서도 그 안에서 강조하는 주제는 한결같다. 투지와 결단력 그리고 통찰력으로 문제를 극복해내고, 때로는 문제 해결을 위해 기존 고정 관념도 과감히 버릴 줄 아는 팀워크를 지향해야 한다는 것이다. 이 코너에서 주로 40~50대 남성이 대부분인 각 팀의 팀장은 "변화하는 시대에는 변화를 통해 이겨내야 합니다", "관리는 감정이 아닌 근거로 하는 것입니다" 같은 다소 낯간지러운 비즈니스 격언을 설파한다.

또 어떤 호는 이 코너에서 한 지역 공장의 품질관리팀을 소개했는데, 상도가 다른 한국 기업들과 가격 경쟁에 직면하게 된 문제를 다뤘다. 이 문제를 극복하고자 이들은 시장을 바라보던 기존 태도와 편견을 버리고 새로운 해법을 찾아 나섰으며, 그 결과 신규 국제 인증을 획득하고 해외 시장에 진출해 인정을 받게 됐다. 팀 소개 기사는 각각의 팀원을 구별 지어 묘사하는 데 거침이 없었다. 기사는 팀원들이 팀 안에서 맡은 역할과 이들 한 사람 한 사람이 문제 해결에 기여한 방식을 강조하면서 각자의 사회성을 함께 묘사했다. 기사는 일테면 품질관리팀을 이렇게 소개했다.

김 팀장을 필두로 차 과장이 후배들을 이끈다. 문 대리는 능력 있고 열정적이다. 안 기사는 실무 경험이 많고 친절하며, 봉 기사는 일 잘하는 로맨티스트다. 팀의 두 막내 중 길준은 분위기 메이커이며, 한결은 진지한 학자 타입이다.

계열사 상도FX의 수출-영업팀은 특이하게도 두 명의 팀장을 두고 있다. 이 팀의 소개 기사는 두 사람과의 인터뷰가 중심이었다.

우리 상도: 두 분께서 소통이 잘되는 팀을 만드셨는데, 비결이 뭘까요?

이 팀장: 힘든 상황일 때 저희는 더 똘똘 뭉쳤습니다. 그래서 성장할 수 있었죠. 상도FX는 상도그룹의 후발 주자라 몹시 힘든 시기를 거쳤기에 이런 어려움을 극복한 데 자부심을 느끼고자 노력하고 있습니다. 상황이 아무리 어려워도 극복할 수 있다는 자부심이 있어야 합니다. 새로 들어온 후배들 또한 이런 부분을 이해하려고 애쓰기 때문에 저희는 함께 나아갈 수 있습니다.

채 팀장: 비판보다는 칭찬을 많이 하려고 노력합니다. 어떤 팀원에게 1분 동안 실수를 지적하는 이야기를 했다면, 5분 동안은 그들이 잘하고 있는 일을 이야기해서 자신감을 키워주고 먼저 다가서도록 하고 있습니다. 그리고 저는 팀원들의 가정 상황

을 고려하려고 노력합니다. 결국 일을 하는 것은 사람이니까요.

〈우리 상도〉는 그룹 내 다양한 팀을 소개하면서 친숙한 프레임에 의지해 내부 차이점을 이야기한다. 팀 구성원 사이의 서열에 집중하지 않는 대신 관심과 리더십의 문제로 프레임을 짜는 것이다. 개인 간 기술 차이와 팀 내 경험에 초점을 맞춘 것은 직원들이 경력이나 개인적인 생활 단계에 따라 역량이 다르므로 리더십이 중요하다는 사실을 반영한다. 이는 참여적 팀워크를 중시하는 한국 정서를 드러낸다. 팀 리더는 군대의 상급자나 우두머리가 아니라 팀원 개인의 목표 달성을 돕는 안내자 또는 동기 부여 리더다.[12] 사보에 나온 팀장들은 팀원보다 높은 위치에 있을 뿐 아니라 멘토이자 선배이자 자기 철학이 있는 특별한 존재로서 팀이 함께 어려움을 극복할 수 있도록 돕는 구실을 한다.

이처럼 팀 단위의 다양성에 초점을 맞춘 것은 새로운 관념, 즉 상도 그룹의 기반이 사업 단위마다 특정한 이력과 특징과 차이를 가진 고유의 팀으로 구성돼 있음을 강조한다. 〈우리 상도〉는 팀워크를 촉진하는 다소 뜬구름 잡는 방식 외에 공장의 문화나 계열사의 정체성 또는 노동조합 같은 또 다른 중재적 형태에는 관심을 두지 않는다. 달리 말해 새로운 브랜드 세계관 안에서 팀은 문제 해결을 위한 긍정적 참여 형태와 공존하는 나이나 경험 등의 자연적 구별을 서술하는 대상이 된다. 따라서 사보는 그와 같은 팀 내부나 상도그룹의 다른 곳에 존재할 수 있는 다른 유형의 조직적 구별 짓기또는 부정적 위계 구조를 언급할 필요가 없다.

··· 사회기술적 구별 짓기 ···

홍보팀이 총체적인 상도 브랜드에 집중해 제품과 팀 차원의 조화로운 참여 이미지를 통한 구별 짓기를 도모했다면, 지주회사의 HR팀은 직원들 사이의 구별 짓기를 가늠하고 관리하는 시스템에 더 큰 관심을 가졌다. 그렇지만 그들이 다른 계열사의 개별 업무 현장 인프라에 도달할 수 있는 범위에는 제한이 있었다. 내가 처음 조 상무를 만났을 때 그가 말했듯이, HR팀은 자회사들을 새로운 방식으로 안내만 할 수 있을 뿐이었다. 이는 계열사가 새로운 프로젝트를 채택하기 전에 HR팀 스스로 직접 시험해봐야 한다는 의미였다.

내가 지주회사 HR팀에 합류했을 때 그들은 다른 팀의 한 동료가 '실험적'이라고 표현한 여러 가지 신규 프로젝트에 참여하고 있었다. 업무 프로젝트 추적 및 모니터링을 위한 사내 시스템 'DRIVE'도 그 가운데 하나였다. 이 시스템을 창안한 조 상무, 장 팀장, 지순 대리에게 DRIVE는 상도뿐 아니라 일반적으로 한국 기업들이 주요 경영 문제로 인식하는 직원 간 구별 짓기의 합리적 근거를 마련하기 위한 노동자 평가 문제의 해결 방안이었다.

한국 기업에서 평가는 승진과 성과급을 결정하는 매우 중요한 도구다. 2000년대 초반부터 대부분 한국 기업은 직원들의 연간 목표를 'KPI_{Key Performance Indicator, 핵심 성과 지표}'와 연계해 성과 측정 기준으로 삼았다. 구체적 업무에 구체적 수치 목표를 설정하는 KPI는 다양한 분야의 다양한 업무 유형과 수준을 측정하는 데 도움이 된다고 여겨졌다. 획일적인 목표 대신 각각의 직원과 각각의 직무에 스스로 직접 설정한 자신만의 KPI 범주와 지표가 생겼다.

그러나 전문 실무자인 지주회사의 HR 담당자들은 KPI 시스템을 싫어하게 됐다. KPI는 목표를 쉽게 달성할 수 있도록 조작할 수 있었고, 직원이 실제로 수행한 업무를 반드시 반영하는 것도 아니었으며, 개발하고 추적하는 데 시간이 많이 소요됐다. 더욱이 KPI는 일련의 자의적 수치, 예컨대 '만족한 고객 수'와 같은 수치에만 초점을 맞췄기 때문에 업무 자체가 아닌 숫자에만 집중하게 만들었다.

HR 담당자들은 프로젝트에 대한 직원 개인의 성과를 지속해서 기록함으로써 평가를 실제 업무와 긴밀히 연동할 수 있는 DRIVE를 개발하는 중이었다. DRIVE의 최초 아이디어는 비행 직후마다 여객기 승무원들의 업무를 평가하는 영국항공British Airways의 성과 평가 사례를 접했던 관리자에게서 나왔다. DRIVE는 ERPEnterprise Resource Planning, 기업 자원 관리 시스템 안에 앱 형태로 삽입됐다. ERP는 기업 공급망 관리 및 회계에 흔히 사용되는 컴퓨터 기반 비즈니스 소프트웨어를 통칭하는 이름이다. 상도그룹의 ERP도 주로 회계에 사용됐지만, 이론상 모든 유형의 비즈니스 프로세스에 ERP가 활용될 수 있었다.

DRIVE 앱의 핵심 취지는 주어진 모든 업무 프로젝트를 평가 형식에 연결하는 것이었다. 기존 연간 평가는 시간 진행에 따른 업무 진전 및 피드백 기록이 없지만, DRIVE에서는 언제든지 참조할 수 있는 명확한 기록을 남길 수 있다. 업무와 평가가 별도로 이뤄지는 KPI와 달리 DRIVE는 프로젝트의 시작과 끝에서 평가를 시행한다. 팀장은 팀원들의 프로젝트를 더 면밀하게 감독할 수 있으며, 팀원들은 해당 프로젝트의 목표, 결과, 기대치가 무엇인지 명확하게 파악할 수 있다.

관리자와 부하 직원 사이의 관계를 정제한다는 것은 지형지물을 완벽하게 복제한 지도처럼 업무를 디지털 플랫폼으로 완벽하게 재현함을 뜻했다. 지순 대리는 IT 담당자와 긴밀히 협업해 모든 업무 요소를 직원들이 사용하는 인터페이스에 통합하는 새로운 소프트웨어를 프로그래밍했다. 여기에는 관리자 이름, 팀원 이름, 프로젝트 이름, 시작일 및 종료일, 하위 프로젝트 등 기본 설명을 비롯해 모든 인터페이스 요소를 처음부터 다시 만드는 일이 포함됐다. 이 시스템에는 직원들이 자신의 프로젝트, 목표, 프로젝트 예상 결과, 기대 사항 등에 대한 정보를 입력할 수 있는 텍스트 박스가 있다. 해당 업무를 설명하는 이런 기본 요소들은 간단하면서 상당히 급진적이었다. DRIVE 앱에는 진행 중인 프로젝트를 구체적인 목표, 과제, 결과, 시작, 종료 등의 시퀀스로 나눠 보여주는 효과가 있다. 나아가 모든 업무를 한 명의 직원이 완료하고 한 명의 관리자가 감독한다고 설정하기에 각 요소에 대한 점수는 한 직원에게만 부여된다.

DRIVE는 관리자를 위한 의사 결정 및 평가 모드도 탑재했다. 프로젝트 시작에 앞서 팀원은 텍스트 박스와 작업 정보를 채워야 하며, 이후 팀장의 승인을 받아야 한다. 해당 프로젝트가 끝나면 팀장은 다시 로그인해 적시성, 품질, 중요성, 협력의 네 가지에서 영역에서 프로젝트 점수를 기재해야 하는데, 이 점수는 A, B, C, D 채점 형식을 바탕으로 한다. 프로젝트마다 가중치를 부여해 연말 각 프로젝트 점수에 합산하면 연간 성과 평가를 진행하는 데 필요한 두 가지 척도 중 하나인 업무 성과가 집계된다. 다른 한 가지 척도는 팀원이 반영한 회사 가치로 팀장이 결정한다. HR 관리자들은 DRIVE를 관리자의 평가 행위가 연말에 한 번만 이뤄지는 KPI 보다 발전한 형태로 봤다. DRIVE에서는 평가자로서 팀장의 역할이 1년에 걸쳐 분산된다. 이는 팀장이 팀원에게 받은 최근 인상, KPI 목표, 회사 내 지위나 직급에 근거해 평가할 수 있는 기존의 인지적 편향이 나타나는 것을 막기 위함이다. 아울러 팀장이 팀원 간 평가 점수에 균형을 맞추려고 하는 등 연말에 발생할 수 있는 형평성의 문제나 정실 인사를 방지하기 위한 수단이기도 하다.

DRIVE의 또 다른 특별한 기능은 직원과 HR 관리자가 서로 적절한 참여를 감독할 수 있는 도구를 내재했다는 점이다. 앱에는 팀장이 프로젝트 점수를 제출하고 나면 해당 직원만 확인할 수 있는 체크 박스가 있다. 관리자가 직원과 만나서 프로젝트와 평가 점수에 대해 서로 논의했는지 표시하는 부분이다. 평가 점수를 공식 기록으로 제출하려면 팀장과 팀원이 평가에 대해 논의하는 대면 회의가 있었음을 입증해야 하며, 이는 팀원이 해야 한다. 대면 회의는 프로젝트의 개선점에 관한 긍정적 결과를 다루기 위한 과정이다. HR팀 관리자들은 이를 공유할 수 있다. 관리자들은 ERP에 관리자 모드로 접근해서 DRIVE 프로젝트를 제출한 팀원과 그렇지 않은 팀원을 확인할 수 있다. 예를 들면 대다수 팀원이 프로젝트 정보를 입력했으나 아직 완료되지 않은 사항이나 특정 팀장이 평가를 마치지 않았다는 사실 등을 알 수 있다. 지순 대리는 임원이 팀장의 관리 역량을 모니터링할 수 있는 임원용 대시보드도 개발하고 있었다. 바람직한 참여 형태를 확보하기 위한 일종의 이중 감독 방식이다.

2014년 하반기 DRIVE가 공식 적용된 뒤 지순 대리는 이 프로젝트가 어떻게 진행되고 있는지 적극적으로 추적했다. 그녀는 지주회사 직원들에게 정기적으로 업데이트 이메일을 보내 해당 월 또는 해당 분기에 어느 정도 프로젝트가 DRIVE에 입력됐는지 공개하는 한편 하위 프로젝트를 더 잘 입력할 수 있는 팁도 제공했다. 작명 센스가 돋보이는 '베스트 드라이버Best DRIVEr'라는 이름의 상을 만들어 점수에 상관없이 DRIVE 프로젝트를 가장 많이 완료한 직원에게 시상하기도 했다. 반면 각 팀의 상황이나 문제가 있는 팀에 대한 논의는 장 팀장과 비공개로 논의했다. 여기에서는 모든 팀이 합리적 업무 추적 시스템인 DRIVE에 제대로 참여하도록 유도할 방법을 모색했다.

DRIVE 프로젝트의 더 큰 목표는 계열사에서도 자체적으로 실행할 수 있는 HR 시스템을 구축하는 것이었다. 장 팀장은 주요 계열사인 상도퍼스트와 상도사우스에 프로그램 세부 내용을 공유했다. 나도 참관할 수 있었던 한 프레젠테이션에서 장 팀장은 상도퍼스트 임원에게 신규 프로그램과 관련한 사항을 상세히 보고했다. 그는 상도퍼스트가 사용해온 기존 KPI 프로그램을 욕보이지 않으려고 최대한 조심스럽게 아첨하듯 공손하고 활기차게 새 프로그램의 특징을 설명했다. 그러나 HR 부서에서 일해본 적도 없고 HR 프로그램에 관심도 없어 보이는 그 임원은 미온적으로 반응했다. 뒤에 장 팀장은 내게 프레젠테이션의 목적이 그를 당장 설득하기보다는 시간을 두고 아마도 다른 계열사들에 이어서 새 프로그램을 채택하게 하는 것이었다고 말했다. 한편으로 상도사우스는 신규 프로그램을 수용했고 자체 버전으로 구현했다. DRIVE 그대로가 아니라 자신들 조직에 맞게 조정해 자체 IT 담당자가 관리했다. 이런 식으로 계열사들은 DRIVE를 조금씩 다른 시스템을 운용했다. 장 팀장은 계열사 사정에 맞게 프로그램을 수정할 수 있도록 했으므로 지주회사가 강제한 것과는 다르다고 이야기했다. 상도사우스는 소프트웨어를 개선해 되레 지주회사에 공유하기도 했다.

　DRIVE는 구별과 참여의 문제를 업무 설정, 완료 방식, 평가 상황을 정확히 파악해야 하는 기술적 조정과 면밀한 측정이 필요한 문제로 인식한다. 나아가 DRIVE는 관리자가 평가하고 직원과 대면 회의를 통해 그 결과를 정당화하는 식의 기술적 세부 사항을 통해 이상적인 팀 관계를 암묵적으로 모델링하고자 했다. 요컨대 DRIVE는 구별 짓기 문제, 즉 직원이 잘한 점은 무엇이고 개선할 수 있는 점은 무엇인지를 대면 접촉을 통해 이상적인 참여로 전환시키는 메커니즘이다. 제3장에서 논의하겠지만 DRIVE는 묵시적으로 관리자가 편견과 편애의 원천임을 인정하는 모델이기도 하다. 상도 지주회사의 모든 팀장이 이 새로운 프로세스를 지지한 것은 아니었다. 나와 대화를 나눈 어떤 팀장은 DRIVE 입력을 마지막 순간까지 미뤘고 팀원으로 하여금 대면 회의 사실 여부 체크 박스에 거짓으로 클릭하게 했음을 고백하기도 했다. 내가 수집한 정보에 따르면 그는 그 밖에도 팀원들에게 여러 가지 결탁을 종용했다. 그렇지만 DRIVE가 대표하는 실험적 프로그램은 시간이 흐르고 여러 기술적 개선이 이뤄지면서 결국 상도그룹 전체의 현대식 HR 관리 모델로 자리매김했다.

DRIVE는 직원과 관리자 사이의 새로운 관계를 모델링할 때 팀원과 팀장 사이에 가상의 커뮤니케이션 관계를 부여했다. 평소 팀원들에게 인기가 있었고 새로운 관리 모델이 필요하다고 생각지 않았던 팀장들은 DRIVE 앱을 썩 마음에 들어 하지 않았다. DRIVE를 구축하면서 HR팀은 설계자로서 직접 프로그램을 실행해야 하는 일은 물론이고 다른 모든 팀의 프로젝트, 과제, 진행 상황 등을 지켜봐야 하는 증인이라는 이중의 역할을 해야 했다. 상호작용 측면에서 보면 이로써 HR팀은 조직 내 지위는 동등하지만 동료들을 간접적으로 관리하는 기이한 구실을 하게 됐다. HR팀이 기업을 더 바람직한 평가가 필요한 갖가지 과제와 책임을 맡은 사람들의 집합으로 바라보는 시각에 명목상 관여하리라고 예상되는 상황에서, 이들은 기업의 참여적 차원과 구별 짓기 역할 모두에서 일의 본질을 재규정하려고 시도했다. 이 과정에서 HR팀은 직원 간 구별을 추적하는 자신들만의 스타일과 관습에 투자해왔던 계열사의 성격 그리고 관리자와 부하 직원 간 관계의 본질적 특성 사이에서 얽히게 됐다.

소규모 ERP 프로그램과 기업계 간의 격차는 컸지만, DRIVE는 언젠가 자회사로 흘러내릴 수 있는 새로운 프로그램을 실험하고 운용하는 곳으로서의 지주회사 개념을 반영했다. HR팀이 그룹 내에서 전문 지식을 연마해야 할 부분을 발견하면 필연적으로 동료들에게 프로젝트 필요성을 설득해야 하는데, 이는 스스로 일반적인 철강 기업의 관리자라고 여기지 않는 전문가들에게는 어려운 작업이 아닐 수 없다. 새로운 범주와 평가 방식을 급진적으로 도입하는 일은 자신들의 연봉, 성과급, 승진에도 영향을 미칠 수 있다. HR팀은 기존 한국 인사 시스템의 핵심 문제로 드러난 부분을 근본적으로 변화시키는 시스템을 개발했으나, 이 시스템은 그룹 계열사에서 채택하고 이들의 전문성을 인정할 때까지는 성공적인 프로젝트로 여겨지지 못했다.

··· 지주회사의 뒤축 ···

사회학자 알리 혹실드Arlie Hochschild는 기업 경영을 다룬 명저《관리되는 마음The Managed Heart》에서 고용 직원 또는 외주 노동자가 고객의 감정 상태를 관리하는 일직업인 '감정 노동emotional labor'이라는 개념을 처음으로 제시했다. 고객에게 감사의 마음을 전달해야 하는 여객기 승무원 업무에 대한 설명이 인상적이다. 하지만 그녀는 얼핏 그와 반대되는 처지인 수금원들의 감정 노동에 관해서도 연구했다. 혹실드는 고객을 구슬리거나 협박해서 채무를 갚게 하는 방식을 들어 수금원을 기업계의 '뒤축heel'으로 비유한다.

"뒤축인 수금원은 고객채무자의 자존감을 고갈시켜서라도 돈을 뜯어내야 한다."[13]

상도 지주회사는 전략팀, 성과관리팀, 감사팀을 중심으로 계열사의 생산 성과에 관심을 두고 있었다. 전략팀이 미래 시장이나 새로운 방향과 관계가 있다면, 감사팀과 성과관리팀은 그룹 내에서 잠재적으로 비윤리적이거나 실적이 저조한 계열사를 찾는다는 점에서 상도의 '뒤축' 역할이 크다. 특히 성과관리팀은 매월 계열사 영업 보고서를 취합해 집계하는 상도 타워의 신규 보고 채널을 만들었다.

성과관리팀에 새로 부임한 변 상무는 팀과 자회사 내부의 대대적 개편을 위해 영입된 인물이었다. 한국 유수 대기업에서 일하며 승진을 거듭하다가 경력 후반기에 상도로 자리를 옮긴 것이었다. 평생 상도 직원으로서 한 계열사에서만 일했던 전임 임원과는 확연히 다른 스타일을 갖고 있었다. 변 상무는 출근 첫날 성과관리팀이 있는 층의 모든 직원에게 회사 카페 스무디를 돌리는 다정한 제스처를 보였다. 그런데 오랜 시간 계속된 팀원들과의 회의에서는 큰 목소리를 내는 것을 들을 수 있었다.

내가 변 상무와 단독 인터뷰를 진행했을 때 그는 상도가 다른 대기업들과 얼마나 다른지 토로했다. 변 상무에 따르면 상도는 경험이 너무 부족했다. 그는 지주회사에서조차 자신의 전문 분야에 대해 잘 알지 못하는 팀이 있다고 지적했다. 게다가 계열사가 그룹 회장의 말에 전혀 귀를 기울이지 않고, 오너 일가의 누군가가 원할 때마다 일을 중단할 수 있다는 사실에 매우 놀라워했다. 그가 보기에 상도는 특별히 이름난 기업도 아니었고, 피라미드와 같은 체계 안에서 모든 임직원이 일사불란하게 움직이던 이전 기업과 비교할 때도 상대적으로 낮은 수준이었다. 이에 그는 지주회사가 계열사 정보를 수집하고 회장에게 보고하는 역할을 강화해야 한다고 판단했다.

내가 며칠 동안 HR팀에서 성과관리팀으로 파견 근무를 하던 때의 일이었다. 팀장 한 사람과 팀원 세 사람 그리고 변 상무가 월별 계열사 보고 프로세스를 개편하고 있었다. 각 계열사는 매월 각 지사의 업데이트된 매출 실적을 올려 회장의 검토를 받아야 했다. 이때 성과관리팀은 새로운 형식의 월간 보고서 제출 건을 논의했다. 처음에는 물류 문제였던 것이 나중에는 윤리적 문제로 바뀌었다.

전원 남성으로만 구성된 성과관리팀의 고민은 부족한 시간과 지면 속에서 보고서를 어떻게 재구성해야 하는가였다. 결산일인 매월 말일을 지나 다음날 정보를 받기 때문에 그 내용을 파워포인트로 편집해서 회장과 다른 오너 경영진이 읽을 수 있는 보고서로 만들 시간이 턱없이 부족했다. 대단히 중요한 재무 및 매출 정보를 담아야 하는데도 불구하고 이 보고서는 수명이 매우 짧았다. 성과관리팀은 월말 결산 후 최대한 이른 시일 내에 보고서를 제출해서 회장이 검토 후 결정이나 평가를 하게 해야 한다는 압박을 받고 있었다. 이 짧은 기간이 지나면 해당 정보는 현재 상황에 대한 지표로서의 가치와 의사 결정 기반으로서의 유용성을 잃게 된다. 어떤 관리자의 말처럼 제때 보고가 이뤄지지 않으면 그 정보는 '쓰레기'일 뿐이었다.

동호 대리는 성과관리팀이 '정보'를 생산하면서 동시에 '데이터'를 전달해야 하는 난감한 상황에 처해 있다고 말했다. 그에게 '데이터'는 단순히 계열사로부터 받은 것이고 '정보'는 그의 팀이 전문가로서 제공하거나 제공해야 할 가치가 부가된 식견이었다. 월간 보고 논의를 위해 변 상무가 소집한 두 차례에 걸친 회의에서 팀원들은 오너 경영진이 바라리라고 예상되는 다양한 옵션에 대해 논의했다. 이들의 업무는 홍보팀처럼 오너 일가의 바람을 모든 직원에게 전달하는 물리적 아이템으로 변환하는 것이 아니었으며, HR팀처럼 새로운 사회기술적 시스템으로 구별 짓기 메커니즘을 조정하는 것도 아니었다. 성과관리팀은 그룹 회장과 계열사 사이의 교두보로서 자신들의 입장을 조율하고 있었다. 관건은 계열사로부터 받은 데이터를 얼마만큼의 정보로 가공해야 팀의 기여도가 적절한지였다.

그래서 이들은 보고서 내용의 정량적 데이터와 정성적 정보의 비율을 '60 대 40'으로 할지 '80 대 20'으로 할지, 아니면 '40 대 60'으로 할지 토론했다. 판매량과 같은 정량적 데이터는 수치를 보여준다는 점에서 유용하지만 데이터가 의미하는 바에 대한 해석, 즉 정성적 정보가 제공할 수 있는 격차를 제시하지는 못한다. 시장 동향 분석이나 매출 증감 원인 등 정성적 정보가 있어야 데이터를 제대로 해석할 수 있다. 그러나 그러려면 더 많은 정보를 모아야 하고 더 많은 검증을 해봐야 한다. 데이터를 분석해 일관되고 유용한 통찰을 끌어내려면 더 긴 시간이 필요한 것이다. 동호 대리는 몇 달 뒤 성과관리팀 생산 정보가 바닥을 드러낼 위험에 관해 고민했다. 이런 맥락에서 이들은 원시 데이터와 정보 사이의 시각적 레이아웃만 염두에 둔 것은 아니었다. 성과관리팀은 자신들의 노동과 전문 지식이 다른 직원들에게 어떻게 보일지도 염려했다.

결국 그들은 가치를 더 담은 접근 방식, 즉 정량적 데이터의 해석을 돕는 정성적 정보를 더 많이 포함한 보고서를 만들려면 절대적으로 시간이 부족하다고 추론했다. 주말 시간까지 고려하면 회장과 다른 오너 경영진이 익월 8일이 아니라 12일까지 보고서를 볼 수 없다는 것이었다. 변 상무는 보고서를 활용해 월 단위 변화를 꾀하기에는 너무 늦기 때문에, 이렇게 되면 결국 이 보고서는 무용지물이 된다고 생각했다. 정한 날짜, 예컨대 매월 30일까지 더 빨리 데이터를 제출하라고 요구하면 계열사의 담당 직원들이 주말이나 공휴일에도 일해야 한다. 성과관리팀이 이 논의를 하던 때는 한국에서 어린이날, 어버이날, 근로자의 날, 스승의 날 같은 공휴일이 많은 5월이었다. 이 문제는 특히 대리급 이하 젊은 팀원들이 민감하게 반응했다. 이들은 계열사 직원들을 휴일에 일하게 만드는 것은 부당하다고 여겼다. 휴일은커녕 휴가도 제대로 챙기지 못한 대기업에서 오래 일했던 변 상무 관점에서는 팀이 보고서 제출 시간을 앞당길 다른 방법을 찾지 못하는 한 휴일 문제에 공감하기 어려웠다.

그에게는 휴일을 명분으로 늑장 대응한다는 것이 변명으로만 느껴졌다. 변 상무는 그가 때때로 "애들"이라고 부르는 젊은 직원들을 못마땅하게 생각하고 있었다. 심지어 데이터 제출이 늦는 계열사 직원들을 일컬어 "비린내 나는 뺀질이"라고도 했다. 실적 부진을 어떻게든 얼버무리려고 늦었다는 핑계를 댄다는 뜻이었다. 동호 대리는 변 상무가 성과관리팀의 보고서 관리 방식을 통해 새로운 유형의 위계관계를 만들려 한다고 확신했다. 그 방식은 홍보팀의 브랜드 소품이나 HR팀의 DRIVE 앱처럼 '위에서 부여한다는 의미를 숨긴' 대가 없는 선물 같은 것이 아니었다. 성과관리팀은 적어도 변 상무가 볼 때 마땅한 부분에 새로운 위계관계를 명확히 표시하고 있었다. 하지만 계열사 담당자들에게 개별적으로 연락해 데이터를 보내라고 요구하는 방식으로 위계관계를 만들어야 하는 사람은 정작 동호 대리 자신과 동료 실무자들이었다.

회의에서 변 상무는 회장에게 보고서를 올리는 물리적 행위의 중요성에 대해 장황하게 설명했다. 그는 제시간에 보고서를 제출하더라도 분석 없는 숫자만 전달한다면 성과관리팀에 아무런 가치가 없는 일이 된다는 것이었다. 그러면 팀은 그저 숫자가 통과하는 도관 역할만 할 뿐이다. 회장의 참모로서 성과관리팀은 보고서에 분석을 포함해야 한다. 그렇지 않으면 변 상무는 회장 앞에서 할 말이 없는 무능한 사람으로 보일 것이다.

어떤 종류의 정성적 정보를 포함할지 논의하던 중 한 팀원이 정보가 너무 많으면 교과서처럼 된다고 농담했다. 그러자 다른 팀원이 끼어들어 새 오너 경영진은 두툼한 보고서를 좋아할 것이라고 말했다. 짧은 보고서를 선호하는 회장에게는 과하게 보일지라도 다른 경영진에게는 유용할 수 있으며, 비록 그들이 공식적인 보고 대상은 아니지만 알게 모르게 그런 스타일에 맞춰질 수 있다는 의견이었다. 변 상무는 보고서에 성과관리팀의 기여가 드러나야 한다고 강조했다. 그렇게 하지 못하면 팀은 확실히 구별되는 전문가 집단이 아닌 수동적으로 숫자만 전달하는 평범한 조직으로 여겨질 테니 말이다.

… 만들어진 구별과 숨겨진 위계 …

이 장에서는 상도그룹의 타워 이전과 지주회사 대두에 따라 나타난 구별과 참여의 새로운 개념으로 특징지어진 경영관계의 다양성에 주목했다. 지주회사는 기업 형태의 최소 유형으로 생태적으로는 기업의 권력과 위계 및 통제 체제와 어떤 관계도 형성하지 않으므로 유용하게 활용할 수 있다.

그러나 한편으로 지주회사는 소유의 대상이자 주체이며, 사람은 없고 권력만 남아 있는 곳에 비유할 수 있다. 따라서 지주회사는 안내자 또는 조정자로서 다른 사람들 위에 앉아 있는 게 어떤 의미인지에 대한 갖가지 생각들이 오가는 곳이다. 법무, 총무, 회계, 재무 등 내가 이 장에서 다루지 않은 지주회사의 다른 팀들도 상도그룹 각각의 계열사와 독특한 방식으로 나름의 관계를 만들어갔다. 이는 조직 구조에서 한 영역의 질서가 HR과 같은 다른 영역으로 매끄럽게 변환되지 않는다는 사실을 반영한다.

나아가 지주회사는 상도그룹과 같은 기업이 국가 발전 개념과 국가가 기대하는 이미지에 어떻게 조화를 이룰지도 매일의 관리 업무 시간 프레임 내에서 복잡하게 해석해야 한다. 말하자면 관리자와 다른 직원들이 그런 해석의 영역에서 광범위한 참여의 이상을 실제 참여의 현실과 조화하는 방법을 배워야 한다. 더 쉽게 말해서 지주회사는 상도그룹의 새로운 이해가 형성되는 곳이다.

상도 지주회사 관리자들은 그와 같은 이질성을 상도가 학문적 연구에 적합한 사례가 될 수 없다는 징후로 봤다. 삼성처럼 내부 질서가 명확한 기업을 연구 대상으로 삼아야 한다는 것이었다. 그렇지만 이 장은 기업 유형을 둘러싼 개념보다 이질적 기업들이 실제로 운영되는 방식과 여러 상황에서 심지어 내부적으로 그런 조직이 만들어지는 방식을 이해하는 게 훨씬 유용하다는 사실을 보여줬다. 긍정적 차이의 한 형태인 구별과 부정적 차별인 위계 사이의 미묘한 단층선을 찾으려는 많은 관리자가 개인 간 그리고 조직 간 위계 구조의 망령에 맞닥뜨리게 되는 때가 바로 이런 상황이다. 성과관리팀 관리자들 같은 일부 관리자들에게는 구별 짓기가 유감스럽게도 새로운 위계 구조 도입에 달린 것처럼 보였다.

상도 타워 이야기로 돌아가서 특정 구별 짓기가 숨겨진 곳을 지적할 가치가 있을 것 같다. 상도 타워는 구별 짓기가 통일된 질서로서 기능하게 만들기 위해 다른 직원들에게도 의존했다. 상도그룹은 건물의 거의 절반을 보험, 금융, IT 등 다른 업계 기업들에 임대했다. 이들 기업은 타워 중하층을 점유하고 있으며, 이곳 직원들은 감색 정장과 흰 셔츠에 어두운색 넥타이를 맨 상도그룹 대부분의 젊은 남성 직원들과 구별된다. 그런데 상도 직원처럼 옷은 입었지만 정식 상도 직원은 아닌 이들도 있다. 상도 타워 1층 로비에서 상도 로고가 표시된 유니폼을 입고 서 있는 안내 직원들은 시내 전역의 건물에 경비 인력을 공급하는 대형 보안 업체와 계약을 맺은 사람들이다. 회사 카페 직원, 헬스클럽 직원, 경비 직원도 마찬가지로 각각 다른 회사와 계약돼 있다. 거의 눈에 띌 일 없는 관리 회사가 타워 운영을 담당했다. 운영 인력은 지하나 벽 뒤 같은 사람들에게 보이지 않는 공간에서 일하므로 사무실 직원들과 마주치는 경우는 드물다. 경비 및 보안 인력은 지하 주차장 깊숙한 곳 아무 표시도 없는 문 뒤에 자신들만의 휴게 공간을 갖고 있었다.

이와는 대조적으로 타워 꼭대기에는 다른 조직이 숨겨져 있다. 저 멀리에서도 보이는 6미터 높이의 상도 로고 바로 뒤에는 단일 접근지점에서만 확인할 수 있는 군용 헬리콥터 이착륙장이 있다. 평소에는 출입이 엄금된 이 헬리콥터 이착륙장에는 군사적 필요를 대비한 군수품 저장소가 갖춰져 있다. 서울의 다른 수많은 고층 빌딩과 마찬가지로 상도 타워는 도심에서 불과 56킬로 떨어진 곳에 있는 북한의 공격으로 국가비상 사태가 발생할 경우 한국군에게 관리 권한이 위임된다.

서로 다른 계층과 유형의 노동자들이 건물에 모여 있고 대부분 자신의 업무 정체성을 드러내지 않는다는 점을 익히 알고 있는 직원들에게 이런 사실은 그리 놀라운 일이 아니다. 하지만 그와 같은 은폐성 또는 혼합성 자체가 강조할 가치가 있는 부분이다. 상도 타워 같은 공간이 특정 종류의 구별을 전면에 내세우면서도 동시에 상도가 의존하는 다른 종류의 위계 구조를 감추고 있다는 사실이 드러나기 때문이다.

° 제2장 °
구별 짓기의 기반

1997년 아시아 금융 위기 직후 한국 정부는 IMF, 은행, 기업, 노동조합과 힘을 합해 일련의 기업 지배 구조 개혁을 단행했다. 1990년대 중반 극도로 높은 부채 비율과 과도한 사업 확장을 목격한 뒤 이들 정책의 묵시적·명시적 목표는 취약한 대기업을 재정적으로 안정화하는 데 있었다. 대외적으로는 외국인 투자자들이 국내 기업의 재정 지분을 더 많이 취득할 수 있게 했으며, 재무 보고의 투명성을 높이는 한편 서구 금융 시장 기준에 맞춰 기업 지배 구조를 손봤다. 대내적으로는 기업 부문에 사외 이사 선임 방식 및 비율 조정, 기업 윤리 지침 도입, 소액 주주 권리 보장, 대기업 내부 거래 금지 등의 조치가 있었다. 그리고 이 모든 변화는 이른바 '재벌 문제'를 겨냥한 것이었다.[1]

경제학자 장하준과 신장섭은 "기업 지배 구조 개혁은 오너 일가의 독재 경영이 무분별한 확장과 그에 따른 국가 재정 위기의 근본적 원인"
이라고 지적했다.[2] 한국 경제를 이야기할 때 IMF 대출금 조기 상환과
극적인 기업 구조 조정을 빼놓을 수 없으며, 위기를 극복한 국민적 노
력 또한 분명히 높은 평가를 받을 만하다. 그러나 한국 대기업이 실제
로 새로운 국제 시장의 힘에 굴복했는지, 은밀히 자신들의 힘을 유지했
다가 또 다른 형태로 복귀했는지, 경제적·재무적 위험을 노동조합과 다
른 기업에 떠넘겼는지는 20년이 지난 오늘날까지도 논쟁거리다. 하지만
그렇더라도 위기는 한국 정치 및 경제 역사의 긴 서사에서 국가적·조직
적 센스메이킹sensemaking, 집단 경험과 지식 그리고 상황에 따른 학습 효과로 해결책을 모색하는 것_옮긴이
의 핵심적인 순간으로 작용해왔다.

당시 나타난 조직 서사 가운데 하나는 한국의 기업 문화가 지나치게
수직적이기 때문에 '직계 간소화'가 필요하다는 것이었다. 이는 관리 위
계 구조에 반대하는 전세계적 사상 운동을 반영한 결과였다.[3] HR 부
문도 'IMF 방식'의 일부라는 가정 아래 HR 관행에서 여러 수준에 걸쳐
많은 개혁이 이뤄졌다.[4] 새로운 천 년의 첫 10년이 시작되자 대기업 삼
성에서부터 공기업 KT에 이르기까지 많은 기업이 내부적·외부적 비판
에 대응해 조직 관리 위계를 수평화하는 실험을 시작했다. 각각의 기업
그룹은 직급 수, 직원을 부르는 호칭, 의사 결정 절차, 회의 및 대화 스타
일, 심지어 직급을 새로 정의하는 등 기존의 직계를 수정하기 시작했다.

2014년 나는 가칭 민종Minjong 그룹 인사 담당자를 인터뷰한 적이 있
다. 수십 개 계열사와 1만 명의 임직원을 두고 있는 우량 대기업 민종은
그때 새로운 매니저제를 시행했다. 우선 표면적으로 그동안 한국의 대

부분 사기업과 공기업에서 공통적으로 적용하던 차등적 직함을 없앴다. 사원에서 부장 사이의 직원은 모두 호칭을 '매니저'로 통일했는데, 20대에서 50대까지 직원들을 모두 포괄했다. 이는 수직성의 가장 눈에 띄는 상징이던 직급과 직함을 배제한 급진적인 조직 수평화 조치였다. 직원들은 서로를 단순히 '매니저'라고 부르지 않고 높임말인 의존명사 '님'을 붙여 '매니저님'이라고 불렀다. 새로운 호칭은 사무실 내 효율에 기여함과 동시에 젊은 직원들에게 조직 내부 문화를 민주화하는 효과도 있었다.

민종그룹의 이 실험은 각 직급의 서명과 승인을 요구하는 내부 의사결정에 필요한 승인 횟수를 줄이면 효율이 높아질 수 있다는 발상에 근거한 것이었다. 모든 '매니저'는 중간 직급의 결재를 얻을 필요 없이 '팀장'에게 직접 보고한다. 이 실험에는 직원들 사이에 평등한 업무관계, 즉 직급이 아닌 업무 역량과 장점에 기반을 둔 관계를 촉진하려는 의도도 있었다. 모두가 똑같이 매니저라면, 신입 또는 젊은 직원들도 직함에서 만큼은 동등하므로 부담이 줄어든다. 민종의 매니저 호칭 체계는 언어적으로라도 사람을 낮추지 않고 기업 내 모든 직원을 존중한다는 의미를 담고 있었다. 이와 같은 직계 수평화는 직장을 공평한 경쟁의 장으로 만들기에, 자신의 장점을 바탕으로 좋은 성과를 내는 직원을 구별하는 하나의 방법이 될 수 있다. 연공서열 기반 자격 대신 역량과 장점을 통해 직원을 관리자로 승진시킨다는 사상의 결실이기도 하다. 그러나 한편으로 매개 요소로서의 위계를 제거해 사실상 또 다른 구별이 나타나게 한다는 측면에서 구별관리 위계을 정제하는 수단이라고 볼 수 있다.

표 2.1 | 한국 기업의 수평 호칭 정책(2000년~2017년 기준)

아주그룹	임원과 관리자를 제외한 모든 직원을 '이름+매니저'로 부름.
아모레퍼시픽	임원과 관리자를 제외한 모든 직원을 '이름+님'으로 부름(2011년부터 모든 임직원으로 변경).
제일기획	모든 임직원을 '이름+프로(프로페셔널의 약칭)'로 부름.
CJ	모든 임직원을 '이름+님'으로 부름.
한화케미칼	사원은 '이름+씨'로 부름. 대리~차장은 '이름+매니저'로 부름.
카카오	모든 임직원을 존칭 없이 '영어 이름'이나 '별명'으로 부름.
네이버	'이름+씨' 또는 '이름+님', 팀장만 '리더'로 부름.
포스코	사원은 '이름+어소시에이트'로 부름. 대리~차장은 '이름+매니저'로 부름.
삼성전자	대표이사를 비롯한 모든 임직원을 '이름+님', '이름+프로', '이름+선배님', '이름+후배님', '영어 이름'으로 자유롭게 호칭.
SK하이닉스	각자 합의로 '이름+님' 또는 '이름+매니저' 중 선택해 부를 수 있음.
SK텔레콤	임원과 관리자를 제외한 모든 직원을 '이름+매니저'로 부름.
유한킴벌리	모든 임직원을 '이름+님'으로 부름.
상도 지주회사(가칭)	'이름+매니저', 차장급 이상 매니저는 '이름+수석'으로 부를 수 있음.

이 표는 수평 직함, 특히 직원들이 서로를 호칭하는 방식과 관련한 실험을 보여준다. 기업의 대부분 직함은 영어의 관리 용어에서 유래했지만, 높임을 반영하는 호칭과 자연스러운 느낌을 주는 호칭 사이에 분명한 차이가 있다. 출처: 뉴스 데이터 및 개인 인터뷰.

수평 호칭 정책은 언어 변화와 조직 구조 사이의 관계에 대한 일련의 가정에 의존한다.[5] 다시 말해 노동의 역할이나 분업 문제는 전형적으로 직원을 구별하는 직함 문제와 연결되므로, 직함이나 호칭을 변경하면 직원과 조직 사이의 폭넓은 구별 짓기에 영향을 미칠 수 있다고 가정한 것이다. 더욱이 이 프로세스가 효과를 내리라는 기대의 밑바탕에는 서로를 '매니저'라고 부르는 방식처럼 직원들이 동등한 위치에서 소통하게 되면 다른 구별 짓기 문제도 해소할 수 있다는 인식이 깔려 있다. 그런데 어떤 언어 형태가 비즈니스 문화 전반에 영향력을 미치려면 언어가 불균형을 만드는 방식, 직원들이 직장에서 구별 짓기를 경험하는 방식, 구별 짓기를 드러나게 하는 또 다른 방식 등 다양한 기타 요인들도 차단돼야 한다. 하지만 수평 호칭 정책 개념 자체에도 보이지 않는 영향력을 행사하는 더 큰 구별, 즉 수직적인 동양과 수평적인 서양이라는 글로벌 차원의 구별 짓기가 내재해 있다. 내가 연구를 진행할 당시 한국은 애플이나 구글 같은 미국 기업의 성공 요인 중 상사와 직원이 서로 이름을 부르는 수평적이고 위계 없는 직장 문화가 한몫했다는 인식이 팽배한 상황이었다.[6]

민종그룹과 KT 등 일부 기업의 경우 이 매니저제 실험은 몇 년 뒤 직원들의 반발과 고객의 혼란 그리고 이전 직함 계속 사용 문제로 결국 폐기됐다. KT는 그들 버전의 매니저제를 도입했으나 이전으로 돌아갔다. 당시 한 신문 기사 제목은 "수직 문화가 그리웠나…KT, 매니저제 폐지 '직급제'로"였다.[7] 전통적인 5단계사원-대리-과장-차장-부장 직급제로 회귀한 가장 큰 이유는 직원들의 사기 진작 때문이었다수평 호칭 정책의 초기 목표는 직원 간 업무 공조였다. 예전처럼 차곡차곡 승진하는 일이 없다 보니 직원들의 동기 부여가 잘되지 않더라는 것이었다. 민종에 관한 기사도 마찬가지로 매니저제는 현실과 거리가 멀었고 직원들 대부분이 이전 체계로 돌아가기를 원했다고 보도했다. 민종 노동조합 또한 직급이 명확하고 연간 평가 점수가 아니라 근속연수에 따라 승진하는 호봉제로 돌아가기를 바랐다.[8] 내가 2014년 수평 체계를 실험 중이던 민종의 최 팀장과 인터뷰할 때도 그의 관점에서 별로 달라진 게 없는 것 같았다. 그는 HR 담당자의 시각에서 여전히 직원 간 구별이 필요하다고 말했다.

"직원들을 구별하기 위한 G1에서 G9까지의 등급이 있습니다. 따로 기록해 관리하고 있어요."

그가 말한 등급은 HR팀이 시스템 내에서 유지하고 있는 내부 직급을 의미했다. 어떤 언어적 치장 없이 서수로 나타낸 등급을 사용하는 것은 새로운 매니저제 체계 뒤에 숨은 눈에 덜 띄는 기술관료주의적 관리 형태가 있음을 암시한다. 매니저제로 민종그룹에 수평적이고 탈위계적인 이미지를 투영해 직원들이 적절히 평가받는 공정한 경쟁의 장을 만들려고 했으나, HR팀 그리고 아마도 그룹의 고위 임원들로서는 여전히 직원들을 추적하고 분류하는 차별화 등급을 유지할 필요가 있었던 것이다.

그래도 삼성과 SK 같은 한국의 재벌 그룹은 직원들 사이에서 수평화 개혁을 계속해서 시도하고 있다. 카카오와 네이버 등 인터넷·기술 기업은 한 걸음 더 나아가 팀을 셀cell 단위로 조직함으로써 직원들이 서로를 호칭하고 관계를 구성하는 방식에 변화를 도모하고 있다. 이런 의미에서 서구 기준에 적응하지 못하거나 서구 기준을 성급하게 강요하는 한국의 사회경제적 발전에 대한 뿌리 깊은 가정을 반영할 만한 기업의 전형은 존재하지 않는다. 더 흥미로운 지점은 직위 같은 표면적 구별로 생각할 수 있는 것과 HR 전문가를 비롯한 이들이 관리하는 내부적 구별 사이의 관계다. 앞으로 설명하겠지만 HR 전문가들은 성과나 승진 등의 인사 관리 시스템만 탐색하는 게 아니라 구별 짓기 지식, 구별 짓기에 대해 직원들이 배우는 내용, 직원들이 그런 구별에 반응하는 방식 같은 영역도 탐색한다. 이 장에서는 직원_{또는 대중}에게 인식되는 구별과 내부에 감춰지는 구별 사이의 격차가 꼭 관리 난독화는 아니라는 사실을 보여 줄 것이다. 그것은 내가 '구별 짓기 인프라'라고 묘사하는, 많은 현대 기업 조직의 중심을 차지하는 복잡한 관리 특성을 반영한다.

　물리적 인프라와 마찬가지로 구별 짓기 인프라도 언제나 눈에 보이지 않는 것은 아니어서 특정 시간과 장소에서라면 접할 수 있다. 일반 직원의 경우 구별 짓기 인프라는 다른 직원들과의 차이가 강조되는 연간 평가 등의 중요한 순간에 뚜렷이 드러난다. 직함과 같은 특정 표식은 일상적인 정체성과 상호작용의 문제일 수 있으나, 구별 짓기 기법과 과정의 더 큰 기층이 늘 드러나지는 않는다. 그렇지만 HR팀 직원에게 구별 짓기 인프라는 과학사학자 수전 리 스타_{Susan Leigh Star}의 말을 빌리자면 근본적인 관심의 '주제'다.[9] 직함이나 직급이 구별 짓기의 표면적 구조를 나타내는 경우 다른 유형의 관행과 체계는 구별 짓기를 명확하고 안정적이며 합법적으로 만드는 요소들을 추적하는 인프라를 구성한다. 여기에는 인사 카드, 업무 이력, 교육 자격증 등의 서류나 성과 기록, 급여 정보, 휴가·연월차 상황, 분쟁·교육·훈련 이력 같은 디지털 시스템상의 정보로 직원들을 추적하는 HR 및 IT 전문가의 자료가 포함된다. 나아가 이런 인프라에는 입사 시험, 승진 시험, 피드백·평가 체계 등의 다양한 활동과 평가를 추적하는 시스템도 포함된다. 이와 같은 갖가지 체제는 직원들이 하나의 역할에서 다른 역할, 달리 말해 외부인에서 내부인으로, 낮은 직급에서 높은 직급으로 전환하도록 하는 한국 기업 HR 관리의 기본 기능을 드러낸다. 이 전환에는 구체적인 업무 유형을 바탕으로 정성적 역량을 공정하고 공평하게 평가할 상세한 그래프와 표가 필요하다. HR 전문가를 위한 편람이나 교재나 매뉴얼뿐 아니라 중간 관리자 또는 임원들이 문제 해결 및 경제 분석 등 관리 역량을 높이고자 참여하는 사설 교육 훈련 센터나 대학의 경영 관리 프로그램이 구별 짓기 인프라가 일관성을 유지하고 쉽게 이해되도록 하는 데 도움을 준다.

나는 이 장에서 상도 지주회사의 HR 담당자들이 구별 짓기 인프라의 다양한 측면을 관리하는 과정과 다른 직원들이 그런 구별 짓기를 마주하게 되는 방식에 초점을 맞출 것이다. 상도의 관리자들은 내가 그곳에 있는 동안 프로젝트를 극적으로 수평화하거나 간소화하지 않았다. 그들이 임원이나 팀장을 평가하는 방식, (앞 장에서 살펴본) 업무를 할당하는 방식, 성과급을 분배하는 방식, 심지어는 명함을 디자인하는 방식 등 구별 짓기 인프라가 가진 핵심 요소들을 손보지 않았다는 의미는 아니다. 이 작업의 대부분이 일상적인 직장 생활에서 이뤄지지만, HR 담당자들은 구별 짓기 영역에서의 미묘한 변화조차 직원들의 승진, 사회적 지위, 대인관계에 영향을 미칠 수 있음을 잘 알고 있었다. 이들은 다양한 주제에 주의를 기울이는 방식에 따라 직원들이 어떻게 계열사나 다른 기업과 자신의 위치를 비교하는지도 이미 알고 있었다. 상도와 같은 기업에서 HR 담당자들의 업무를 관찰해보면 관리자가 반드시 해야 할 일의 대부분이 자체 인프라를 돌보는 것임을 알 수 있다. 이들은 부분적으로라도 구별 짓기 문제가 표면에 드러나지 않도록 함으로써 구별 짓기 인프라를 구축한다. 이 장에서 나는 HR 관리자의 업무 대부분을 차지하는 일은 조직 내 대인관계의 복잡한 양상, 특히 다양한 구별 짓기의 징후가 때로는 예기치 않게 급진적으로 이뤄지는 방식, 전문가로서의 직원 정체성이 좌우되는 인사 시스템의 외적 안정성을 약화할 수 있는 방식을 그러지 않게끔 조정하고 관리하는 것이라고 주장한다. 쉽게 말해 HR 담당자들은 폭로 못지않게 은폐에도 관여하고 있는 것이다.

… 기밀 유지와 과잉 구별의 위험 …

2014년 3월 어느 날, 내 옆자리에 앉아 있던 HR팀의 기호 사원이 A3 크기의 커다란 스프레드시트를 출력해 책상 위에 펼쳤다. 그는 장 팀장과 함께 그것을 검토했다. 스프레드시트 아래쪽에는 상도그룹 계열사 열두 곳의 이름이 적혀 있었다. 위쪽으로는 직급 체계, 승진 기간, 평균 급여, 평균 휴가 기간, 결혼식과 장례식에 지급된 액수 등 여러 범주가 나열돼 있었다. 기호 사원은 계열사들의 정책과 관련한 세부 사항을 수집해 스프레드시트 각각의 셀에 간략히 메모해놓았다. 상도그룹 내 모든 자회사의 기본 고용 정책을 비교해 보여주는 문서였다.

두 사람은 상도퍼스트가 상도사우스보다 초과 근무 수당이 많고, 상도NET은 명시적인 휴가 정책이나 명절 상여금 제도가 없다는 사실을 파악했다. 그 스프레드시트 문서는 각 계열사를 이해하는 데 중요한 청사진 역할을 했다. HR팀이 구축하고 있던 구별 짓기 인프라의 기본 요소 가운데 하나였다. 그들이 계열사에 요청한 자료를 바탕으로 엑셀 스프레드시트 작업을 진행하고 있다는 것은 이전에는 지주회사 이름에 걸맞은 인프라가 거의 없었다는 사실의 방증이었다.

상·하수, 쓰레기 처리, 도로와 같은 물리적 인프라는 전문 인력이 관리하며 일반 시민의 눈에는 잘 띄지 않는다. 대규모 조직의 일도 마찬가지다. HR팀은 회사 내에서 고용의 기본 요소들을 관리하는 책임을 맡는다. 다른 유형의 인프라 노동자들과 마찬가지로 이런 일의 기반은 외부인들에게는 잘 보이지 않는다. 기호 사원은 그 문서를 HR팀 외부 직원들과 공유할 수 없다. 팀 관리자와 오너 경영진만이 그것을 볼 수 있다. 기호 사원은 지주회사 다른 직원들이 자신의 책상 근처로 다가오면 곧바로 문서 위에 뭔가를 덮어두거나 보이지 않는 곳으로 치웠다. 옆자리에 앉은 나조차도 그의 어깨너머로 잠깐 스치듯 보는 게 전부였다. 부주의하게 유출될 경우 상도그룹 전사 차원에서 큰 문제를 초래할 수 있었다. 계열사 간 인사 정책 차이를 비교한 유일한 문서였다. 계열사마다 대략적인 차이는 직원들 사이에서 입소문으로 퍼져 있었을 수 있지만, 정책의 세부 내용은 알려진 적이 없었다. 만약 문서가 공개돼 특정 계열사가 다른 곳과 비교해 열악한 대우를 받고 있다는 사실이 드러나면 노사 협상이 결렬되고, 자회사 간 경쟁이 심화하고, 서로 멀어지는 등 큰 혼란이 벌어질 것이다. 기호 사원과 장 팀장의 목표는 그룹 전반의 정책이나 협상에 직접 영향을 미치는 게 아닌, 전사 차원의 광범위한 정책을 이해하면서 지주회사가 그룹 전체를 아우르는 인프라를 구축하는 데 있었다.

내가 근무하는 동안 직원 정보 카드, 연간 평가, 승진 결정, 급여 및 성과급, 인사 정보 등 그룹 자료 대부분은 기밀로 취급됐다. 이 자료는 종이 파일, 잠긴 캐비닛 내부, 컴퓨터 파일 그리고 인적 자원 정보 시스템Human Resources Information Systems, HRIS이라고 불리는 디지털 기록 시스템과 인트라넷에 저장됐다. 이 정보는 HR팀 내 하위 직급 직원을 포함한 다른 직원들이 볼 수 없는 방식으로 관리됐다. 직원들은 자신의 정보만 볼 수 있을 뿐 다른 이들의 정보는 열람할 수 없었다. 그와 같은 결정이 내려지는 메커니즘이나 시스템은 말할 것도 없었다.

그런 인프라의 기본적인 자료조차 기밀로 유지되는 까닭은 무엇일까? 그 대답 가운데 하나는 한국을 비롯해 세계적으로 점점 더 많은 공공 기관이 투명성 논리에 지배를 받게 되면서 개인 정보 및 데이터가 고도로 보호해야 할 범주가 됐다는 데 있다.[10] 한국의 개인정보 보호법에 따르면 기업이 그룹 계열사를 포함해 직원의 개인정보를 다른 곳에 공유, 복제, 이동할 경우 무거운 과태료 처분을 받을 수 있다. 한국 정부는 고용주에게 정기적으로 개인정보 보호 방법에 관한 정보 및 정책 자문을 제공하며 정보 수집, 직원 감시, 데이터 저장, 기록 파기에 대해 엄격한 지침을 두고 있다. 직원들의 개인정보를 적절히 관리하지 못한 기업에는 과징금도 부과하고 있다. 개인정보 해킹과 유출은 지속적인 위협 요인으로 작용한다.

비밀 유지가 필요한 이유는 구별 짓기 인프라가 잠재적으로 '과잉 구별'을 일으킬 수 있는 강력한 사회적 권력이기 때문이다. 과잉 구별이란 사회적 관계를 압도하는 것처럼 보이는 다양한 범주나 구별 척도를 통

해 관계를 만드는 방식을 지칭한다. 사회학자 게오르그 짐멜Georg Simmel
은 일찍이 19세기에 사회적 관계의 모든 정성적 측면을 정량적 용어
로 표현하는 돈의 능력을 발견하고 이와 같은 과잉 구별 짓기를 처음으
로 우려했다. 현대 조직은 수익화나 정량화뿐 아니라 갖가지 과잉 구별
이 나타나는 대표적인 곳이다.[11] 모든 조직은 개인에 대한 구별 요소들
을 축적한다. 이를 부적절하게 처리하거나 공개할 경우 개인은 정성적·
정량적으로 너무 많은 구별 요소에 비교를 당하게 된다. 한국에서 과잉
구별의 위험은 주로 인사철에 발생한다. 인사철에 직원들은 성과 평가
를 받고 이때 일부 직원은 승진한다. 직원들은 성과에 따라 등급S를 최고점
으로 A, B, C, D을 부여받으며 회사나 상사의 재량으로 각각의 점수가 상대적
으로 분배된다. 이 등급에 맞춰 연말 성과급이 조정되기도 한다. 한 인
기 신문 칼럼은 연말 이 시기가 되면 기업 직원들이 평가 결과 생각에
싱숭생숭해진다고 표현했다.[12] 상도 지주회사 HR팀이 공개적으로 과
잉 구별 대상이 될 때 직원들이 받게 될 도덕적·사회적 피해 가능성을
최소화하고자 은폐 전략을 펴는 것도 이 때문이다. 이런 전략에는 연례
승진 명단을 예상치 못한 날짜와 시간에 이메일로 발표하는 것, 연간
성과 평가 결과를 HR 관리자와의 일 대 일 면담에서 공유하는 것팀장이 평
가 결과를 해당 직원에게 읽어줌, 직장 만족도를 보여줄 때 회사명이 익명 처리된 일
람표를 사용하는 것, IT 접근 통제를 통해 HR팀 내 개인 정보 접근을
엄격하게 통제하는 것, 정보를 보관할 때 잠금장치를 사용하는 방법 등
이 있다.

… 격차 처리 문제 …

팀 회의는 더 넓은 사회적 리스크가 접근하지 못하는 상태에서 직원 간 구별 짓기를 재구성하는 문제를 편하게 논의할 수 있는 자리다. 장 팀장, 민섭 과장, 지순 대리가 상도 지주회사 50여 명 직원의 기본급 인상과 상여금에 대해 논의하고자 모였고 나는 이 회의를 참관했다. 당시 HR팀은 대단히 중요한 책임 영역을 다루고 있었다. 그해까지 임금은 직급과 연공서열에 비례해 점진적으로 인상하는 것이 일반적이었다. 상도 지주회사는 상여금 지급 방식에서 이 전형적인 접근법을 따랐다. 즉 직급에 따라 액수를 정했지 연간 성과 등급을 반영하지 않았다.

하지만 그해 상도의 오너 경영진 중 한 사람이 HR팀에 젊은 직원들의 사기를 북돋는 방법으로 개별 성과에 기초한 새로운 상여금 분배 방식을 개발하라고 지시했다. 그런데 지시는 명확했으나 구체적 내용을 채우는 것은 HR팀의 몫이었다. HR팀 관리자 세 명은 상여금을 개별 성과에 대응시키는 방법을 찾아야 했다. 이들의 회의는 그런 시스템이 어떤 모습이어야 하는지에 대한 첫 번째 브레인스토밍이었다. 세 사람은 경영진의 바람을 충족시킬 합리적 분배의 기술적 가능성을 평가하고, 직원들 사이의 관계를 재정의하고, 계열사와의 관계에 초점을 맞추는 새로운 성과급 지표 체계를 만들어야 했다.

장 팀장은 참석한 팀원 두 사람에게 설문 조사를 하면서 유머러스하게 회의를 시작했다.

"우리가 계열사들보다 더 많이 받아야 할까, 아니면 직급 기반 시스템과 비교해서 더 적게 받아야 할까? 솔직하게 대답해보자고."

그는 투표를 제안했고 민섭 과장과 지순 대리는 지주회사 직원이 더 받아야 한다는 데 손을 들어 표를 던졌다. 자신들도 상도의 직원이면서 스스로 운명을 결정해야 한다는 곤란한 사실은 민주주의의 망령을 풍자하는 것 같았다. HR 관리자들에게 금전적 결정은 본질적인 위험이 따른다. 그 결정이 조직 내 개인 및 그룹 사이는 물론 훨씬 광범위한 구별 짓기의 영역을 작용시키는 조직 간 보상 형태이기 때문이다. 임금이나 상여금에 대해 너무 많은 정보가 유통되면 노동 시장에서 은밀하게 기업 집단에 대한 순위가 매겨진다. 지주회사 담당자들에게 더 큰 폭의 임금 인상이 있었다는 사실이 밝혀지면 노사 또는 급여 협상이 무산될 수 있다. 그러나 이 회의에 참석한 세 사람과 같은 HR 담당자들은 직장에서 돈을 받는다는 사실 자체가 아닌 일과 돈 그리고 동기 부여 사이의 적절한 관계와 그런 새로운 조합이 만들어낼 수 있는 잠재적 함정에 관심을 가졌다는 점을 기억하는 것이 중요하다.

직원들 사이의 적절한 격차를 유지하는 일은 한국 직장이 이른바 '성과 시대'를 맞이하면서 더욱 복잡해졌다. 이 시대는 성과 등급과 성과급이 노동 시장의 유연성과 이동성을 상징하는 새로운 아이콘이 된 2000년대의 첫 10년을 반영한다. 성과급은 기업의 연간 실적과 개인의 업무 성과에 따라 달라지는 형태로 직장인들의 기본 급여 구성에서 고정 상여금을 대신해 큰 비중을 차지하게 됐다. 성과급은 1990년대에도 존재하긴 했으나 고정 상여금 및 분할 상여금에 비해 비중이 작았다. 대다수 하위 직원들은 성과급을 상급자 중심의 분배 방식보다 공정한 인정으로 여겼다.제4장에서 이와 관련한 직원 만족도 설문 조사 결과를 살펴볼 것이다.

HR 관리자들은 다양한 직군의 성과급을 정확히 과학적으로 계산하는 것이 기술적으로 불가능하다는 사실을 잘 알고 있었다. 잘 해봐야 여러 직업 유형에 걸친 추정치가 될 수밖에 없고 팀장들이 팀원의 업무 성과를 추적해 점수를 매기는 인간 관점 기반의 평가 시스템일 뿐이었다. 그래서 HR팀이 관심을 둔 지점은 비례 원칙에 바탕을 둔 윤리적 시스템이었다. 장 팀장은 처음에 지주회사 관리자들이 비례적으로 계열사 성과급보다 1.5~2배 더 많은 상여금을 지급하자고 제안했다. 그룹 상부의 일을 맡은 데다 지주회사 관리자 자격 요건이 상대적으로 더 높은 보상을 정당화한다는 것이었다. 그런 성과급이 적절한 보상을 받는 진보적 직장으로서의 차별성을 드러나게 할 테고, 지주회사 직원들의 의욕이 높아진 것을 보고 계열사들도 그 뒤를 따를 가능성이 있었다.

그렇지만 다른 복잡한 문제들이 있었다. HR팀은 자신들의 평판이나 팀 내 역학관계를 해치지 않으면서 직원들이 새로운 규칙을 받아들이도록 정치적으로 수용 가능한 방식을 우려했다. 세 사람은 재미 삼아 했던 투표 결과를 무시하고, 모든 인상 기준을 계열사가 지급하는 평균 액수에 따라 자신들의 성과급 수준을 맞추는 것이 현명한 방식이라고 결정했다. 브레인스토밍 회의가 끝날 무렵 그들은 유명 방송인 노홍철을 섭외해 이 결정을 발표하게 해야겠다고 농담했다. 성과급 체계가 어떻게 바뀌든 간에 곤란한 반응을 끌어내리라고 이미 예상한 것이다. 다른 직원들은 자신들이 고려해야 할 조직 간 복잡한 계산을 염두에 두지 않을 것이기 때문이다.

민섭 과장은 그해 말 새로운 프로그램을 발표하는 회의에서 '설득'을 위한 회의가 아닌 '정보'를 제공하는 회의라고 운을 뗐다. 그는 슬라이드가 두 개뿐인 파워포인트 프레젠테이션을 열었다. 첫 번째 슬라이드는 변경 사항이었다. 상여금 절반이 회사 내 모든 직원 대상의 분할 상여금이 아닌 회사, 팀, 개인 기반으로 이뤄질 것이라는 내용이었다. 달리 말해 전체 상여금은 그룹 회장의 결정으로 모든 직원에게 똑같이 적용되는 상여금과 팀 등급 기반 상여금 그리고 개인의 성과 등급 기반 상여금 세 가지 종류로 지급된다. 이어서 민섭 과장은 두 번째 슬라이드로 넘어갔다. 이 변화가 개인별 상여금에 어떤 영향을 미칠지 보여주는 내용이었다. 그는 최고점인 S등급을 받은 직원 '김 사원'과 B등급을 받은 '이 사원'을 예로 들어 설명했다. 요지는 이랬다. 새로운 시스템에서 손해를 보는 직원은 아무도 없으나, 다만 더 나은 성과를 올린 팀과 개인은 상대적으로 평균보다 더 많은 보상을 받게 된다는 것이었다. 그는 실명을 밝히지 않고 두 가상의 직원을 비교해 지급 가능한 상여금 수준을 설명했다.

HR팀은 내용을 최대한 압축해서 발표하려고 했지만 다른 참석자들이 팀원들에게 질문을 퍼부으면서 회의는 1시간을 넘겨 계속 진행됐다. 경험 많은 나이든 관리자의 주요 우려 사항은 등급 간 격차였다.

"S, A, B, C, D 사이의 격차가 왜 그렇게 큽니까?"

그가 물었다. 그는 개별 상여금에 반대하지는 않았으나 S등급 직원이 B등급인 직원보다 두 배 많은 상여금을 받는다는 사실을 탐탁지 않게 여겼다.[13] 이를 발판 삼아 참석한 다른 사람들 전부가 HR팀이 시행

전에 직원들로부터 이 시스템에 대한 피드백을 충분히 받지 않았다고 불평하기 시작했다. 전략팀 직원들은 성과 등급과 성과급 결정 시점이 고정 상여금과 일치하지 않는다고 지적했다. 또 다른 나이든 관리자는 회의가 끝나갈 무렵에도 여전히 장 팀장에게 등급 구분에 대한 불만을 표출하고 있었다. 그는 S와 C 같은 등급 간 격차가 너무 커서 직원들 사이에 혼란과 경쟁을 유발해 팀 분위기에 악영향을 미칠 것이라고 주장했다.

장 팀장을 비롯한 HR 담당자들은 회의 결과에 만족하지 못했다. 다른 직원들은 HR팀의 방법론에 포함된 계열사 상여금에 대한 복잡한 수학적·정치적 계산을 전혀 인식하지 못했다. HR팀은 이 문제에 6개월을 매달렸었다. 그 계획은 이미 그룹 회장과 오너 경영진의 승인을 받은 상태였다. 그러나 다른 직원들은 대부분 직원 간 격차와 관련한 차별 가능성과 팀 상호작용에 미칠 잠재적 영향에만 초점을 맞췄다. HR팀은 회의 및 정보 공개^{이론상 어떤 직원에게도 부정적 영향을 미치지 않는 시스템}를 통제하려고 노력했지만, 어쩔 수 없이 의사 결정 과정에 관한 더 많은 정보를 공개해야 했다. 장 팀장은 그 회의에서 HR팀의 업무 정당성을 변호하고자 이는 회장의 결정이며 업계 표준을 벤치마킹한 것이라고 거듭 강조했다. 아울러 자신 또한 HR 관리자이기 이전에 이 시스템에 영향을 받는 직원의 한 사람임을 반복해서 역설했다.

여러 불만에도 불구하고 새로운 성과급 시스템은 내가 퇴사한 해부터 시행됐다. 평가 등급과 성과급은 기밀 사항이기에 상도 직원 간의 역학에 영향이 있더라도 어떤 영향을 미쳤는지 나로서는 알기 어려웠다.

돈을 둘러싼 문제는 돈의 추상적 가치가 아니라 동료들 사이의 상대적 분배에 관한 것이었다. 사실상 손해를 본 직원이 전혀 없는데도 직원들은 다른 직원과의 격차를 사회적 리스크로 받아들였다. HR팀 관리자들은 최소한 개인적으로라도 혜택이 되는 구별 짓기 인프라를 유지하려는 복잡한 결정을 이해하지 못하는 직원들이 자신들의 기술적 전문성에 도전하고 있다고 느끼는 듯했다.

··· 영문 직함에서의 구별 짓기 ···

상도에서의 연구를 마무리할 즈음 나는 상도그룹 전체 임직원 직함을 영어로 옮기는 작업을 도와달라는 요청을 받았다. 상도에서는 각각의 계열사마다 자체적으로 번역한 영문 직함을 사용하고 있었다. 일테면 상도사우스에서는 부장의 영문 직함을 'Senior Manager'로 불렸지만, 상도퍼스트는 'General Manager'로 번역했다. 하지만 이런 식의 번역은 직원들이 실제로 어떤 일을 하는지 보여주지 않는다. 그저 일반화된 관리 직급일 뿐이다.

그래서인지 상도의 오너 경영진은 HR팀에 직원들의 실제 업무 역할이 무엇인지를 보여주면서 글로벌 표준에도 부합하는 통일된 영문 직제를 만들라고 지시했다. 그들은 영문 직제마저 별개로 사용된다는 사실을 상도가 아직 온전한 하나의 그룹으로 통합되지 않았다는 증거로 인식했다. 상도 지주회사의 HR팀이 이 새로운 영문 직제 구축 작업을 맡았다. 그동안 영문 직함은 사실상 명함에 표기하는 용도로만 사용되고 있었다. 한국 내에서만 사업을 영위하는 이들도 한글로 표기된 명함 앞면을 뒤집으면 같은 내용이 영어로 적혀 있다. 비즈니스의 다른 측면과 비교할 때 두 가지 언어로 표기된 명함에 기능적 의미는 없다. 직원 대부분은 외국인 직원을 만나지도 않으며 업무에서 영어를 사용하지도 않는다. 설령 만날 일이 있더라도 대개의 외국인은 한국 직함이 무슨 의미인지 거의 이해하지 못한다.

그렇지만 영어 직함은 구별 짓기의 작은 창으로서 상당한 무게를 갖고 있다. 특정 임직원이 자신의 위치, 특히 다른 사람들과 비교한 위치를 어떻게 보는지에 꽤 커다란 영향을 미친다. 영어 직함은 대중의 선망을 얻는 언어로 자신의 정체성을 확인할 수 있는 요소이면서, 그 사람이 영어를 구사하거나 국제 비즈니스를 수행할 수 있음을 암시한다.

영문 직함을 업데이트하는 일은 복잡한 사회적 절차가 필요했다. 이런 맥락에서 직함의 영문 번역은 갖가지 낱말 사이에서 가장 정확한 단어를 찾아내는 순수한 언어적 번역이 아니었다. 영어 직급과 직함 번역은 그 속에 있는 일련의 암묵적 구별을 확정하는 작업이었다. 여기에는 당면한 두 가지 문제가 있었다.

첫째, 한국의 직함 체계 자체가 더는 실제 직제와 관련이 없는 낡은 시스템을 반영하고 있었다. 예를 들면 '부장'은 본래 부서 단위 중 하나인 '부部'를 관리하는 사람이다. 그러나 1990년대 중반부터 부는 '팀'의 등장으로 구식이 됐고 부의 관리자는 '팀장'으로 대체됐다. 경영학자 박원우에 따르면 한국 기업에서 팀으로의 변화는 단순한 용어 변화가 아니라 비즈니스의 새로운 시대, 즉 톱다운 통제 방식이 유용하지 않은 평가 지표와 정보의 시대를 반영한다. 직급은 승진과만 연결되는 게 아니라 비즈니스에 필요한 것을 촉진하기 위해 존재해야 한다. 기업에서 팀장이 이끄는 팀 개념을 도입한 이유는 작업 단위가 함께 협력하도록 독려하고 영업이나 생산 같은 팀 평가 지표의 원천이 되는 데 필요한 동기를 결합하기 위해서였다.[14] 팀장은 개별 팀원들이 수행하는 업무를 지원하는 역할을 할 뿐이었다. 이는 묵시적으로 직계 간소화의 초기 형태였다. 한국에서 연공서열이 책임과 분리된 최초의 사례였기 때문이다. 이후 팀장은 관리 직급과 별개로 선정됐다.

둘째, 미국을 비롯한 글로벌 기업들은 완전히 다른 고용 시스템과 구조를 갖고 있었다. 내가 이 문제에 관해 이야기를 나눴던 상도의 관리자들은 미국 기업에 사원, 대리, 과장 같은 선형적 관리 궤도를 따르는 기본 직급이 없다는 데 놀라움을 표시했다. 한국 기업의 공식 직함은 벤치마크 대상으로 여기던 영어권 국가 기업들보다 훨씬 더 정교했다.

나는 세계 철강 업계의 다양한 직함 기준을 조사한 다음 장 팀장에게 두 가지 방식을 추천했다. 첫 번째로는 상도그룹 계열사들의 다양한 직급을 통일하는 것이었다. 나는 모든 상도 자회사의 조직도를 살펴보던 중 회사에서 가장 높은 직급인 최고경영자CEO를 사장, 부회장, 대표이사, 부사장이라고 제각각 달리 부르고 있음을 알게 됐다. 이를 President, CEO/President, Executive Vice President, Senior Executive Vice President 식의 영어 직함으로 번역해 사용하고 있었다. 나는 이 모든 영문 직함을 'CEO'로 통일해서 각 계열사의 최고 의

사결정권자가 누구인지 한눈에 알 수 있도록 하자고 제안했다. 하지만 장 팀장은 검토 과정에서 내 제안 내용을 폐기했다. 게다가 그는 내가 상도에서 일한 지 1년이 지나도록 여전히 한국 회사에 대해 아무것도 배운 게 없다고 말했다. 그는 한국 기업에서 임원의 직함은 단순히 총칭적 표현이 아닌 매우 사적인 의미를 지닌다고 설명했다. 각각의 임원은 자신의 경력과 정치적 결정에 따라 특정 직함을 갖게 된다. 예컨대 일부 CEO는 부회장이라고 불리는데, 이는 자신이 어느 CEO보다 더 중요한 역할을 맡고 있다고 여기기 때문이다. 조직 구조에서의 위치를 문자 그대로 가리킨다는 측면에서라면 직함은 아무런 의미도 갖지 않는다.

두 번째로 나는 현재 영문 직함에 'manager'가 명시된 모든 직함을 'associate'로 바꾸자고 권고했다. 기능적 측면에서 진짜 관리자는 부장이나 차장이 아닌 팀장이었다. 나는 'Associate', 'Junior Associate', 'Senior Associate'라는 새 직함을 추천했다. 영어권 국가 기업들에서 직급에 붙이는 방식과 유사한 것이었다. 그러나 장 팀장은 다시 내게 와서 우리가 실제로 이런 제안을 한다면 그룹 전직원이 지주회사에 부정적 감정을 갖게 될 테고, 비유적으로 표현하면 우리를 죽이고 싶어 할 것이라고 말했다. 명시적 의미에서 아무리 'associate'가 정확하더라도 'manager'에서 'associate'로 바뀌면 강등으로 비치리라는 것이었다. 상대적으로 높은 직급에 있고 상도에서 10년 이상 근무했을 부장이나 차장의 경우에는 더 그랬다. 이런 직함은 언어적인 강등을 의미하고, 더욱이 그 변화가 지주회사에서 직접 내려온 것이라면 자회사를 예속시키는 조치로 보일 터였다.

그때 장 팀장은 내게 상도, 더 넓게는 한국 기업들의 직함 인프라가 어떻게 관리되는지 가르쳐줬다. 그동안 나는 다양하지만 불완전한 신호들로 이뤄진 추상적 체계로 이해했었는데, 그는 각각의 회사마다 고유한 편성이 있다고 알려줬다. 기존 역할을 새로운 사람들로 채우는 미국 기업들과 달리 한국에서는 조직이 사람, 특히 조직에 오래 머문 사람들을 위해 역할을 만든다는 것이었다. 개인이 5가지 기본 직급 너머까지 승진해서 임원 위치에 오르게 되면, 그들의 위상을 반영하는 특정 직위가 만들어진다. 대부분 한국 기업은 몇 년마다 한 번씩 극적인 구조조정을 단행하면서 사업 단위 조직과 부서 이름을 바꾼다. 이는 효율을 높이고자 사업 구조를 재정비하는 게 아닌 새로운 사람들이 새로운 직위로 옮겨가면서 임원들 사이의 차별성을 재정비해야 하기 위함이다.

이것이 상도의 계열사들이 같은 그룹에 속하고 심지어 같은 건물에서 일하면서도 그 역할들이 다르게 보였던 이유다. 담당, 부본부장, 부문장 같은 다소 드문 직함은 각 조직의 구체적 목적에 맞춘 독특한 호칭으로 존재한다. 이런 점은 수직적 권위의 힘을 반영한다기보다 사회학자 어빙 고프먼Erving Goffman이 '연출 의례presentational ritual'라고 부른 것에 대한 지속적 필요를 반영한다.[15] 이 같은 의례는 형식적인 방식으로 다른 사람을 향한 존중과 인정을 표현하는 방법이라고 할 수 있다. 직원들이 한 조직에서 계속 일하게 되면 HR팀과 같은 부서는 의미론적으로 한 단계 높은 직함을 부여해 그들에게 상징적인 선물을 제공한다. 요컨대 한국 기업에서 성공한 직원이나 임원은 부장, 영업담당, 팀장 등의 직함을 동시에 가질 수도 있는 것이다.[16]

장 팀장 또한 팀장 직책과 더불어 2급 이상 관리자에게 주어지는 '수석'이라는 직급을 갖고 있어서 이런 역학관계를 더 잘 이해하고 있었다. 그는 결국 영문 직함 체계를 개발하는 일을 맡게 됐다. 그룹 전체에 걸쳐 통일되고 임원들이 강등이 아닌 변화로 받아들일 수 있는 유연한 영문 직함 체계를 만들어야 했다. 장 팀장은 조직의 고위 임원들에게는 유연하되 하위직에 있는 직원들에게는 단순화된 새 명명법을 만들었다. 직함을 영어로 적절히 전달할 수 있으면서 한국어로 옮겼을 때도 이해할 수 있는 새로운 형태였다.

이 새로운 직함 체계는 일반적인 영문 직함을 사용하면서도 한국 기업 직원들이라면 누구나 이해할 수 있는 한글 직함 사이의 단계적 차이를 적절히 옮긴 것이었다. 그런데 약간의 모순도 있다. 임원이 아닌 모든 직원을 'associate'로 표현하면서도 차장과 부장은 여전히 'manager'라고 표기함으로써 하위 직급과의 차이를 유지하고 있다. 나아가 대표이사CEO 같은 최고위 직급에는 더 전문적인 규칙과 개별화를 적용했다. 이들이 수천 명이 아닌 수십 명의 하위 직급을 대표할지라도 말이다. 함께 제공된 설명 슬라이드에는 새로운 직함이 "국내 관습에 얽매이지 않으면서 커뮤니케이션을 개선할 새로운 시작"이라고 쓰여 있었다.

하지만 아직 여러 측면에서 이 직함들은 HR 관리자들이 소수의 구별에 더 많은 주의를 기울여야 하는 조직 역학의 기이한 특성을 반영한 것이었다. 새 영문 직함에는 각각의 고위 임원들에 대한 특별 규칙과 예외가 적용됐다. HR 관리자들은 명목상 국제 표준에 부합하도록 작은 구별직급 및 직함을 영어로 번역하는 한편 직장 내 의례를 존중해야 하는 필

표 2.2 | 상도그룹 상위 직급과 하위 직급의 새로운 영문 직함

비임원 직급의 영문 직함

부서원 → Associate			
사원 → Junior Associate	대리 → Associate	과장 → Senior Associate	차장·부장 → General Manager

최고위 임원 직급의 영문 직함

대표이사 → President and CEO
예외: (부)회장이 사장보다 고위 직급일 때 → (Vice) Chairman and CEO

비고: 일부 다른 직함은 기밀 유지를 위해 포함하지 않음.

요까지 반영했다. 이런 의미에서 구별 짓기 인프라를 관리하는 일은 일반적인 조직 범주의 문제일 뿐 아니라 일반적인 직함 속에 뿌리내리고 있는 특정 조직 범주의 문제라고 볼 수 있다. 물론 HR 관리자들은 최종 보고서에 이를 언급하지는 않았다.

··· 표면에서 인프라까지 ···

2018년 한국의 참여연대가 발간하는 온라인 정치 잡지의 한 기사에서 이런 의문을 제기했다.

"호칭을 없애면 조직 문화가 바뀔까?"[17]

글쓴이는 단순히 직함을 바꾸는 것만으로는 수직적인 한국 조직 문화를 수평적인 미국 기업 문화로 바꾸기 어렵다고 지적했다. 이런 유형의 개혁은 그저 기업 문화, 특히 실리콘밸리 스타트업 기업의 '표면'만 모사할 뿐이며 더 깊은 문제는 무시한다는 것이었다. 글쓴이에 따르면 '근본적 문제'는 "군대 문화, 유교 문화, 상명하복식 구조, 꼰대들의 진상질, 리더들의 독단"과 같은 다른 근원적 원인에 있다. 이런 설명은 문화, 심리, 세대 차이 등 현대 조직 문제의 기저를 이루는 더 깊은 종류의 인프라를 가리킨다. 예를 들어 구별 짓기 인프라를 고치는 데 더 심각한 문제는 나이든 남성 관리자들의 심리에 있다.

지금까지 직함이나 성과급 같은 지표 유지를 둘러싼 민감한 사안을 살펴보면서 구별 짓기 인프라의 실제 관리 방식에 대해 논의했다. 나는 이 작업이 지하철이나 상·하수도 같은 물리적 인프라의 유지 관리와 상당히 비슷하다고 본다. 그와 같은 인프라를 기본적인 표면 지표로 보면서도 그것을 유지하는 데 필요한 일에는 관심이 없는 사람들의 시야 밖에서 중요한때로는 지저분한 작업을 수행해야 하기 때문이다.

이런 유형의 활동을 엘리트 전문가끼리 자신들의 견해를 강요하는 나쁜 관행으로 생각할지 모르겠지만, 그 중심에는 직원들이 바람직한 결과로서의 적절한 개인 구별을 추구하도록 하는 윤리적 고려도 숨어 있다. 장 팀장과 같은 HR 전문가들은 상여금 분배 등의 물질적인 일이든 영문 직함 등의 의례적인 일이든 직장 내 모든 일상적인 부분에 세심한 주의를 기울여야 한다. HR 정보를 수집하는 방식이나 새로운 시스템을 만드는 방식과 관련한 정보가 지나치게 드러나면 앞서 내가 '과잉 구별'이라고 표현한 사태는 물론 팀 구성원 간의 구별 짓기 인식에 대한 보통의 감각과 어긋날 위험이 발생한다. 구별 짓기 인프라는 수평화 개

넘이나 조직 상위 계층의 구별에 대한 약간의 관심으로는 드러나지 않는 한국적 인간관계의 끝을 의미하지 않는다. 오히려 직원들 사이의 구별이 표면적으로는 개혁의 대상인 동시에 관리의 대상임을 보여주는 것이다.

제3장

자본주의의 낡은 정신

2013년 상도그룹 사보 〈우리 상도〉는 "후배 보살피기 VS 선배와 일하기"라는 제목의 특집 기사를 게재했다. 직장 생활에서 근본적으로 서로를 이해하지 못하는 젊은 직원들하급자과 관리자들상급자 사이의 세대 차이를 좁히려는 시도였다. 직장 생활에서 벌어지는 문제를 가상의 사례로 들어 그 해법을 모색해보는 내용이었다. 기사는 양쪽이 서로에게 다른 도덕적 책임을 지고 있다고 설명했다. 하급자는 나이든 관리자들을 공손히 대해야 하고 그들의 업무 경험을 인정해야 하며, 상급자는 하급자를 존중해야 한다고 했다. 나아가 긍정적인 멘토링 개념을 바탕으로 하급자와 상급자가 마치 대학 선후배 사이처럼 따뜻한 일 대 일 관계와 소통을 통해 세대 차이를 극복할 수 있다고 조언했다. 이 기사는 다음과 같이 권고하며 끝을 맺었다.

2013년 새해에는

더 많은 소통을 다짐하면 어떨까요?

나와 동료 사이의 차이를 이해하고

다른 사람의 처지를 한 번 더 생각하면서

서로의 마음을 잇는 다리를 놓아보세요.

모두가 상도 가족이 되기를 소망합니다.

상급자와 하급자에 대한 이와 같은 프레임은 내가 근무할 당시 상도 그룹을 비롯한 한국 기업 직장 생활에 스며든 세대 차이 인식을 반영하고 있었다. 〈우리 상도〉는 이런 세대 간 격차에 외교적 태도를 취하면서 이 문제를 상호 공감과 소통을 통해 극복할 수 있는 일종의 오해라는 프레임을 씌웠지만, 다른 곳에서는 세대 차이 문제가 더 노골적으로 언급됐다. 상도그룹 직원 대상 설문 조사에서 한 익명의 직원은 "힘희롱 예방 교육 프로그램을 마련해야 한다"고 적었다. 또 다른 직원은 "억압적인 상사의 태도가 문제, '무조건 해라' 식의 상사는 심리적·육체적으로 직원들의 스트레스를 유발한다"고 썼다.

어느 날 서울을 가로질러 이동하던 택시 안에서 30대 후반의 상도 지주회사 과장은 내게 나이든 관리자를 걷어내야 상도가 성공할 수 있다고 한탄했다. 2015년 어떤 신문은 "고참들 뛰게 하라"라는 제목으로 이 문제를 직설적으로 표현하면서, 오랜 세월 누적된 그들의 급여가 기업 그리고 넓게는 국가 경제에 재정적 부담이 되고 있다고 지적했다.[1]

나는 이 장에서 뚜렷한 세대 간 분열에 대한 인식이 더 넓은 구별 짓기 체계 내에서 문제를 초래한 방식을 탐구할 것이다. 기본적으로 세대 간 구별은 크게 두 가지 범주로 나뉜다. 한쪽에는 나이든 남성 관리자들상급자이 있고 한쪽에는 젊은 남녀 직원들하급자이 있다. 상급자들은 1970년대 및 1980년대 한국 산업화 초기에 성장한 40~50대 연령층이다. 이들의 사회 경험은 군대 생활, 연공서열 기반 승진 체계, 열심히 일하는 위계형 직장 문화 등으로 형성됐다. 하급자들은 1990년대 세계화, 소비, 개인주의 시대에 성장한 젊은 연령층으로 상급자-하급자의 관계, 성과 중심 승진, 직장 민주화에 대한 다른 기대 심리를 가졌다.

한국에서는 이른바 '세대론'으로 알려진 세대 차이에 대한 담론이 상당히 흔하며 그것이 정치, 경제, 사회의 구조적 문제를 찾고 설명하는 공통적인 프레임 역할을 한다.[2] 직장 생활에서 상호 배타적 구별과 서로 대립하는 심리학적·인구학적 특성의 세대 구별이 정말로 존재하는지는 단언하기 어렵다. 직장 업무는 무수히 다양한 개인적 배경과 성향을 지닌 여러 연령층의 직원들에 의해 위계화되며 수없이 많은 방식으로 구별하거나 함께 묶을 수 있다. 따라서 이 두 세대를 이스라엘 출신 인류학자 에이탄 윌프Eitan Wilf가 기본 경제 유형에서 "가장 중요한 지향점"이라고 표현한 사회적으로 구성된 범주로 가정할 필요가 있다.[3] 나는 이런 유형과 그들에 대한 판단을 단순히 문화적 서사가 아닌 직장 생활 기본 구조 문제를 구체화하는 데 매우 효과적인 방법으로 본다. 이런 유형들의 긍정적·부정적 특성 자체가 사무직과 사무직 노동자들을 구별하는 새로운 기법으로 코드화되고 있다.

자본주의 담론 변화와 세대 구분 사이에는 연관이 없지 않다. 1990

년대 사회학자 뤽 볼탕스키Luc Boltanski와 이브 시아펠로Eve Chiapello는 프랑스에서 새로운 자본주의 풍토가 어떻게 나타났는지 보여주고자 서구 초기 자본주의 실천의 핵심 동인으로서 종교적 동기의 역할을 설명한 막스 베버Max Wever의 '자본주의 정신' 개념을 빌려와 '새로운 자본주의 정신'이라는 용어를 만들었다. 볼탕스키와 시아펠로가 말한 새로운 자본주의 정신은 긍정적 경영에 대한 새로운 담론과 자본주의 조직 변화의 정당화로 작용한 '경영 영웅'과 같은 새로운 인물의 출현이 특징이다. '경영 영웅'은 완고하고 관료적인 '어제의 적'의 표본인 관청 간부나 소폭군petty tyrant 등 이전 시대의 반영웅들의 모습과 대조를 이뤘다.[4]

볼탕스키와 시아펠로 두 사람의 연구는 새로운 자본주의 시대가 어떻게 그 나름의 긍정적 언어, 역할, 행동, 조직 구조를 생성해 새로운 유형의 자본주의를 정당화하거나 동기를 부여하는지 강조한다. 이들의 주장은 구체제를 현재에 필요한 것과 정반대, 즉 '수직적 대 수평적', '느림 대 빠름', '완고 대 유연' 구도로 설정해 새로운 자본주의가 적절히 기능하는 것을 방해하는 요소로 규정함으로써 낡은 체제를 부정해야 한다는 관점을 함축하고 있다. 다시 말해 새로운 것은 낡은 것에 대한 거부를 필요로 한다. 낡은 것이 차별화 지점이 되는 것이다.

이와 같은 생각을 바탕으로 이 장에서는 한국 기업의 나이든 남성 관리자들의 적절치 못한 행동으로 대변되는 낡은 자본주의 정신이 어떤 식으로 직장 생활이라는 지형에서 도덕적 논쟁을 일으키고 인식 가능한 사회성 영역을 제공해 젊은 세대를 위한 새로운 형태의 긍정적 업무 환경이 조정될 여지를 만들었는지 살필 것이다. 나이든 남성 관리자는 경제적 측면에서 현대 기업 사회의 비생산적 구성원으로 비치겠지만, 그런 인물 유형이 직장 생활과 기업 관행의 개혁에 강한 동기를 부여하는 문화적 측면에서는 생산적이다. 나아가 이 인물 유형은 직원들 사이에 중립적이며 과학에 가까운 시스템 구축을 목표로 하는 구별 짓기 인프라가 이미 차별성을 보여준 넓은 문화적 범주의 인물들에게 의존한다는 사실도 반영한다.

한국의 나이든 남성 관리자를 둘러싼 여러 문제는 동아시아 샐러리맨에 대한 더 넓은 이미지를 떠올리게 한다. 일본의 경우 이 성실하고 착실한 화이트칼라 남성들은 전후 일본이 평화로운 개혁을 통해 중산층 사회로 변모하는 데 이바지했고, 그 이미지는 반세기 동안 동아시아 자본주의에 관한 학술 문헌에 단골로 등장했다.[5] 오늘날 중산층의 의미를 포함한 샐러리맨 라이프스타일로 살아갈 수 있는 가능성이 점점 낮아지고는 있지만, 샐러리맨은 현재까지도 사회적 평가의 기준이자 목표가 되는 인물 유형으로 남아 있다. 정치학자 로빈 르블랑Robin LeBlanc이 '망령ghost'이라고 부른 '가장의 이미지'다.[6]

한국의 화이트칼라 노동자 직장 생활을 둘러싼 서사에도 이와 유사한 미학과 특성이 있다. 다만 한국의 경우에는 매우 다른 맥락에서 나타났다. 사회학자 장경섭이 '압축된 근대화'라고 표현한 배경 속에서 농촌 생활은 도시 직장 기반 봉급자 생활로 급격히 전환됐다. 이는 1960~1970년대 박정희 대통령의 산업화 추진이 촉발한 대격변의 일환이었다.[7] 회사원이나 직장 생활과 같은 인정받는 구별을 완성하는 것이 현대화하는 세상에서 한 자리를 차지하고 있음을 드러내는 일반적

인 기준점이었다.[8]

정규직 직장 생활은 한국에서 지금도 여전히 선망의 대상이다. 하지만 직장인의 인물 유형은 하나가 아니다. 한국에서 직장인은 예전 스타일과 요즘 스타일로 쉽게 구별할 수 있다. 이 차이는 첨예한 세대 구분과 얽혀 있는 듯 보인다. 나는 예전 스타일은 요즘 스타일에 대한 고려에서 범주적으로 차별화됐다고 본다. 이런 의미에서 그것은 구별 짓기의 지점이 아니라 차별화의 지점이다. 이 책에서 내가 지칭하는 구별은 재능, 실적, 연공서열, 경험, 부, 위계 표식 등을 뜻한다. 이와 같은 구별은 근본적으로 자신을 그런 구별 짓기 과정 일부로 여기는 사람들에게 해당한다. 그러나 차별화는 다르다. 구별 짓기 지점과는 별개인 범주적 차이다. 이 구분이 명확하지 않음으로써 발생하는 긴장은 나이든 노동자와 현대 자본주의 노동 문제를 중심으로 자주 나타난다.

나이든 직원들은 노동자란 무엇인가에 대한 일반적인 이해의 범위에서 벗어나 다른 사회적 유형으로 재분류되면서 그들의 소외된 지위를 정당화한다. 일본의 경우 사회학자 오가사와라 유코小笠原祐子가 '오지상おじさん, 아저씨'이라는 인물 유형을 나이든 일본 남성 직장인의 전형으로 묘사한 바 있다. 패션 스타일이 촌스럽고 천박한 습관을 지녔다고 평가받는 그들은 젊은 여성 직장인들의 대화나 즐겨 보는 잡지에서 자주 풍자의 대상이 된다.[9] 인류학자 앤 앨리슨Anne Alison도 승진에 실패해 창가 자리에 앉아 자리만 지키는 나이 많은 관리자들 '마도기와조쿠窓際族, 창가족'에 대해 비슷한 맥락에서 설명하고 있다.[10]

같은 현상이 고루한 관리 방식에 관한 미국의 담론에서도 나타났다.

1990년대 미국의 비즈니스 담론은 기업 내 관리자를 행정 중심 역할에서 다양한 지식 영역으로 조직 목표 달성에 힘을 보태는 '프리에이전트free agent'로 전환하자는 '신경영new management' 개념을 주창했다.[11] 미국에서도 나이든 관리자들은 인류학자 캐런 호Karen Ho가 월스트리트의 나이 많은 직원들을 부정적으로 묘사한 것처럼 "시계만 처다보고, 정체돼 있고, 뚱뚱하고, 게으르고, 가지치기가 필요한 죽어가는 나무"라는 혹평을 받아왔다.[12] 캐주얼한 복장, 수평적 구조, 격식에 얽매이지 않는 커뮤니케이션이 특징인 새로운 실리콘밸리 관리 스타일의 미학은 사회학자 윌리엄 화이트William Whyte가 포착한 회색 양복 차림개성 거부 인물 유형과 곧바로 연결되는 수직적이고 형식적이며 진지한 과거 직장 문화 이미지와 정반대다.[13]

이와 같은 맥락에서 보면 낡은 정신또는 인물 및 유형은 단순히 무대 밖으로 밀려나는 게 아니라 새로운 기업 프로그램이 새로운 정신의 반대 성격을 형성하는 데 중요한 역할을 한다. 한국의 나이든 남성 직장인은 과거 국가가 경험한 성장 유산이나 산업화 향수의 상징이 아닌 어빙 고프먼이 표현한 '타자성 유형'으로서 부상한 것이다. 타자성 유형은 매도되거나 금기시되는 사회적 유형으로, 정상적이고 잘 드러나지 않는 다른 주체들에 반하는 일탈 모델로 언급된다.[14] 이런 인물 유형이 반드시 인구통계학적으로 존재해야만 숨겨진 힘을 확보하는 것은 아니다. 대중매체 속 특정 유형의 사람들 사이에서 만들어진 대표 인물로 나타나는 것만으로도 족하다. 나이든 남성 관리자들은 한국의 직장에서 불공정한 구별 짓기나 원치 않는 참여와 관련한 갖가지 사회적 문제의 원인 또는 전형으로 쉽게 눈에 띄고 있다.

⋯ 나눠진 인물 유형 ⋯

나는 서울에서의 현장 연구 동안 나이든 남성들과 그들의 나쁜 습관에 대한 여러 논의를 접할 수 있었다. 여기에는 나이든 남성들이 대중교통 수단에서 지나치게 많은 공간을 차지하는 쩍벌남 등 공공장소에서 보이는 나쁜 습관이나 재미없고 썰렁한 농담 아재 개그에 대한 논의와 함께 그들이 한국 사회에 미치는 부정적 영향을 미치는 인과적 귀인도 포함돼 있었다.[15] 갖가지 미디어도 직장 생활에서 나이든 남성 관리자의 부정적 모습을 묘사했다. 이런 이미지에는 거친 말투, 유행에 뒤떨어진 차림새, 하급자를 향한 반말 사용, 기복이 심한 감정과 같은 시각적·언어적 특징과 지나친 음주, 흡연, 뇌물 수수 같은 바람직하지 않거나 불법적인 행동도 들어가 있다.

　나이든 남성 관리자들에 대한 미디어의 묘사는 상호작용 루틴, 즉 젊은 남성 또는 여성 직원이 나이든 남성 관리자로 대변되는 강압적인 기업 문화의 무고한 희생양이 되는 갈등을 내재하고 있다. 이에 반해 젊은 직장인들은 고루하고 변화가 없는 상사들과 달리 성실하고 진취적이며 여러 의견과 비판에 수용적인 모습으로 그려진다. 나이든 관리자가 부하 직원의 잘못된 업무 처리에 불같이 화를 내거나 원치 않는 술자리를 강요하는 장면을 흔히 볼 수 있다. 이런 장면은 보고서를 제출할 때,

프레젠테이션할 때, 복도를 걸을 때, 퇴근할 때 등 직장 생활 곳곳에서 자주 나타난다. 나이든 관리자 인물 유형이 업무 안팎에 걸쳐 직장 생활의 모든 측면에 구석구석 스며들어 있는 것처럼 보인다.

동명의 웹툰이 원작인 TV 드라마 〈미생〉에서 주인공 장그래는 가상의 대기업 원인터내셔널 영업 3팀 소속이다. 그는 사무실 주변에서 다양한 내부의 적들과 마주한다. 그중 최악은 배우 손종학이 열연한 마 부장이다. 드라마 속에서 마 부장은 걸핏하면 화를 내고 여성 직원에게 계속해서 여성 혐오 발언을 하는 등 원인터내셔널뿐 아니라 한국의 일반적인 직장 생활에서 엄청난 꼰대력을 가진 나이든 남성 관리자를 대변한다. 그의 밑에서 일하는 남성 관리자는 마 부장이 자신의 권력을 어떻게 표출할지 두려워 늘 굽실대면서 자기 팀과 대인관계를 재구성해 다양한 스트레스 요인을 생성한다. 그러던 어느 날 감춰져 있던 마 부장의 성희롱 사건이 회의 석상에서 공개되는데, 부하 직원들 앞에서 한국 직장 내 여성의 위치에 대한 시대착오적 편견을 드러낸 결과 도덕적_{조직에서는 아닐지라도} 응징을 받게 된다.

이와 같은 나이든 남성 관리자의 인물 유형이 주는 혐오감은 인류학자 마셜 샐린스_{Marshall Sahlins}가 '부정적 호혜'라고 표현한 행동, 즉 다른 사람의 시간, 노동, 존엄성을 남용해 주는 것 없이 무언가를 얻어내려고 하는 행동에서 비롯된다.[16] 이 맥락에서 그런 인물 유형은 단순히 술을 많이 마시는 사람이 아닌 타인의 의지와 상관없이 술을 마시도록 강요하는 사람, 스스로 늦게까지 일해서 근면함을 보여주는 사람이 아닌 타인에게 늦게까지 일하도록 강요하는 사람을 의미한다.[17] 그리고 이 상호작용 침해는 기업 문제를 넘어 국가 문제로 확대된다. 언론학자이자 문화평론가 강준만의 표현대로라면 한국 사회 전체가 갑과 을 사이의 역학으로 이뤄져 있다. 한국 사회의 엘리트들은 서민이나 서비스 노동자들의 작은 실수를 자신들에 대한 커다란 모욕으로 인식해 그들에게 부정적인 행동_{갑질}을 함으로써 비난의 대상이 되는 경우가 많다. 갑으로 자주 언급되는 인물 유형이 나이든 남성 관리자다. 2013년 이른바 라면 상무 사건이 그런 사례다. 유수 기업의 한 남성 임원이 여객기 내에서 라면이 제대로 조리되지 않았다며 여성 승무원을 질책하고 나중에는 폭행까지 했다. 이 경우 을은 나이든 남성 관리자의 정신적·신체적 폭행을 견뎌야 했던 하급 직원 또는 서비스 노동자다.

이런 종류의 이분법은 글로벌 대 로컬, 노년 대 청년, 전통 대 현대, 농촌 대 도시처럼 대조되는 유형들의 친숙한 대비를 뒤따른다.[18] 노동자 사이 또는 성별 사이의 이 같은 차별은 단순히 구별 짓기 범주를 넘어 제도적 소속이나 존재의 더 엄격한 경계를 정하는 데 도움이 된다. 인류학자 김현미는 1997년 아시아 금융 위기 이후 '경제적 생산성'이라는 새로운 개념이 흘러들어 일을 중심으로 또 다른 사회적 구별을 만들어내기 시작하면서 한때 노동력의 꽃으로 알려졌던 블루칼라 철강 노동자가 기술이 있는 사람과 없는 사람으로 이분되기 시작했다고 설명했다. 마찬가지로 인류학자 송제숙은 금융 위기 사회 복지 수혜 자격을 갖춘 사람과 그렇지 못한 사람이 확실히 구분되면서 정부의 도움을 받을 자격을 갖춘 실업자와 그렇지 않은 실업자라는 범주가 등장했다고 주장했다.[19]

직장 생활을 이루는 수많은 구별, 등급, 조직적 관계에도 불구하고 사무실 세대 차이 문제의 초점은 직장인을 유표적 인물 유형과 무표적 인물 유형의 두 갈래로 나눴다. 유표적 인물 유형인 나이든 남성 관리자는 앞서 언급한 타자성 유형이다. 그들은 적합하지 않은 자질이 아닌 공로 기반 유토피아적 직장 형태에서 중심적인 인과 블록으로 작용한다. 이는 경제적 부담을 가중하고, 사회적 진보 저해하며, 비생산적 존재로서 타인의 성과에 기생하는 등의 다양한 특성을 통해 시각화된다.

이런 인물 유형은 대체로 해고가 어려운 장기 근속 직원으로서 높은 지위에 있지만, 개인의 발전과 능력 기반 구별 짓기를 전제로 하는 경제에서는 그와 같은 특권적 위치를 차지할 자격이 없다고 여겨진다. 이 관점은 과거를 거칠고 가혹하고 미개발된 상태로 바라보고, 말투나 목소리 같은 내재한 특성을 계층 이동성과 현대적 발전의 폭넓은 표지로 여기는 프레임과 일치한다.[20]

나이든 남성 관리자를 구시대적이고 상투적일 뿐 아니라, 폭력적이고 비효율적이며 사리사욕만 챙기는 사람이라는 묘사는 그들이 부적절할뿐더러 현실에서 타인에게 상처를 주고 있음을 가리킨다. 이는 기업 오너들이나 HR 부서와 같은 합법적 조직 권위를 가진 사람들에게 직장 생활 환경을 극적으로 변화시켜야 한다는 명분을 공급한다.

··· '나이든 남성 관리자'라는 유형 ···

실제 한국 기업 사무실에서 직급으로 위계화된 직원 가운데 누가 상급자이고 하급자인지 식별하는 일은 여러 미디어의 묘사와는 달리 그리 쉽지만은 않다. 관리자와 일반 직원, 상사와 부하 직원의 구별이 직장 생활 환경에서 언제나 명확한 것은 아니다. 꽤 많은 직급에 '관리자'를 의미하는 '장長'이라는 표현이 들어가 있기 때문이다. 일테면 부장보다 한참 하위 직급인 과장에도 '장'이 붙는다. 게다가 매년 이뤄지는 코호트 채용과 정기 승진 등으로 근속 기간, 업무 책임, 업무 경력 및 여타 사회적 구별 측면에서 사무실 권력에 여러 단계의 차이가 있다. 업무 환경 자체가 복잡한 데다 위임전결 기준과 참여 가능 회의 등이 모두 달라서 사내 권력관계에 영향을 미치는 갖가지 형태가 작용한다.

이런 까닭으로 직장 생활에서 나이든 남성 관리자의 전형적 이미지와 일치하는 사람을 만나는 경우는 드물다. 물론 그렇다고 해서 그런 인물 유형이 두드러지지 않는 것은 아니다. 그 흔적이 거의 모든 종류의 업무 활동이나 서사에서 나타나기 때문이다. 흥미로운 점은 내가 상도 지주회사에서 가장 자주 소통했던 30~40대 남성 관리자들도 나이든 남성 관리자에 대한 불만이 잦았다는 것이다. 이 사실은 비교적 젊은 관리자들이 사회적 지형을 어떻게 인식하는지 보여주는 동시에 자신들은 잘못된 유형의 나이든 관리자로 여겨지지 않으려는 현실적 시도를 반영한다.

어느 날 다른 부서 사람들과 점심을 먹던 중 그 부서 최상위 관리자인 강 상무가 요즘 HR팀은 어떤 프로젝트를 진행하고 있는지 내게 물었다. 나는 임원과 팀장들을 위해 새로운 방식의 360도 피드백 기법을 개발하고 있다고 대답했다. 일찍이 미국의 경영 이론에서 대중화한 피드백 기법은 원래 부하 직원, 동료, 상사가 익명으로 개인_{일반적으로는 관리자}에 대한 피드백을 제공하는 평가 방법의 한 형태다. 강 상무는 상도에 입사하기 전 서울 소재 미국 컨설팅 회사에서 일했기에 이 기법에 친숙했다. 그는 상도 지주회사 HR팀이 이런 기법을 구현하는 데 어려움을 겪으리라고 확신하고 있었다. 전형적인 한국 관리자들은 피드백을 받는 게 아니라 주는 데 익숙하기 때문에 이와 같은 피드백은 잘 처리하지 못한다는 것이었다. 그는 미국 기업 관리자들은 직설적인 피드백도 잘 처리하지만 상도의 관리자들은 충격을 받고 아래에서 올라온 자신에 대한 험담 앞에서 분노를 제어하지 못할 것이라고 말했다. 〈표 3.1〉에서처럼 강 상무는 다양한 유형을 대조해가며 이런 상황에 글로벌하게 적응할 수 있는 관리자와 그러지 못하는 관리자, 평정을 유지할 수 있는 관리자와 분노를 폭발하는 관리자들을 구분했고, 가상의 전형적인 한국 관리자는 최신 피드백 기법에 적합하지 않다고 말했다. 그러면서 그는 다양한 사례를 들어 부하 직원들의 피드백을 받고 거친 언사로 보복하는 관리자의 모습을 묘사했다.[21]

그때 강 상무는 미국 관리자와 한국 관리자의 차이를 들어 한국의 나이든 관리자들을 구분했다.[22] 뚜렷한 대조를 사례로 들고 거친 말투를 묘사하면서도 강 상무 자신의 정체성은 나이든 한국 관리자와 정반대되는 쪽에 두고 있었다. 그는 연령대로는 40대 중반에 불과했으나 인

표 3.1 | 강 상무가 설명한 나이든 한국 관리자와 글로벌 관리자

나이든 한국 관리자	글로벌 관리자
피드백을 보복함	피드백을 수용함
평정심 상실	평정심 유지
한국 기업에서 근무	글로벌 기업에서 근무
통제 지향/트집 잡기	비전 중시
피드백에 대한 나이든 한국 관리자의 반응	
이 새끼 누구야?	
누가 썼냐고?	
잘 고쳐라	

구학적으로나 조직적으로는 비슷한 직급의 나이든 한국 관리자들과 구분이 되지 않았다. 그렇지만 사실 그의 직급은 같은 위치의 나이든 사람들보다 높았고 나이는 그들보다 어렸다.

이 대화 후에 강 상무는 한 걸음 더 나아가 점심 테이블에서 모의 360도 피드백 시간을 가졌다. 그는 팀원들에게 자신이 어떤 스타일의 관리자라고 생각하는지 물었다. 팀원 중 한 명과장이 그가 "비저너리 딕테이터visionary dictator, 비전 있는 독재자"라고 말했다. 이어 다른 팀원은 "비저너리 퍼실리테이터visionary facilitator, 비전 있는 촉진자"라고 대답했다. 두 사람 모두 영어로 표현했고, 누가 봐도 과장된 아첨으로 웃음을 끌어냈다.

그 아첨 같은 농담은 중의적이었다. 한편으로 그들은 강 상무에게 거짓 칭찬을 하면서 그가 듣고 싶어 하는 말을 들려줬다. 다른 한편으로 모순된 단어, 즉 '비전 있는'을 '독재자'와 조합해 강 상무를 한 가지 유형으로 특정하는 상황을 피했다. 강 상무와 다른 팀원들도 그것이 꽤 영리한 대답이라고 여기는 듯했다. 강 상무는 자신의 지위를 통한 권한을 사용해 팀원들을 곤란한 상황으로 몰아넣었지만, 결국 자신의 주장을 입증했다. 그는 평정심을 유지한 채 부하 직원들의 농담을 받아들였다. 이런 측면에서 나이든 남성 관리자라는 인물 유형 이미지는 실제 기업 임원이나 관리자들이 스스로 자기 모습을 파악하는 데 영감을 제공했다고 볼 수 있다. 이 가상의 인물은 그런 관리자가 사내에 없다고 해도 재미나 농담 소재로 활용되는 효용을 지닌 것이다.

단순한 특성적 구별 이상으로 직장 생활과 직장 내 인물 유형에 대해 성찰적인 관점을 가진다면, 특히 불만을 통해 직장 생활에 대한 숙련된 민족지학자가 될 수 있다.[23] 달리 말해 징후를 찾는 활동은 한 쌍의 관리자 유형에서 반대쪽이 되는 데 그치지 않고 더 나은 분석 역량을 보여주는 사람으로 비치게 해준다. HR팀의 장 팀장은 사무실 주변에서 나이든 남성 관리자의 흔적을 자주 찾아내곤 했다. 우리가 매일 엘리베이터에 타거나 복도에서 이야기를 나눌 때 그는 내 주의를 환기시켜 우리가 일하는 층이나 더 넓게는 상도 타워 전체에 존재하는 나이든 관리자의 보이지 않는 면에 주목하게 해줬다. 그가 비판하는 대상은 이른바 '올드보이'였다. 이 용어는 좁은 의미로 같은 중학교나 고등학교를 졸업한 동창생을 뜻한다.[24] 그러나 장 팀장이 말한 올드보이는 경력 내내 한 기업 또는 그룹에서 일했고, 다양한 관리 분야에서 훈련받았으며, 회사에 대한 충성심이 높은 사람을 지칭했다.[25] 상도 지주회사의 올드보이는 상도그룹 계열사 한 곳에서 직장 생활을 시작해 오랫동안 일하다가 여러 가지 이유로 지주회사에 편입한 사람들을 가리켰다.

　이런 부류의 관리자들은 대기업의 다양한 사업에 대한 해박한 지식과 경험이 필요한 감사, 성과 관리, 회계 같은 팀에 있었다. 홍보, 인사, 전략, 법무 등 다른 팀은 외부에서 영입한 보다 일반적인 전문가들로 구성됐다. 다른 대기업 출신인 장 팀장은 이런 올드보이 관리자들에게 반감을 가졌는데, 그 이유는 한마디로 그들이 오너나 경영진에게 예스맨이 되기를 열망하는 계급 충성주의자처럼 보였기 때문이다. 실제로는 조직의 미래에 헌신한다고 볼 수 없는 사람들이었다. 그리고 심지어 HR팀의 관리자이면서도 일부 관리자들은 관리 교육이 자원의 효과적 사용이라고 생각하는 정도에 차이가 있었다. 장 팀장은 나이든 관리자들은 재교육이나 재훈련으로도 더 나은 관리자가 될 수 없으며, 유능한 팀장들을 승진시키는 편이 더 낫다는 생각을 갖고 있었다.

　상도 지주회사에서 일하며 연구를 진행하는 동안 나는 상도그룹에 대한 배경 지식 대부분을 장 팀장에게서 얻었다. 사실상 그가 내 상사였기 때문이다. 밖에서 담배를 피우는 시간이 우리가 일 대 일로 대화를 나누는 기회였다. 그 시간에 장 팀장은 내가 상도 내에서 일어나는 다양한 사건과 행태를 해석하는 데 도움을 줬다. 내가 다른 팀장들의 말을 듣고 무슨 뜻인지 모를 때에도, 예를 들면 어떤 팀장에게 "악으로 깡으로"라는 말을 들었다고 하자 장 팀장은 그것이 군대에서 오래전부터 사용하던 "무조건 한다"는 의미의 표현이라고 알려줬다. 퇴임을 앞둔 계열사 CEO를 인터뷰했을 때 그가 상도 사람들을 "우량아"라고 표현한 적이 있는데, 장 팀장에게 그 이야기를 했더니 웃으면서 1970년대에 태어난 발육 상태가 좋은 아기들에게 쓰던 말이며, 그 CEO는 열심히 일하는 게 성공의 가장 중요한 요건이라고 믿는 세대라고 설명해줬다. 한국 경제의 대부분이 상품 생산과 조립 양에 좌우됐던 시절에는 그런 정서가 맞아떨어졌을 수도 있다. 하지만 오늘날 사실상 한국이 주도권을 쥐고 있으나 더 복잡하고 경쟁이 심한 철강 시장에서는 그것만으로는 충분치 않다. 중국의 국영 철강 기업들이 국가의 비호 아래 시장을 요동치게 하는 상황이었다. 장 팀장은 도의적 문제도 언급했다. 한번은 어떤 팀 관리자가 새로 들어온 남성 사원을 술자리에 데리고 갔는데 안주와 술값을 그 신입 사원이 냈다고 했다. 관리자라면서 특히 신입 사원이 계산하도록 내버려둔 것은 무책임한 행동이라는 말이었다.

장 팀장은 이런 올드보이들의 특징을 구분함으로써 자신은 그들과 다른 친절하고 진보적인 관리자임을 부각했다. 그는 나이든 관리자라는 비유와 대조되는 방식으로 이를 드러냈다. 늘 팀원들에게 정시에 퇴근하라 말하고, 감정을 드러내지 않은 채 정중히 이야기하고, 회의 중에는 팀원들의 솔직한 의견을 구했다. 비슷한 맥락에서 그의 다른 언행도 연장선에 있었다. 다른 팀 팀장들은 회의실에서 팀 회의를 진행했지만, 장 팀장은 팀원들을 회사 밖 아늑한 카페로 데려갔다. 다른 팀장들은 퇴근 후 팀원들과 술자리를 가졌지만, 장 팀장은 게임방이나 유명 맛집으로 데려가거나 노래방에서 함께 노래를 부르자고 권유했다.제6장에서 논의하겠지만 이런 범주에조차 강압적 요소가 내재해 있다.

이쯤에서 장 팀장과 주변의 다른 관리자들 사이에 나이 차이가 크지 않았다는 사실을 짚고 넘어가야겠다. 대부분 30대 후반에서 갓 50대였다. 그런데 장 팀장은 다른 관리자들을 자신과 완전히 다른 세대, 다른 계층적 배경, 다른 교육과 업무 경험을 가진 사람들로 인식했다. 장 팀장은 서울의 명문 대학을 나왔고, 세 곳의 국가에 거주한 경험이 있고, 국제 HR 관리자로서 네 개 국어를 구사했다. 상도에서 오랫동안 일해온 다른 관리자들은 지방 대학 졸업 후 그 지역의 상도 계열사에서 경력을 시작해 이후 본사로 올라왔고, 지속적인 승진을 위해 영어 수업을 해야 했다. 장 팀장에게 이 같은 사실은밀하면 은밀할수록을 분석할 수 있다는 명민함은 자신이 기업 운영 시스템에 대한 더 고차원적인 지식을 확보하고 있다는 징후로 작용했다. 이는 그를 포함한 일부 상도 지주회사 관리자들이 자신에게서 찾은 전문적 분석 능력을 상징하는 것이었다.

··· 새로운 저항 문화 ···

2010년 한국에서 여성가족부가 '가족 사랑의 날'이라는 이름의 새로운 직장 문화 캠페인을 추진했다. 매주 수요일을 가족 사랑의 날로 정해 우선 공무원들부터 공식 업무 종료 시각보통 오후 5시 30분에 퇴근했다. 집으로 일찍 들어가 가족과 시간을 보내라는 것이었다. 꽤 많은 기업도 정부 목표에 부합하고 자사의 진보적 업무 문화를 홍보하고자 이 정책을 채택했다. 몇몇 상도그룹 계열사에서도 이를 따랐다. 내가 관찰한 한 사무실은 수요일 오후 5시 30분이 되면 스피커에서 큰 소리로 음악이 흘러나와 직원들에게 퇴근 시간을 알렸다. 그리고 몇 분이 지나면 HR팀 직원들이 전체 사무실을 돌아다니며 남아 있던 직원들에게 퇴근을 종용했다. 직원들을 정시에 퇴근하도록 유도하는 이 정책은 장시간 근무와 관련한 한국의 세계적 평판에 대응하는 조치로 보였다. 내가 연구를 진행하는 동안 정시 퇴근에 대한 법적·기술적 개입이 몇 차례 더 있었다.

이 정책의 형태와 시행 방식을 보면 장시간 근무의 근본적 원인에 관한 생각에 큰 차이가 있다는 사실을 알 수 있다. 이 정책은 퇴근 시간이 되면 업무를 끝내고 상사 눈치에서 벗어나라고 권고한다. 그렇지만이 과정에서 직원으로서 의무는 서로 충돌한다. 한편에서는 업무 시간이 끝났을 때 퇴근하는 행위가 법적·제도적 또는 계약상으로 허용된다. 하지만 현실적으로는 상사의 업무가 끝나야 퇴근할 수 있다는 개인적 의무가 있다. 정확히 업무 종료 시각에 맞춰 칼퇴근해도, 일거리가더 없어서 퇴근해도, 그런 행동은 다분히 이기적이며 심지어 반항으로비칠 수 있다.[26] 그렇기에 HR팀 직원들이 사무실을 돌아다니며 퇴근을종용하는 것은 팀장과 팀원들 사이의 보이지 않는 권위의 사슬, 즉 눈에 보이는 자기 희생 신호를 상사와 부하 직원 사이의 충성관계와 연결하는 끈을 끊어내는 행동이라고 할 수 있다.[27] 요컨대 '가족 사랑의 날'은 가족에 대한 그간의 이미지를 다르게 재구성하는, 직장 동료와 가족을 완전히 대비시킨 정책이다. 또 하나의 가족이라는 과거의 이미지를 깨고 동료들과 늦게까지 함께하는 대신 일찍 퇴근해 진짜 가족과 함께하라고 강조한 것이다.

또 다른 기업 문화 개혁은 개선이 필요한 부분이 어디인지에 대한 미묘한 신호를 포착하기도 한다. 상도그룹 계열사 상도사우스 HR 책임자를 만났을 때 그는 내게 자신의 부서가 사내 문화를 개선하려고 시작한 갖가지 정책에 대해 말해줬다. 각 팀 구역별로 실내 화단을 설치한 에코-오피스eco-office 프로그램, 볼링·하이킹·축구 등 퇴근 후 스포츠 리그, 당구 대회, 비슷한 직급의 직원들을 위한 소그룹 모임, 회식과 관련한 새로운 지침 같은 것들이 그런 정책이었다. 에코-오피스는 서열에 따라 배치된 책상과 컴퓨터만 있는 사무실 공간에 자연을 끌어들이려는 시도였다. 다른 정책들은 즐겁고 집단적인 팀 기반 활동을 강조하는 대안적 사회 활동을 촉진하기 위한 것이었다. 밤에 술자리를 갖는 것처럼 건강을 해치고 위계적이며 팀 기반 관계에 기생하려는 나이든 관리자의 특징적인 활동과 어느 정도 구분됐다. 그리고 회식은 직원들이 모여 함께 식사한다는 문자 그대로의 의미에서 대개는 한국 기업의 음주 문화를 상징하는 활동이었는데, 새로운 지침은 팀원들과의 봉사활동, 독서 모임, 영화 감상 등을 회식의 대체 활동으로 권장했다. 이와 같은 건전한 활동 이미지는 〈우리 상도〉를 통해 강화됐다. 매 호 2~3명의 직원 **보통은 젊은 남녀 직원**이 함께 요리, 커피 시음, 한지 만들기 등의 소그룹 활동을 하는 사진을 게재해 기존 음주 회식과 완전히 대조되는 이미지를 부각했다. 밤이 아닌 낮에 이뤄지는, 술도 없고 성차별도 없으며 친사회적이고 창조적인 회식 형태를 강화했다.

내가 연구를 진행하는 동안 대기업들이 가장 많이 채택한 정책은 속칭 '119' 원칙이었다. 본래 119는 한국의 구급 신고 전화번호다. 그런데 여기에서 119란 회식 원칙을 말한다. 1가지 술로, 1차만, 9시 전까지 회식을 해야 법인 카드로 결제할 수 있다. 이 조건에 맞지 않으면 회식비

로 처리되지 않는다. 어떤 기업들은 이를 변형한 '111$_{17}$가지 술로, 1차만, 10시 전까지'
이나 '112$_{17}$가지 술로, 1차만, 2시간 이내' 원칙으로 차이를 꾀했다. 이 정책에는 재량
자금을 과도하게 사용할 수 있는 관리자 권한을 일정 부분 차단해 업
무 외 활동 예산과 시간을 절감하는 효과도 있었다. 마찬가지 맥락에서
많은 기업이 '클린 카드$_{clean card}$'라고 알려진 또 다른 프로그램도 채택했
다. 불건전한 유흥업소에서 또는 자정이 지난 시각에 법인 카드를 사용
하려는 시도를 원천 봉쇄한다. 이런 정책들과 함께 회식을 일컫는 새로
운 접두어도 등장했다. '건강한' 회식, '건전한' 회식, '이색' 회식 등은 회
식을 지나친 음주나 룸살롱 접대 같은 부정적 이미지에서 거리를 두려
는 표현이다.

　이런 정책에서 나이든 남성 관리자에 대한 고정 관념이 직접 언급되
지는 않지만, '회식'이 도마 위에 오르고 '정시 퇴근'을 강조하는 것만으
로도 충분히 간접적 암시가 된다. 이 같은 간접성은 대체로 공익 광고
형식을 통해 대중에 전달되는 이중화법이나 모순어법과 닮았다. 회식
이나 정시 퇴근 캠페인 등이 모든 직원을 대상으로 한다는 점을 고려하
면, 이런 간접성은 은연중에 나이든 관리자에 대한 책망을 내포하고 있
다.[28] 음주를 제한하거나 처벌하려는 시도는 노골적으로 특정 집단을
겨냥하는 듯 보이겠지만, 독서 모임이나 영화 감상을 장려하는 것은 오
인될 소지가 작다.

　나아가 공적 영역에서의 나이든 관리자에 대한 예우와 달리 사적 표
현이나 서사에는 특정 개인을 향한 거칠고 비하적인 언사가 넘친다. 이
들을 일컫는 명칭도 양쪽이 다르다. 이들이 없는 공적인 자리에서는 중

표 3.2 | 기업 정책 명칭에 숨겨진 실제 의미

명칭	실제 정책
명예 퇴직	조기 퇴직
이색 회식	젊은 직원들이 선호하는 업무 외 활동(음주 없음)
호칭 수평화	직급 축소
삼진 아웃	성과 유무에 따른 해고
인력 적체 해소	과잉 인력 해고
클린 카드	부적절한 용도의 법인 카드 사용 금지

립적인 표현인 '윗사람'이나 대학에서처럼 정겹게 '선배'라고 호칭하지만, 이들이 없는 사적인 자리에서는 나이에 초점을 맞춰 '올드보이', '고참', '꼰대' 식으로 부르는 것이다. 직장 내에서는 간접적이고 밖에서는 비판적인 이런 패턴이 어쨌든 나이든 남성 관리자들을 묵인하는 행태라고 보기에 상황은 심상치 않다. 〈표 3.2〉와 같이 표면적으로는 긍정적이거나 중립적이거나 감각적인 용어를 사용하고 있으나 실제로는 나이든 관리자들을 둘러싼 인사 문제를 직접 겨냥하고 있다. '명예 퇴직'과 같은 용어는 나이든 관리자를 대상으로 한 강제 조기 퇴직을 가리키며, '삼진아웃'과 같은 말은 야구 용어를 빌려 마치 모든 직원 평가에 적용되는 정책을 뜻하는 것처럼 보이지만 사실은 수년 동안 관리자 역량에서 좋지 못한 평판을 받은 나이든 남성 관리자들을 향한 것이다.

기업들의 이런 정책은 노동적 관점다음 장에서 살필 새로운 평가 체계와 수많은 조기 퇴직 정책에서 볼 수 있듯이과 사회적 관점부적절한 활동에 대한 내부 단속에서 볼 수 있듯이 모두에서 가부장적 인물 유형을 향한 저항을 드러내고 있다. 그러나 주목해야 할 부분은 이런 용어들이 나이든 남성 관리자 문제를 사회적 징계 범주가 아닌 합리적 노무관리, 적절한 재무회계, 회사 문화 개선처럼 전통적 기업 경영 이미지와의 구별 짓기 범주에 포함한다는 점이다. 곧이어 논의하겠지만 완벽한 차별화 대신 기업 차원의 구별을 시도하는 일은 나이든 남성 관리자들을 다른 직원들과 명확히 분리한다는 측면에서 그 자체로 문제를 낳았다.

··· 관리 역량 모델링 ···

조 상무가 이끄는 상도 지주회사의 HR팀이 새 정책을 시행하는 과제를 맡았다. 상도그룹 전체 임원과 팀장을 객관적으로 평가하는 정책이었다. 참고로 임원과 팀장은 상도 지주회사가 노동법 범위 내에서 운용 권한을 가진 두 직급이었다. 임원과 팀장 간 구별 짓기를 모델링하면 그들이 기대하는 역량 구분 노력에 더 큰 정당성을 부여할 수 있다. 이는 조 상무와 장 팀장에게 HR 기획에서 자신들이 가진 전문 지식의 문제였다.

　두 사람 모두 자신들이 있는 층 또는 상도 타워 전체에서 누가 올드 보이인지 나름의 직관적 감각을 갖고 있었지만, 그들을 강등하거나 해고 명분을 마련하기 위해서는 객관적이고 공식적인 평가가 두 사람의 주관적 의견이나 편견과 철저히 분리된 누구나 인식할 수 있고 적법한 기법에 바탕을 둔 합리적 절차로 이뤄져야 했다. 문서상 최대한 중립적으로 보이려는 한국 관료주의 성향에도 맞아야 했다. 꼭 기술적 객관성을 달성하기 위해서라기보다 편견이나 표적화를 피하는 것이 필요했다. 좋은 관리자와 나쁜 관리자를 구분하려면 사회적 차이에 대한 인식과 일치하면서도 그들 자신을 포함한 모든 임원과 팀장에게 적용할 수 있는 객관적 기법을 만들어야 했다.

그들이 만든 시스템은 가칭 NSDP_{New Sangdo Development Program}라고 불리며 임원과 팀장을 다양한 요소를 바탕으로 평가하는 새로운 모델을 제공했다. NSDP는 연공서열 덕분에 승진했으나 관리자가 되기에는 역량이 부족한 임원과 팀장이 많다는 분석에서 착안한 모델이었다. 이 모델의 근간은 재무적 성과나 경력이 아니라 관리자로서 책임을 유지할 조건으로 갖춰야 할 적합성 또는 적절성에 대한 추상적 개념이었다. NSDP의 궁극적 의도는 관리자 역량의 포괄적 그림을 그리는 데 있었다. 이 평가 모델은 적절한 리더십 유형과 적절치 못한 리더십 유형을 객관적으로 판정 가능한 일련의 견고한 지표를 만들어내기 위해 리더십 행동의 다양한 측면을 포착했다. 평가 절차가 포괄적이고 객관적이어야 했기 때문에 편파적이거나 주관적인 해석 징후가 보여서는 안 됐다. 더 어려운 점은 이 기법을 통해 명확히 측정된 방식으로 1년이 동안 이뤄진 상호작용 행동의 규칙성을 적절히 잡아내야 한다는 것이었다. HR팀은 여러 컨설팅 업체와 상의하고 적절한 방법, 설문 조사, 시각화 기술을 찾기 위해 책과 웹사이트를 샅샅이 뒤진 다음 맞춤형 360도 피드백 설문 조사 및 플랫폼을 사용하기로 했다.

한국에서 '360도 평가' 또는 '다면 평가'로 불리는 '360도 피드백'은

1950년대 미국에서 처음 개발된 이래 1990년대부터 미국 비즈니스 커뮤니티 전체에 퍼진 개인 역량 관리 기법이다. 미국 경영대학원을 졸업한 한국 기업인 증가, 미국 경영 컨설팅 회사의 한국 진출, 1997년 아시아 금융 위기의 충격 등으로 한국 기업들도 360도 피드백을 사용해 임직원을 평가하기 시작했다. 1998년에는 노무현 대통령이 고위 공직자 평가에 360도 피드백 사용을 의무화하기도 했다.[29] 일반적인 360도 피드백 절차는 표준화된 설문을 평가 대상자와 자주 소통해서 그 업무 행동과 태도를 논평할 수 있는 상사, 동료, 후배에게서 받는 과정을 포함한다. 설문은 평가 대상자의 팀워크, 리더십, 의사 결정, 문제 해결 등 업무 역량에 초점을 맞춘다. 결과가 익명으로 집계된 뒤 표로 작성되면 평가 대상자는 그 결과를 확인해 스스로 단점을 확인하고 이를 개선하고자 노력할 수 있다.

HR팀은 세 가지 다른 설문 방법을 개발했다. 첫 번째 방법은 "늘 그렇다"에서 "전혀 그렇지 않다"까지 5단계 리커트 척도Likert scale를 이용해 평가자응답자에게 임원이나 팀장에게서 특정 행동을 얼마나 자주 관찰할 수 있었는지 답하게 하는 방식이었다. 두 번째는 평가자가 관찰한 경험을 토대로 대조적이지만 긍정적인 역량 사이에서 양자택일하게 했다. 세 번째는 평가자에게 평가 대상자의 비즈니스 지식, 분석 기술, 전략 기획 역량과 같은 다양한 영역에서 능숙함 정도를 등급으로 매기게 했다. 설문에는 "개방적 사고를 허용한다" 대 "규칙에 따른다", "새로운 아이디어를 강조한다" 대 "효율을 강조한다"처럼 중립적으로 보이는 다른 유형들 사이의 구별 짓기가 포함돼 있다. 이런 범주는 의도적이든 무의식적이든 간에 지주회사의 전문가 스타일지식 근로자과 계열사 팀장 또는 임원들의 상반된 스타일관료적 규칙 추종자 사이의 기본적인 구별을 재현하고 있었다.

이 세 가지 방법은 직접적인 질문을 피하면서 직원들이 명확히 선호하는 인물 유형을 선택하게 함으로써 좋지 못한 관리자들의 고차적 특성을 은폐해 점수 상승 경향을 방지한다. 설문 조사 결과가 나온 뒤라야 응답이 상위 범주로 옮겨진다. 첫 번째 질문 세트는 팀장이나 임원이 그룹의 이상에 부합하는지 행동 관찰을 통해 평가하므로 가치와 연결된다. 두 번째 세트는 리더십 스타일과 관련이 있는데, 대조적인 특징들을 기반으로 어떤 유형의 리더인지를 보여준다. 세 번째 세트는 업무 실행 영역으로, 관리와 관련한 일련의 표준 절차와 비교해 관리 역량을 판단한다. 이렇게 평가된 역량 각각은 관리 역량의 종합적 이미지를 만들 수 있는 다른 역량과도 연결된다. 관리 역량의 다양한 지표는 평가 대상자가 자신의 위치에 대한 상대적 적합성을 나타낼 수 있다. 요컨대 이런 역량들은 이상적 관리자의 포괄적 특징을 포착한다. 그러면서도 이 방법은 단순 평가와 해고만큼 노골적이지는 않다. 상도 지주회사 HR팀은 재무 및 전략기획 등 업무 기능에 따른 이상적 관리자 유형을 구축할 계획이었다. 미래지향적 유형의 관리자를 필요로 하는 부서에 통제적 스타일의 관리자가 있다면 적합하지 않은 것으로 판단하고 관리자 직위에서 강등시키거나 다른 팀으로의 전출을 정당화할 수 있도록 말이다.

NSDP도 360도 피드백의 한 형태로 주변 사람들의 목소리에 의지해 관리자의 적합성을 여러 방면에서 효과적으로 가늠함으로써 HR팀이나 기업 오너를 평가 주체에서 제외할 수 있다. 관찰 결과의 정확성을 보장하기 위해 설문 조사는 상사의 인사 평가에 직접적 영향을 주는 장치가 아닌 임원이나 팀장들이 자신의 관리 역량을 발전시키는 데 도움을 주는 피드백 설문으로 구성된다. 이와 같은 중립성 유지를 위해 평가자가 읽게 되는 설문 문항은 중립적 문장 표현으로 이뤄진다. 설문 조사의 영향력은 그 궁극적 목적을 얼마나 숨길 수 있는지에 달렸는데, 나는 위에서 언급한 그 목적을 장 팀장과 전략팀 소속의 지주회사 팀원과 함께 탄 엘리베이터에서 우연히 알게 됐다. 그때 나는 장 팀장에게 설문의 요점이 무엇인지 물었으나 장 팀장은 관리 역량과 리더십 향상을 위한 것이라고만 답했다. 그런데 엘리베이터에서 내리고 전략팀 직원이 시야에서 벗어나자 장 팀장은 나는 작은 회의실로 데려가 다른 젊은 동료 팀원들에게 누설해서는 안 된다면서 NSDP의 평가 목적을 설명해줬다. 그는 내게 재차 주의를 당부했는데, 동료나 후배들을 비롯한 설문 응답자들이 자신의 의견이 상사에게 부정적 결과를 초래할 수 있다는 사실을 알게 되면 거짓으로 응답할 수도 있다고 했다. 달리 말하면 보복을 우려하거나 아첨을 하는 등 도덕적 해이가 발생할 수 있다.[30]

360도 피드백이 첫 실행되고 결과와 분석이 나왔지만, 나는 NSDP가 궁극적으로 상도그룹 내 특정 임원이나 팀장에게 어떤 영향을 미쳤는지 확실히 알지 못했다. 개별 인사 기록은 기밀로 분류되고 임원 결정도 비공개로 이뤄지기 때문이었다. 언젠가 지나가는 말로 계열사 다수 임원이 좋지 않은 결과로 해고됐다는 소식을 들은 적은 있었다. 임원은 어디까지나 계약직으로, 지위는 높으나 일반 팀장들처럼 실적이 나쁘다는 이유로는 쉽게 해고할 수 없는 정규직 관리자 같은 보호받는 범주에 속하지는 않는다. 해고 사유가 매출 실적인지 아니면 NSDP 평가 결과 때문인지는 분명치 않다. 어쨌든 나는 해당 계열사 직원들이 그 해고된 임원들 덕분에 직장 생활이 더 행복해졌는지 궁금했다. 한 가지 예상치 못한 문제는 나쁜 결과를 받으리라고 생각지 않던 사람들에게도 그런 결과가 나왔다는 것이다. 전혀 올드보이가 아닌 본사의 한 임원이 그룹에서 가장 낮은 평가 점수를 받게 되자 팀 내에서 작은 동요가 일어났다. 이는 타성적 인물 유형 이외의 사람에게도 관리상의 나쁜 특성이 있을 수 있다는 사실을 보여준다.

··· 차별화에서 구별 짓기로 ···

이 장에서는 한국의 나이든 남성 관리자라는 인물 유형이 차별화된 인물형 또는 타성적 인물형이 되어가는 과정을 살폈다. 나이든 남성 관리자들은 시대착오적일 뿐 아니라 장점과 역량에 가치를 두는 미래지향적 자본주의에 기생하는 존재로 여겨진다. 그런데 이 타성적 인물 유형은 역설적이게도 사회의 낙오자가 아니라 오히려 현대 자본주의에서 가장 선망하는 위치에 있다. 대중 사이에 유포되는 갖가지 미디어 담론은 나이든 남성 관리자를 감정적으로 행동하고 타인, 특히 젊은 직원들을 괴롭히는 행동 특성일반적으로 악당 역할 을 보여주는 일관적인 인물 유형으로 설정한다.

그러나 실제 기업 조직 내에서 이 인물 유형은 훨씬 복잡하게 나타난다. 가상의 형상화된 담론이나 사내 논평 또는 사무실 문화 프로그래밍에서 간접적 표적으로 등장하기도 하는 것이다. 이 같은 복잡성으로 인해 인물 유형의 일관성이 약해질 수 있지만, 얄궂게도 이 인물 유형은 직장 생활의 모든 차원 속에 스며들어 있는 것처럼 보이며, 이들 나이든 남성 관리자들의 부정적 영향을 직장 생활에서 제거하는 과정을 지속해야 할 노력으로 만든다. 잘못된 직장 내 대인관계의 모든 사례가 이들의 영향이나 낡은 규범 또는 사회적 통제로 회귀하는 징후라고 여기게 하기 때문이다.

한국은 아시아 금융 위기 이후 여러 새로운 변화가 서구로부터 새로운 자본주의 정신을 가져왔다고 여겨지던 시기에 이른바 성과의 시대로 접어들었다. 그렇다면 새로운 사회 및 노동 사상이 부각한 새 천 년의 전환기에 한국 기업이 여전히 과거 직장 생활의 망령과 싸우고 있었던 까닭은 무엇일까? 확실한 한 가지 사실은 직장 생활의 전면적 변화와 부정적 요소의 근절은 느리고 고르지 못한 과정이라는 점이다. 정규직에 대한 노동력 보호가 상당히 높고 직장 생활 변화가 기업계 전체에서 광범위하게 이뤄진 국가라면 더욱 그렇다.

또 다른 대답은 낡은 인물 유형이 차별화의 근간으로서 반복적으로 표적이 되고, 과거로의 퇴행을 둘러싼 발전의 서사가 국가적 양심을 무겁게 짓누르는 한국 같은 국가에서는 구식과 신식의 이분법이 변화를 두드러지게 나타내는 방식이라는 측면에서 늘 주효하게 작용한다는 것이다. 달리 말해 나이든 관리자라는 인물 유형이 한국 자본주의 사회 안에서 눈에 띄는 사회적 지위로 계속 남아 있는 한 '낡음'은 사회적·경제적 비난을 받는 기호학적 다양성으로 지속해서 존재할 것이다.

그렇지만 새로운 개념과 프로그램을 출현하게 만드는 직장 생활 문제와 문제가 있는 특성에 관심과 인과성을 돌리게 하는 미묘한 긴장 역시 존재한다. 이는 직장 생활에서의 구별 짓기와 그 체계를 세우는 다양한 인프라가 조직의 직급, 직위, 직함에서 또 다른 위계능력주의적이긴 하지만를 구성한다는 사실을 간과하게 한다. 도덕, 문화, 대인관계 등 위계의 특정 부정적 형태에만 초점을 맞추게 되면, 기업 내에서의 높은 위치를 추구하는 일은 건전한 행위, 즉 위계 문제의 본질이 거기에 있는 게 아닌 것으로 보이게 만들 수 있는 것이다.

차별화와 구별 짓기 사이의 관계는 중요하다. 한편으로 그 관계는 현대의 제도들이 사람을 분류하는 방법을 개념화하는 두 가지 방법과 관련이 있다. 일찍이 철학자 미셸 푸코Michel Foucault는 《광기의 역사Histoire de la folie a l'age classique》에서 교육, 감옥, 정신의학적 관행, 법률 체제를 비롯한 현대 제도의 중심에는 정상과 비정상, 이성과 광기 사이에 근본적 차별화가 있다고 이해했다.[31] 직장 생활 맥락에서 성과와 업적을 바탕으로 하는 현대적 구별 짓기는 비유적으로 '미치지 않은' 사람, 즉 근본적인 결함이 없거나 구시대 규범 또는 기준에 따라 살지 않는 부류의 관리자를 포함하는 것을 전제로 한다. 상호작용 규범에 부응치 못하고, 감정 기복이 심하며, 지나치게 행동하는 나이든 관리자 이미지는 현대 경제에서 나타나는 광기의 한 형태로 여겨진다. 범주적으로 적합하지 않기에 다른 곳으로 밀려나야 한다. 실제로 상도를 떠난 몇몇 팀장의 경우 나는 그들에게 어떤 일이 일어났고 그들이 어디로 갔는지 듣지 못했다.

반면 위계의 표식들과 공명하는 지위 또는 등급으로 측정 가능한 구별 짓기는 사회학자 피에르 부르디외Pierre Bourdieu의 고전《구별 짓기La distinction》에서 나타난 문제를 반영한다.³² 부르디외는 평가 형태, 홍보 표식, 명망 있는 브랜드, 기업 후원 활동 등을 중산층이 다양한 형태의 상징적 자본을 축적함으로써 소비자와 문화 상품에 대한 판단과 함께 스스로 구별 짓는 방식으로 봤다. 상도 지주회사 HR팀이 조직하고 관리하는 구별 짓기 기법과 정책들로 이뤄진 거대한 체계는 적절한 위계적 역량을 갖췄다고 보이는 사람들에게만 그에 맞는 구별을 제공한다. 이것이 계약직 노동자, 청소 직원, 개인 운전기사 및 기타 노동 범주에 있는 사람들이 애초에 그와 같은 구별 짓기 메커니즘에서 제외되는 이유다.

나이든 관리자 인물 유형을 사회적 비난을 받을 만한 다른 사회적 유형으로 완전히 재분류할 수도 있지만, 이들에 대한 공식적 판단은 반드시 다양한 구별 짓기 인프라를 통해 전달돼야 한다. 상도 지주회사 HR팀이 모든 임원과 팀장을 대상으로 360도 피드백 같은 비교적 모범적인 평가 형태를 적용하는 프로그램을 개발해야 했고 해당 프로그램의 진짜 의도를 감추고자 애썼던 이유도 이 때문이다. 그러나 프로그램이 부분적으로, 적어도 첫 번째 시행에서 예상에 반하는 결과를 냈다는 사실은 전문 관리자들 또한 합법적인 구별 짓기 기법에 신세를 졌다는 사실을 방증한다.

다음 장에서 다루겠지만, 지주회사가 그룹 내 구별 짓기 근거를 재정립하려 들 때 기업이 안게 되는 다른 리스크도 있다. 그와 같은 사회기술적 프로젝트의 잠재적 실패가 세간에 알려진 만큼 그들이 전문가가 아니라는 점을 드러낼 수도 있는 것이다.

° 제4장 °
상도그룹 파헤치기

설문 조사는 시민이나 직장인 또는 학생 등 개인의 생각을 수집해 분석하는, 한국 어디에서나 찾아볼 수 있는 기법이다.[1] 특히 기업에서 널리 활용된다. 잡코리아와 인크루트 같은 구인 구직 플랫폼에서는 직장 문화에 대한 직장인들의 관점 변화를 감지하고자 정기적으로 설문 조사를 진행해 그 결과를 발표한다.

"송년회에 대한 직장인들의 생각은?"

"직원들이 회사를 떠나는 이유는 무엇일까?"

"직장인들은 일과 삶의 균형을 어떻게 생각할까?"

설문 조사는 증거 기반 의사 결정과 관리 및 정책 수립의 중요한 참조 사항이 된다. 상도 지주회사 HR팀도 정기적으로 직장 생활 만족도나 참여도 조사 형태로 매년 반기별로 직원 대상 설문 조사를 시행해왔다. 비슷한 맥락에서 홍보팀도 상도 브랜드 인지도와 관련한 포커스 그룹과 설문 조사를 진행했고, 사보팀은 분기별로 주제를 정해 내부 설문 조사 결과를 시행해서 발표했다.

설문 조사는 행동, 의견, 정치 등 여러 측면을 읽을 수 있는 공식화된 방법이다. 하지만 설문 조사가 인위적 전략 없이 순수하게 진행된다는 뜻은 아니다. 피에르 부르디외는 이렇게 설명했다.

"여론 조사는 개인이 은밀히 고립된 의견을 표명하는 고립된 상황에서 취합한 대중의 의견을 마치 개인 의견의 순수한 조합처럼 다룬다. 실제 상황에서 의견은 힘이고 의견들의 관계는 힘의 충돌이다. 특정 문제에 입장을 취한다는 것은 실제 집단들 사이에서의 선택을 의미한다."[2]

부르디외는 다수 여론의 이용은 기존 대중의 관점을 반영할 뿐만 아니라 대중이 가진 종교와 유사한 정치적 힘으로 집단적 의지의 확실성을 주장한다고 봤다.[3] 설문 조사나 여론 조사는 정치를 체크 박스에 표시하는 단순한 문제로 격하하긴 하지만, 그럼에도 불구하고 다른 조직과 기관이 서로를 되짚는 방법을 매개한다. 설문 조사는 집단적 사실 주장의 객관적이고 정당한 요소로 여겨지면서 기술관료주의적 참여를 제공하는 가치 있는 도구가 됐다. 달리 말해 설문 조사는 숫자를 통해 의견을 구별하고 서열을 매기는 도구이자 숫자의 합에서 다수의 의견을 끌어낼 수 있는 민주주의의 한 형태로 자리매김했다. 나아가 사람들의 집단적 정서를 대변함으로써 제도 내에서 진실을 주장할 사람을 결정하는 강력한 채널이 됐다. 직장 만족도나 참여도 설문 조사와 같은 것들은 소비자 행태 및 소비 활동 전반에 걸쳐 사용되는 것과 유사하기에 새롭지 못하다고 할 수 있으나 여전히 강력한 제도적 기법이다. 의견과 수치를 충실히 모을뿐더러 인위적 개입 없이도 어떤 것이 다른 것으로 전환하는 것처럼 보이게 해주기 때문이다.[4]

내가 연구를 계속하는 동안 상도 지주회사 HR팀은 그룹 전체의 비관리자 직원들을 대상으로 자체 설문 조사를 진행할 수 있는 권한을 승인받았다.[5] 이전에도 산발적으로 설문 조사가 이뤄진 일이 있었다. 책임자를 달리해 2007년, 2009년, 2012년, 2013년 설문 조사를 진행했었다. 전임 팀장이 지휘했던 이전 해의 설문 조사는 장 팀장 말에 따르면 거의 효과가 없었다. 그는 설문 조사를 구조화하고 숫자를 제시하는 방법에 문제가 있었다고 지적했다. 만족도 등급에서는 3.6이나 4.2와 같이 수치적인 차이가 분명히 드러났지만, 그것을 좋은 결과로 봐야 하는지 나쁜 결과로 봐야 하는지는 아무도 알 수 없었다.

장 팀장을 책임자로 한 그해의 설문 조사는 구조나 분석 방법 모두에서 새로운 형식으로 재설계될 예정이었다. HR팀은 이전의 방법을 기술적으로 개선할 절호의 기회로 여겼다. 그리고 상도그룹 계열사, 특히 직원들이 장시간 근무하거나, 상사가 유난히 엄격하거나, 근무 환경이 열악하다고 알려진 자회사나 공장의 업무 문화를 개선하는 데에도 관심이 있었다. 이들의 설문 조사는 지주회사와 나머지 그룹 사이의 관계 구조에 영향을 주는 역할까지 담당했다.

이 설문 조사는 지주회사가 조사 대상에서 제외한 임원이나 관리자를 거치지 않고 각 계열사 직원들의 목소리를 들을 수 있는 몇 안 되는 메커니즘 가운데 하나였다. HR팀이 설문 조사에 기대한 것은 크게 두

가지였다. 첫 번째는 그들이 많은 문제의 근원으로 본 나이든 남성 관리자라는 인물 유형에 대한 간접적 증거를 모으는 것이었다. 즉, 그들은 지주회사가 계열사 인사 관리에 개입하거나 감독을 강화할 수 있는 명확한 불만 사항을 수집할 수 있기를 바랐다. 익명화한 직원들의 목소리를 취합함으로써 위에서 내려온 지시 사항이 아닌 아래에서 요구하는 현장의 문제를 부각하는 반박 불가능한 경험적 증거를 얻을 수 있을 것이다. 두 번째는 지주회사의 전문성 그리고 오너십을 통해 외부에서 영입한 자신들의 전문성을 설문 조사로 드러내는 것이었다. 그들이 개발한 설문 조사가 이전의 전형적인 '만족도' 조사와 대비되는 '몰입도' 조사라는 점이 그 증거였다. 이는 일의 더 높은 차원^{만족한 노동자가 아닌 몰입한 노동자}과 분석이 이뤄지리라는 것을 암시했다.

그런 설문 조사를 수행하려면 화면상의 숫자, 시각적 그래픽, 분석 보고서에 대한 수개월의 작업과 조정은 물론 결과를 분석하고 발표하기 위한 수많은 회의가 필요했다. 여기에서 문제는 설문 조사가 궁극적으로는 그룹 전체의 참여 형태이기도 하지만, 계열사들 사이와 나아가 전문가인 자신들에 대한 새로운 구별 짓기 형태이기도 하다는 사실에 있다. 이는 구별 짓기가 1차 현상과 2차 현상으로 작동하는 방식을 반영한다.[6]

1차 구별은 사람이나 상황을 만족, 품질, 경험과 같은 별개의 범주로 분류하는 숫자나 등급을 말한다. 직함, 직위, 급여 등은 조직 내 1차 구별 짓기의 명시적 형태다. 반면 2차 구별은 가시적 형태의 구별 짓기가 아닌 특정 행동에 대한 판단을 보여준다. 일테면 대충 휘갈겨 쓴 조악한

필체는 그 직원이 업무 처리가 엉성하다는 것을 반영할 수 있다. 한편으로 깔끔한 프레젠테이션은 그 직원이 계획적이고, 유능하고, 준비된 인재임을 나타낼 수 있다.[7]

현대의 직장 업무는 직원들과 다른 행위자들이 서로 만나 다양한 조합을 생성하기에 1차 구별과 2차 구별 형태 사이의 관계를 탐구할 수 있는 매우 흥미로운 영역이다. 회의를 통해 민주적으로 이견을 조율하는 등의 직장 생활 일부 관행은 1차 수준에서 공공연한 형태의 구별을 부정하는 것처럼 보이지만, 2차 수준에서 보면 민주주의의 가치는 그보다 훨씬 높은 평가를 받기 때문에 더 큰 개념의 문화적 구별 짓기에 부합한다고 할 수 있다. 2차 구별 짓기는 무엇이 본받을 만한 모범인지에 대한 생각을 반영하는 명망, 품성, 취향 등 더 넓은 개념으로 형성된다.

이런 측면에서 2차 구별은 명확히 정의하거나 실행하기 더 어렵지만, 구별 짓기 문제로서는 1차 구별 못지않게 두드러진다. 1차 및 2차 구별 짓기는 때때로 기업 조직 전체의 변화와 갈등의 현장에서 일어난다. 직장을 특별하거나 가치 있는 곳으로 느끼게 만드는 요소는 일의 물질적 특성과 구분되는 형태, 일테면 직원들이 서로를 대하는 방식, 매일 하는 업무의 다양성, 주인의식과 같은 무형의 형태에서 나타나는 보이지 않는 차이다. 이와 함께 1차 및 2차 구별 짓기는 관리 프로젝트에 흥미로운 방식으로 수렴하기도 한다. 이 부분에서 참여적이거나 진보적인 것으로 보이는 작업을 통해 누군가의 승진을 돕는 등 겉으로는 중립적으로 보이는 관리 과제가 2차 구별 짓기 프로젝트의 일환이 될 수 있다.[8] 앞으로 논의하겠지만 한국의 사무직 노동자들에게는 설문 참여처럼 간단한 일일지라도 직장 내 의사 결정은 복잡한 딜레마를 초래할 수 있다.

상도 지주회사 HR 담당자들은 직원 대상 설문 조사를 진행하면서도 자신들의 직무, 즉 회장에게 '그의 직원들'의 집단적 상황에 관한 결과를 보고하고 있었다. 아울러 그 과정에서 전문가 집단인 자신들과의 특정 2차 연계를 조직하거나 통제하면서 자신들의 설문은 다른 것들과 구별하고 다른 직원들과 구별하고자 애쓰고 있었다.

나는 이 장에서 상도의 관리자들이 관리하던 일의 일부가 설문 조사로 제공되는 1차 구별과 2차 구별 사이의 관계임을 시사할 것이다. 여기에는 설문 조사 범위와 전문성 영역 간 연결이 포함된다. 달리 말하면 설문 대상자가 많으면 많을수록 이들의 전문성도 풍부해진다. 그런데 여기에는 이들의 전문성 주장을 위협할 수 있는 부정적인 2차 구별 짓기를 피하는 일도 포함된다. 설문 조사 수행으로 기업 내 1차 구별 짓기는 이룰 수 있지만, 그렇다고 해서 반드시 조사자가 정통한 전문가로 인정받는 것은 아니다. 솔직하게 응답하지 않는 직원, 통계적 일관성이 없는 숫자, 설문 조사가 조사원 자신에게 반영될 가능성 등이 가로막을 수 있기 때문이다.

⋯ 구별되는 전문성 ⋯

2014년 가을, 지순 대리와 나는 설문 조사 질문을 그룹화할 일련의 범주에 따른 첫 번째 질문 세트에 대해 브레인스토밍 회의를 했다. 우리 두 사람은 10월의 한 회의에서 그 결과를 장 팀장과 민섭 과장에게 공유했다. 회의를 주도한 장 팀장이 우리에게 설문 초안 프레젠테이션 슬라이드를 스크린에 띄우라고 한 다음 세부 질문을 검토했다.

우리가 구성한 첫 번째 질문 세트는 미국 HR관리협회 자료, 일하기 좋은 직장 설문 조사의 기존 문항, 상도의 이전 자회사 설문 조사 내용 등의 출처에서 찾은 전형적인 질문을 짜깁기한 것이었다. 지순 대리와 나는 이 질문들을 '나의 일', '나의 회사', '나의 상도'라는 세 가지 영역으로 나눴는데, 각각의 영역을 다섯 개 문항으로 구성해 그 평균이 세 가지 영역 내에서 일반화된 몰입도 수치 지표가 되도록 했다.

이와 같은 범주는 한국 기업계의 기본적인 분류 방식, 즉 직원 개인은 팀에 속하고 팀은 조직의 일부이며 기업은 상도그룹의 일부라는 분류를 압축하고 있었다. 관례를 따르려는 경향을 감지한 장 팀장은 빈칸 채우기 같은 새로운 질문 형식을 제안했다. 그는 화이트보드에 영어로 "Everyday I wanna _____ my boss매일 나는 상사를 ____ 싶다"라 쓰고는 직원들이 채울 것 같은 답의 한 예로 냉소적 표정을 지으며 공란에 "kill죽이고"이라고 적었다.

이에 우리는 다른 때라면 금기로 여겨질 새로운 질문들을 제시했다.

"1주일에 몇 번 야근을 하십니까?"

"1주일에 몇 번 음주회식를 하십니까?"

"회의 중 의견을 제시할 기회가 충분합니까?"

그리고 우리는 직접적 질문을 피해서 초과 근무를 파악할 방법으로

"통상적으로 몇 시에 퇴근하십니까?"와 같은 대안적 질문을 내놓았다. 장 팀장은 이에 더해 직원들이 보수에 만족하는지와 관련한 질문도 있어야 한다고 말했다. 아마도 자신의 보수에 만족하는 사람은 없을 테니 말이다.

이어서 사내 교육의 질에 대한 질문을 검토하던 중 장 팀장은 그런 질문은 가치가 없다고 지적했다. 모든 교육 프로그램이 무의미하므로 개선 노력이 무가치하다는 게 그의 관점이었다.[9] 상도그룹에 대한 질문을 만들 때는 한 팀원이 지주회사에 대해 어떻게 생각하느냐는 질문을 넣자고 제안했다. 그러나 예상대로 아무도 호응하지 않았다. 한편 장 팀장과 민섭 과장은 리커트 4점 척도와 5점 척도를 두고 실랑이했다. 경영진은 대개 5점 척도 설문을 선호하나 4점 척도는 직원들이 어느 쪽인지를 비교적 명쾌하게 선택할 수 있는 장점이 있었다.

회의 후 휴식 시간에 장 팀장은 내게 자신이 그날 아침 한 계열사 관리자와 부정적인 대화를 나눈 뒤부터 상도의 HR 환경은 어떤 변화에도 저항적이며 이런 사실이 HR팀이 개발할 새로운 평가 프로그램의 성공에 걸림돌이 되리라는 생각이 들었다고 고백했다. 그러면서도 우리가 새롭게 만들고 있는 몰입도 조사는 그와 같은 계열사 관리자들을 우회해 직원들에게 직접 닿을 수 있다고 낙관했다. 그렇게 되면 지주회사의 접근 방식을 성공적으로 드러나게 해주는 새로운 종류의 시스템이 가능해질 것이다. 더구나 혁신적 HR 프로그램 도입이라는 장 팀장 개인 임무도 완수할 수 있을 것이다.

처음에는 이 설문 조사가 그런 야심 찬 목표를 충분히 달성할 수 있을 것 같았다. 조 상무는 설문을 해외 지사를 비롯한 상도그룹의 모든 사무직 직원들에게 보내자고 했는데, 이는 설문 내용을 한국어 이외의 가장 큰 언어권인 영어와 중국어로 번역해야 한다는 의미였다. 장 팀장은 설문 조사 확대에 대해서는 부정적이어도 이런 잠재력에는 신이 난 듯 보였다. 그는 내게 이목을 끌었던 설문 조사, 특히 경영 컨설팅 회사에 거금을 들여 시행한 설문 조사에서 드러난 통계상 문제와 무의미한 결과에 관해 이야기하곤 했다. 설문 조사를 외부 컨설팅 회사에 의뢰하지 않고 자체적으로 수행하는 일은 단순한 비용 절감 문제가 아니었다. 그렇게 하는 게 최종 보고서를 직접 받게 될 회장과 오너 경영진의 눈에 HR팀의 전문성을 보여주는 방법이었다. 그들이 추구하는 측정 가능한 조직 문화 분석에 관심을 가진 미국 대학원 박사 과정 연구생인 내가 HR팀에 있다는 사실도 설문 조사자들의 전문성을 드러낸다는 계획과 맞아떨어졌다.

이렇게 HR 담당자들은 설문 조사를 일종의 제안으로 개발하면서 계열사 자체 설문 조사와 차별화하는 방법을 도출해냈다. 계열사가 직원 만족도를 탐색했다면 지주회사는 직원 몰입도를 탐색했고, 계열사가 분석을 했다면 지주회사는 회귀 모델과 지수로 진단을 시행해 새로운 종합 지표를 만들어냈다. 새로 생성된 '컬처맵culture map, 문화 지도'은 재무, 영업, 조달 등 특정 팀이 어떤 종류의 관계를 맺을 가능성이 큰지를 시각화한다. 컬처맵은 모든 직장 문화를 두 개의 상반된 특징을 바탕으로 하는 두 가지 축의 다이어그램에 적합하게끔 설명하기 위한 것이었다. 한 축은 조직 구조가 업무 중심인지 조직 중심인지를 나타내는 팀 업무 스타일을 기반으로 한다. 다른 한 축은 팀 내부의 관계가 냉정한지 온정한지를 나타내는 팀 관계를 바탕으로 한다. 냉정 팀은 강력한 대인관계 결속이 없는 팀을 가리키며, 온정 팀은 직원들 서로가 친구로 여기는 팀을 의미한다. 마찬가지 맥락에서 업무 중심 팀에는 영업 등 서로 독립적인 업무를 수행하는 직원들이 있으며, 조직 중심 팀은 조직화한 팀 구조 내에서 운영된다.[10]

HR팀은 팀 문화를 둘러싼 변수를 직장 참여도와 연계하는 상관관계 분석을 위해 통계 전문가를 고용하기로 합의했다. 목적은 업무 중심, 조직 중심, 냉정, 온정이라는 네 가지 유형의 팀 문화 가운데 어떤 쪽이 직장 참여도와 가장 상관관계가 높은지 과학적으로 입증하는 것이었다. 더욱이 각 계열사는 팀, 기능, 성별, 직급, 나이, 사무실 위치별로 구분된 도표와 개별 분석 의견이 담긴 특별 진단 보고서를 받는데, 이를 통해 설문 조사 후 특정 사안들을 추적하는 새로운 실행 계획을 수립할 수 있다. 이런 의미에서 HR팀은 자신들의 전문성을 입증하기 위해 광범위한 전문 분야, 용어, 기법을 조합해 활용했다. 그런데 이는 그들이 개선할 수 있다고 여겼던 외부 컨설팅 회사의 언어를 모방한 형식이었다.

지주회사 관리자들은 우리가 일종의 일반적 경영 지식으로 여길 만한 것들에 반감을 드러냈다. 거기에는 과거에 쓰였거나, 한국의 다른 기업에서 사용했거나, 단순히 자신들이 흥미로운 통찰로 보지 못했던 형태, 지식 양식, 시스템, 프로그램 등이 포함됐다. 내가 근무하기 몇 해 전부터 상도에서는 통찰력이라는 용어가 유행어처럼 쓰이면서 그것을 새로운 가치 중 하나로 보고 있었다. 그룹의 핵심 가치관을 소개하는 팸플릿을 보면 표현과 염원 모든 측면에서 통찰력은 상도그룹 전체가 "현상의 본질을 파악하고 전체에 최적화된 올바른 해법을 추구"하게 해준다.

2014년 직업 훈련 전문 기업 휴넷Hunet이 직장인들을 대상으로 실시한 설문 조사에서 기업 리더에게 바라는 역량이 무엇이냐는 질문에 '통찰력'이라는 응답이 1위를 차지했다. 조 상무는 설문 조사 질문을 검토하는 회의에서 이렇게 말했다.

"우리HR팀는 이런 질문들을 스마트하게 던져야 해."

그의 이 말은 질문의 질과 질문하는 사람들의 우수함 사이의 모호한 경계를 반영했다. 결과 보고서를 회장이 읽을 것이기에 회장에게 이들의 통찰력을 내보이는 일에도 추가적 보상이 따른다. 이른바 통찰력이 있는 전문가들은 자기가 맡은 업무만 하고 조직 발전이나 협력이나 개선에는 관심 없는 비인격적 관료주의 유형의 관리자들과는 대비되는 경우가 많았다. 이는 앞서 설명한, 전문성이 지적 능력의 반영이 아니라 그저 직장 위계에서 자신의 위치가 갖는 기능일 뿐인 나이든 관리자 스타일을 떠올리게 한다.[11]

그러나 사람이 가진 특정 역량으로서의 통찰력을 실제로 정의하기란 쉽지 않다. 통찰력은 사회적으로 구성되고 관계와 관련 있는 자질이며, 본래 의미와 상관없이 기업 채용 의식과 혁신 교육 그리고 스크린 위에서 전문 지식을 화려하게 뿜낼 수 있는 파워포인트 프레젠테이션처럼 전문성을 과시하는 비즈니스 슬로건으로 종종 언급된다.[12] 그래서 다른 형태의 전문성과 마찬가지로 통찰력 역시 구별 짓기의 상위 지표로서 제도적으로 가치가 부여된 역량이긴 하나, 계속해서 다른 사람들에게 보여주고 입증해야 하는 자질인 것이다. 통찰력이 없어 보이는 상황이 유발하는 리스크는 실제로 통찰력이 부족한 상황이 아니더라도 그 자체로 마치 아무런 차이가 없는 것처럼 보인다는 데서 발생한다. 갖가지 브랜드가 보통의 제품으로 보이지 않기 위해 일반적인 상품과 차별화하는 데 총력을 기울이는 것과 유사한 맥락이다.[13] HR 전문가에게 통찰력이 없다는 것은 아무 변별력 없는 통상적인 정보나 지식을 전달한다는 의미다. 그렇기에 전문가로서 특별함을 갖추는 것은 자신들이 일반적 형태의 전문 지식으로 보는 것, 즉 계열사 관리자들이 생산하는 것과 자신들을 어떻게 구별하느냐의 문제였다.

내가 연구에 참고하고자 검토한 계열사 자체 설문 조사는 실제로도 구성이 매우 단순했고, 직원들에게 여러 범주의 만족도 관련 질문을 하고는 있었으나 고차원적인 범주화나 상관관계는 없었다. 그렇지만 지주회사는 계열사에 비해 제도적 형태의 지식이나 감독이 부족했기 때문에 이와 같은 자신들만의 전문성에 의지했다. 예를 들어 상도 근무 초기 내가 상도퍼스트 HR팀_{인사 관리가 구시대적이라는 말을 들었었다}을 방문했을 때, 그곳 담당자들은 수천 명에 달하는 자사 인력의 기록을 관리하는 정교한 전산 시스템을 공개했다. 진우 사원이 회사의 인적 자원 정보 시스템_{HRIS}을 설명해줬는데, 그는 팀에서 말단인데도 수천 명 직원에 대한 개인정보, 급여, 보험, 연간 평가 등을 포함한 시스템에 인사 데이터를 입력하고 검색하고 분석하는 데 필요한 코딩 교육을 받은 상태였다. 수백만 달러 규모의 플랫폼이 이들에게 하나의 시스템에서 국내외 자사 인력의 세부 정보를 관리할 방법을 제공하고 있었다.

반면 지주회사는 당시만 해도 주로 잠금 장치가 있는 캐비닛이나 개별 컴퓨터에 파일로 자료를 보관하고 있었다. 개인 기록을 추적하고 다른 HR 프로젝트를 수행하기 위해서는 엑셀 스프레드시트, 많은 분량의 파워포인트 보고서, 이전 인트라넷, 지주회사 내 IT팀과 협업해 만든 ERP 프로그램에 의지해야 했다. 그때 민섭 과장은 일일이 손으로 데이터를 입력하고, 계열사에 정보를 요청하고, 펜과 종이로 오류를 재확인하고, 일회성으로 일반 양식을 만들어야 하기에 지주회사의 업무는 수작업이라고 설명했었다. 게다가 각 계열사의 ERP 시스템은 자체 데이터와 코딩 구조로 자신들의 컴퓨터에서만 사용하도록 구축돼 있었기 때문에 호환되지 않았고, 지주회사 관리자들조차 해당 시스템에 대한 접근 권한을 가져야 한다고는 생각하지 않았다.[14]

··· 설문 조사에서 배제된 계열사 ···

설문 조사 하루 전인 2014년 12월, 한 계열사 CEO가 지주회사 HR팀에 전화를 걸어와 자사가 설문 조사 대상에서 제외될 수 있는지 물었다. 나중에 알게 된 내막은 이랬다. 그 계열사는 얼마 전 자체 설문 조사를 진행했는데, 자사 매출 목표에 직원들의 불만이 크다는 결과를 얻게 됐다. CEO로서는 그룹 회장에서 전달하고 싶지 않은 사실이었다. 하지만 그 계열사는 조사 대상에서 제외되지 못했다. 그런데 또 다른 계열사는 공개적 논의나 자회사 CEO의 공식 요청이 없었는데도 장표, 수치, 순위에서 완전히 제외됐다. 하드웨어 및 소프트웨어 서비스를 제공하고 그룹의 IT 인프라를 유지·관리하는 계열사 상도NET이었다.

지주회사의 전액 출자로 설립된 상도NET는 지배 구조에서 지주회사에 소유권이 있는 계열사였고 그룹 운영의 필수 부문이었지만, 그룹 전체 구조에서는 동떨어진 존재였다. 상도NET 사무실은 상도 타워의 최하층으로 밀려난 상태였고, 그룹 내 다른 자회사들과 공장 및 데이터 센터의 현장 기술 지원 업무를 담당하는 그곳 직원들은 아주 넓은 의미에서나 상도인으로 여겨졌다. 내 책상 맞은편 자리에 상도NET 소속의 IT 관리자 세 사람이 앉아 있었는데, 그들은 지주회사 컴퓨터 관리 계약으로 파견 근무를 하고 있었으며, 상도NET의 다른 직원들도 대부분 각각 다른 층에서 다른 계열사를 돕고 있었다. 지주회사 내 모든 팀은 공식적으로는 같은 회사 직원들이었으나 상도NET에서 파견된 직원들은 팀 회식이나 간식 시간 또는 점심 식사 자리에 일절 참여하지 않았다. 특별 프로젝트에서 서로 협업할 때도 그들은 우선 계약관계를 맺은 뒤 그저 공식적·명시적으로만 함께 일했다. 설문 조사 프로젝트 일부도 그들과 계약을 맺어 진행했는데, 설문 문서를 대화형 프로그램으로 변환해 그룹 인트라넷에 업로드하고 분석에 필요한 미가공 데이터를 생성하는 작업이었다. 이렇게 중요한 역할을 한 상도NET 직원들이 설문 조사에서 제외되는 역설적인 상황이 발생한 것이다.

그들이 배제된 이유는 금기의 영역이라서였다. 오너 일가 경영진 중

한 사람이 상도NET의 임원이기도 했다. 이 사람은 IT에 문외한인 데다 관련 교육을 받은 적도 없으면서 상도NET의 다른 임원들과 자주 충돌했다. 더욱이 조 상무와 장 팀장도 오너십에 대한 직원들의 솔직한 의견이나 유난히 낮은 참여도 같은 나쁜 결과를 회장이 보게 될 데이터로 수집하는 것이 정치적으로 위험할 수 있음을 잘 알고 있었다. 예컨대 설문 조사에 오랫동안 상도에서 일하고 싶은지 묻는 항목이 들어가고 이에 직원들이 부정적으로 응답한다면, 회장은 이론상 아무도 일하고 싶지 않은 그룹을 총괄하고 있는 것이나 마찬가지이며 이는 엄청난 모욕이 될 것이다. 그렇지 않아도 이전 연도 설문 조사에 이런 질문이 있어서 문제가 된 바 있다.

"퇴직이나 이직을 고려하거나 준비하고 있습니까?"

이 같은 질문에 대한 부정적 답변은 상도그룹 내 깊은 균열을 초래하는 징후가 될 수 있다. 그것이 사실이든 아니든 간에 원치 않는 형태로 문제가 될 수 있는 과잉 구별을 불러일으킬 수 있는 것이다.

하지만 상도NET이 공식적으로는 설문 조사에서 제외됐더라도 기술적으로 제외된 것은 아니었다. 상도그룹 인트라넷은 회사 이메일 계정을 가진 모든 직원에게 열려 있었고 설문 조사 링크를 얼마든지 클릭할 수 있었다. 상도NET 직원 수십 명은 자사가 설문 조사 제외 대상이라는 사실을 알지 못하고 설문에 응했고, 말미의 자율 답변을 비롯한 모든 항목에 응답했다. 이들은 맨 마지막 회사 이름을 체크하라는 부분에 이르러서야 자신들이 제외됐음을 알게 됐다. 어떤 직원은 이 사실을 알고 나서 자율 답변 항목으로 돌아가 이렇게 적어 넣었다.

"상도NET은 회사 선택 목록에 없었습니다. 상도NET은 상도그룹이 아닌 것 같아 섭섭한 마음이 들었습니다."

미가공 데이터로 취합된 상도NET 직원들의 응답은 수치에 집계되지 않았으며 순위표와 분석 보고서에도 언급되지 않았다. 마찬가지로, 아마도 모르고 참여했겠지만, 생산직 직원들의 설문 조사 응답도 포함되지 않았다. HR팀은 공장 노동자나 다른 블루칼라 노동자들이 컴퓨터나 인트라넷 또는 회사 메일에 접근하지 않았다고 간주했으며, 어쨌든 이렇게 필터링한 설문 조사 결과를 인트라넷에 업로드했다. 그런데 설문 말미에 선택 사항으로 들어갔던 자율 답변도 분석에서는 대부분 제외됐다. 명목상으로는 자율 답변을 통해 직원들에게 솔직한 의견을 표출할 기회를 제공했지만, 결국에는 회사가 자신들의 목소리를 경청하고 있다는 느낌만 들게 하는 심리적 위안 기법일 뿐이었다.[15]

HR 담당자들은 자율 답변이 직원들로 하여금 상도의 고리타분한 관행이나 군대 문화 같은 것들에 대한 부정적 감정을 분출할 기회임을 이해하고 있었다. 게다가 설문 조사에는 직원들이 그룹의 사업 전략이 어때야 하는지 자기 나름의 진단을 내놓을 수 있는 응답 항목도 있었다. 어떤 직원은 상도가 그동안 벌려놓은 해외 개발 프로젝트들을 포기하고 중국 시장에 역량을 집중해 경쟁력을 키우자고 제안했다. 자신의 응답 내용이 회장에게 직접 올라가고 개인 신상도 드러나는 것으로 생각한 듯한 직원들도 있었다. 그런 직원들은 "우리 상도그룹은 대한민국을 넘어 전세계에서 가장 아름다운 기업, 모든 면에서 가장 탁월한 기업이 되어야 합니다"처럼 누가 봐도 맹목적이고 친기업적인 답변을 남겼다.

책임 추궁 문화, 지시 하달 회의, 보수적 철강 산업 문화, 의견 공유를 위한 존중 부족 등 상도의 기업 문화에서 개선이 필요하다고 보이는 여러 부분을 진단하는 의견들도 있었는데, 이런 포괄적 진단은 자신이 몸담은 조직과 거기에 영향을 주는 구조적 문제점들에 대해 무척 잘 알고 있음을 방증한다. 그러나 일반적인 기업 슬로건을 야단스럽게 되풀이하는 응답은 자신들이 어떤 답변을 하는지 오너 경영진이나 지주회사 관리자들이 모니터링한다고 인식한 결과라 할 수 있다. 이런 측면에서 볼 때 직원들은 1차적 의미_{설문 조사에 문자 그대로 응답하는 것}에 대한 나름의 이해와 설문 조사에 답변한 자신의 입장이라는 2차적 판단_{상도 직원으로서의 그것이 무엇을 의미하는지} 사이에서 적절한 방향을 찾고 있었다.

설문 조사 시행은 설문 조사에 응하는 사람들에 대한 통제뿐 아니라, 과학자들이 오염되지 않은 표본을 수집하는 일과 마찬가지로 적절한 2차 해석을 생성하는 데 필요한 이상적인 1차 반응을 통제하는 작업도 포함한다. 이상적인 2차 해석은 전문성을 기반으로 차원 높은 구별 짓기를 함으로써 지주회사 관리자가 계열사와 그 직원들에 비해 훨씬 전문적인 분석가로 보이게 해준다. 가장 간단한 방법은 이른바 문제가 있는 계열사 또는 응답 범주를 제외하는 것처럼 특정 형태의 배제를 통해 결과 자체를 정제하는 것이다. 그런 응답은 조직 지식 관점에서 유용하다는 견해도 있는 만큼 그것만으로 문제가 되지는 않지만, 직장 만족도 및 몰입도 설문 조사 같은 비교적 유순한 기법이 추구하는 목표에 방해 요소로 작용한다.

그런데 데이터 내에 HR 담당자들이 예측할 수도 배제할 수도 없었던 1차 반응이 나타났다. 그룹 내에서 가장 남성 중심의 군대 같은 기업 문화를 가졌다고 여겨졌던 상도사우스가 그룹 전체에서 직장 몰입도가 가장 높은 것으로 나타난 것이다. 이 결과가 특히 놀라웠던 까닭은 HR 담당자들이 상도사우스 직원들만큼은 다른 계열사보다 더 솔직한 참고 있던 개인 의견을 피력하리라고 여겼기 때문이다. 그러나 결과는 너무 긍정적인 나머지 전체 설문에 같은 답을 입력한 것처럼 보였을 정도였다. 마치 설문 항목을 주의 깊게 읽지 않았거나, 급하게 마치려고 했거나, 솔직하게 응답하면 평가에 부정적 영향을 미친다고 생각한 것 같았다.[16]

이에 장 팀장은 그런 결과가 계열사 직원들 개인이 아니라 나이든 남성 관리자들의 실패를 간접적으로 보여주는 신호라고 여겼다. 그는 상도사우스 직원들이 회사나 상사에 대한 질문을 접했을 때 이미 그 의도를 눈치챘다고, 즉 직장 몰입도를 높여야 한다는 사실을 알고 있었다고 추측했다. 장 팀장은 그것이 암묵적으로든 묵시적으로든 간에 상도사우스의 나이든 남성 관리자들이 젊은 직원들에게 미친 영향이라고 봤다. 그래도 답변이 거짓이라는 증거는 찾을 수 없었고 노골적으로 서로 짜 맞춘 응답을 표시했다고 볼 수도 없었기에, 그들의 응답 내용은 모두 분석에 포함됐다. 실제로 상도사우스 직원들이 직장 생활에 만족하고 있을지도 모를 일이었다.

··· 권위의 배후지 ···

사회학자 존 로John Law는 유럽연합EU의 유로바로미터Eurobarometer와 같
은 설문 조사가 측정하고자 하는 현실을 만들어내기에 인구와 공동체
를 바라보는 건설적 방법을 구성한다고 설명했다. 그런 현실은 난데없
이 나타나지 않는다. 로가 관행과 증거의 '배후지hinterland'라고 표현한,
역추적이 가능하고 현실의 이면에서 현실을 단단히 뒷받침하고 있는 것
에 의지한다. 한편 기업의 전문성은 적절히 운용하기 위해 추적 가능한
관행의 배후지에 의존한다. 보고서 정보의 진실성은 해당 정보가 여러
사람의 검토를 거쳤고, 그들의 서명이 있고, 정보의 미학이라 할 만큼
자세한 부가 설명을 포함한다는 사실에 크게 의지한다. 따라서 상도 지
주회사 전문가들은 설문 조사를 과학적 지식으로 신뢰할 수 있고 상도
그룹 전체에 걸쳐 설득력을 얻게 해주는 적절한 배후지를 조성할 필요
가 있었다.[17]

1월 초 그룹 인트라넷에서 설문 조사가 마감됐고 HR팀은 이틀 후 몰
입도 조사 결과를 받았다. 엑셀 스프레드시트에 완벽하게 정렬된 수치
가 나왔지만, HR팀은 직원들의 진짜 의견과 지주회사의 전문성을 모
두 전달하기 위해 산출 결과를 적절히 조정할 방법을 찾고자 3개월을
보냈다. 설문 조사 결과는 직원 만족도와 직원들이 응답한 팀 행태 사
이의 고차원적 상관관계를 분석할 역량을 갖추고 있었다. 이는 몰입 지
수, 동인, 보고된 행위라는 세 영역 간 인과관계를 보여주는 파워포인트
슬라이드 도표로 표현됐다. 설문에 응답한 직원 수는 작년 대비 감소한

것으로 나타났으나, 업무 행동과 몰입도 사이의 인과적 연결성이라는 관리 현상의 성배를 드러낼 것처럼 보였다. 회귀 분석과 수치적 사실로 뒷받침되는 인과적 확실성은 HR팀이 찾으려던 것을 제공하고, 설문 조사에 임한 직원들의 전반적인 열의 부족을 보완해줄 터였다. 그러나 그 기대감은 오래가지 못했다.

결과는 내가 섭외한 미국 대학 박사 과정에 있던 통계학자에게 가장 처음으로 전달됐다. 이후 그는 회귀 분석이 담긴 보고서를 보내왔는데, 전반적 수준에서 긍정적 행동과 높은 몰입도 사이의 상관관계가 있는 것으로 보였다. 이는 더 행복하다고 응답한 직원들의 직장 몰입도가 높다는 증거로 삼을 수 있다는 의미였다. 그렇지만 이 초기 전망은 통계학자의 확실성 수준과 관리자의 확실성은 크게 다르다는 사실이 드러나면서 흐려졌다. 통계학자에게 양의 상관관계란 R 값에 기반을 둔 상관관계 강도에 대한 일정 정도의 신뢰 수준과 오차 범위를 말한다. 그 통계학자는 결국 자신의 관점에서 그런 결정을 내린 것이었다. 그러므로 상도 지주회사 관리자들에게 적절한 증거가 되기에는 주관적이고 가변적이었다. 더욱이 수천 명에 이르는 전체 응답자에 대해서는 상관관계가 존재한다고 말할 수 있고 오차 범위도 작았지만, 표본 크기가 수백에서 작게는 수십인 각 계열사에 대해서는 오차 범위가 40%에 육박하기도 했다. 이런 결과에 계열사 CEO들이 반발할 것이 빤했기 때문에 장 팀장은 상관관계 분석이 통하지 않으리라고 인정했고 우리는 그 결과를 폐기해야 했다.

고급 통계가 기업에서 사용하기에는 적합하지 않다는 사실이 입증

되자 설문 조사에 포함된 매우 간단한 종류의 분석도 문제에 봉착했다. 의욕을 주거나 꺾는 요인이 무엇인지 묻는 항목에서 일부 직원은 급여에 의해 의욕을 얻기도 하고 잃기도 한다고 응답했다. 그렇다면 일반적으로는 급여에서 의욕을 얻으면서도 지금 수준의 급여에서는 의욕을 얻지 못한다는 것일까, 아니면 그들이 질문을 잘못 이해한 것일까? HR팀 내 그 누구도 여기에서 급여가 가리키는 대상이 무엇인지, 부정적 반응과 긍정적 반응 사이를 논리적으로 연결할 방법이 무엇인지 알아낼 수 없었다. 결과가 상충하는 상황에서 팀 내부 관계, 야근, 수당 등 개선해야 할 직장 문화 측면과 휴일처럼 만족도에 영향을 미치지 않는 측면을 구분할 수 없었다. 이렇게 되자 직원들이 응답한 의견이 모호하게 보이기 시작했다. 그리고 어차피 그런 의견들은 설문 설계 자체의 산물이었기 때문에 계산된 혼란이 아니라 질문 자체가 잘못된 것처럼 보이기 시작했다. 그래서 이와 같은 딜레마를 숨기기 위해 설문 조사 결과를 보여주는 슬라이드에서는 상관관계나 더 큰 의미 해석은 제외했다. 계열사들이 알아서 해석해야 했다.

숫자 간 조정은 분석에 사용할 광범위한 행동에 대한 추론을 도출하는 데 꼭 필요했다. HR팀은 각 계열사 사무실별로 기업 문화를 매핑하고자 2축 모델을 만들었다. 전체 그룹의 모든 팀을 매핑할 기본 구별 짓기로 업무 중심 대 조직 중심, 냉정관계 대 온정관계를 모델링했다. 응답자들은 한국에서 흔히 사용되는 설문 기법기존과 향후에 그대로 대응해 다른 사람들이 팀 내에서 하는 기존 행동에는 무엇이 있는지, 자신이 그들에게 원하는 행동은 어떤 것인지 채워야 했다. 각각 쌍을 이룬 '업무 중심+냉정관계'나 '조직 중심+온정관계'처럼 상호 배타적인 네 가지 업무 스타일을 반영하도록 계획된 기본적 대립은 부정적으로 보이지 않으면서 지각된 차이를 지긋이 암시하는 팀 정체성을 압축해서 드러내줄 것이다. 우리는 각 팀이 어느 한쪽으로 치우치면서 결국 직종, 스타일, 취향 등 다양성에 관한 경험적 증거를 제시하리라고 예상했다. 이런 형식은 서로 다른 업무 스타일과 참여 선호도로 직원들을 분류해 행동 유형이 같은 사람들과 배치하는 기술관료주의적 방법이었다. 그러나 그룹 내 모든 팀이 냉정관계와 조직 중심을 자신들이 원하는 방향이라고 응답했다. 이는 관리자를 제외한 모든 직원이 같은 생각을 하고 있음을 암시하는 것 같았다. 팀 관계에서 책임을 공유하는 부담을 느끼고 싶진 않지만, 개인 업무 목표에만 집중하기보다는 조직의 더 큰 목표를 위해 일하기를 바라고 있었다. 이 설문 조사는 행동 유형 사이의 명확한 구별을 생성하지 않았기 때문에, 각 팀을 분석하고 분류하는 데 문화적 구별을 이용하는 정적인 문화 지도를 만드는 작업은 인과성 분석 등 설문 조사 설계에 포함됐던 고차원적 범주와 함께 큰 진전을 보지 못했다.

돌이켜 생각하면 이 설문 조사의 모호한 결과는 초기업 이상 그 자체의 핵심 모순에 관한 무언가를 드러냈던 게 분명하다. 초기업 이상이 기업을 개인적 장점을 객관적으로 구별하는 곳이자 긍정적인 집단 참여의 장소로 특징 짓는다고 할 때, 직장 생활 자체에 내재한 구별과 참여의 현실은 이들을 명확히 분류하려는 노력을 복잡하게 만든다. 업무가 다양한 팀과 다양한 형태의 협업으로, 다른 직원들의 평가 대상으로 표현될 때는 특히 그렇다. 설문 조사에서 직원들의 52%는 다른 팀과 목표_{공통 목표}를 공유했다고 응답했지만, 85%는 더 많은 목표 공유를 원한다고 답했다. 마찬가지로 46%는 현재 승진이 자신의 능력_{개인 능력}을 바탕으로 이뤄지고 있다고 답했으나, 92%는 그런 승진을 바란다고 응답했다.

HR 담당자들에게 이 같은 결과는 명백히 모순이었다. 애초에 그들은 개인 성과에 더 관심이 많고 협업에는 관심이 적은 사람들도 있을 테고, 반대로 다른 직원들과의 협업을 더 선호하는 사람도 있으리라고 예상했다. 그래서 그 차이가 개인의 내부 모순이나 업무적 이상 충돌에 따른 모순이라기보다는 서로 다른 업무 경험을 가진 다양한 유형의 개인 간 또는 세대 간 차이라고 유추했다. 실제로 자율 답변 중에는 이런 것이 있었다.

"연간 성과 평가에서 부서별 평가로 중요하다고 생각합니다. 하지만 어떤 부서는 다른 부서보다 협업이 잘 이뤄지지만, 협업하는 모습이 아예 보이지 않는 부서도 있습니다. 이를 이해할 수 있는 시스템이 있으면 좋을 것 같습니다."

이는 한마디로 다른 직원들과 함께 참여하는 업무를 포함하면서도 그 협업을 개별적으로 나눠서 평가할 수 있는, 달리 말해 상사_{관리자}의 중재 없이 집단 프로젝트를 개별 구성 요소로 쉽게 분리할 수 있는 합리적 기업 시스템을 향한 이상을 반영한다. 인류학자 크리스토퍼 켈티가 지적한 참여에 대한 대중 담론의 중심에 있는 모순이 바로 이 부분이다. 참여는 군중_팀 속에서 자신을 잃는 문제이자 군중_팀 속에서 자신을 구별하는 문제다. 즉, 개인의 참여가 개성 상실을 전제로 한다 해도 참여한 개인이 인정을 받아야 한다는 것이다.[18]

이 설문 조사의 내재적 결함은 직원들의 자기 이해에 내재한 모순이나 참여를 촉진하는 현대 자본주의가 품은 모순에 관해 철학적으로 반추할 계기를 제공하지 못했다. HR팀은 그룹 회장과 각 계열사에 자신들의 전문적 의무로 발견한 내용을 분석 보고서로 제출해야 했다. 기본 설문을 '평면적' 또는 '수직적' 같은 행동 유형으로 재분류하는 등 데이터와 설문 조사 구조상의 분석적 난제를 해결하기 위한 여러 번의 시도가 실패하자 HR팀은 계열사 스스로 해석할 수 있도록 차라리 정확한 결과를 제시하는 편이 낫겠다고 결정했다. 그래서 연령, 성별, 직위, 직급, 전문 분야 등 직원들의 인구학적 자료를 취합해 각 계열사의 상세하고 정교한 유사과학적 행동 패턴 분석과 동일한 데이터를 제공했다. 여기에 더해 장 팀장과 지순 대리는 이 자료를 파워포인트로 시각화해서 팀별 상세 정보와 단면적 분석을 담은 슬라이드도 함께 제시했다. 각 보고서 끝에는 인간적인 목소리를 추가하고자 자율 답변 부문에서 선정한 몇 가지 응답 내용을 넣었다. 물론 가장 비판적인 답변은 제외했다.

결국 이 설문 조사는 애초에 HR팀에서 기대했던 정교한 전문 기법이 아닌 일반적인 데이터 세트가 됐지만, 설문이 마감되고 5개월 뒤 이뤄진 결과 발표는 참여도를 근거로 계열사와 대비되는 지주회사의 위치를 구별할 기회가 됐다. 사회학자 존 윅스John Weeks는 영국의 한 은행에 관한 민족지학적 연구에서 대형 은행이 만족도 설문 조사를 이용해 새로운 형태의 경쟁을 끌어내는 방법을 설명했다.[19] 해당 은행 본사는 개별 책임자나 임원에게 다른 부서와 비교한 그들의 순위가 매겨진 결과를 보냄으로써 직장 만족도 점수를 둘러싼 내부 경쟁을 촉발했다. 점수 차이가 통계상 무의한 수준이었는데도 그들은 점수가 올라가기를 간절히 원했다.

이와 유사하게 상도에서도 갖가지 참여도 지수와 표로 작성된 응답 결과를 다른 계열사 점수와 비교한 순위가 매겨졌다. 익명화한 다른 계열사와 비교해 해당 회사의 점수만 보여주는 자료였는데, 일테면 그룹 내에서 자사 참여도 순위가 3위라는 사실은 알 수 있어도 1위나 꼴찌가 어디인지는 알 수 없었다.당연하게도 상도그룹 회장에게는 사명을 공개한 전체 보고서를 제공했다. 이 개별 보고서는 HR팀이 각 계열사 HR팀과 함께 결과를 검토하는 계기가 됐다. 장 팀장이 계열사 HR팀별로 관리자들과 개별 보고서를 검토하기 위한 회의를 잡았다.

상도에서의 근무 기간이 끝날 즈음 나는 이 회의에 몇 차례 참석할 수 있었는데, 계열사들에는 저마다 설문 조사 지표나 자율 답변만으로 포착할 수 없는 훨씬 더 복잡한 문제가 있었다. 예를 들면 상도퍼스트의 경우 특히 낮은 몰입도 점수를 보인 한 지역 사무직 직원들이 있었다. 그곳 HR팀 관리자인 천 팀장은 해당 지역이 상도퍼스트 전체에서 가장 높은 매출을 올리는 공장이라고 설명했다. 회사 내에서 명성이 자자한 공장장이 1주일 내내 오전 7시에 출근하는 곳이라고 했다. 그 바람에 그곳 직원들은 휴가도 마음껏 쓸 수 없었고 정시 퇴근도 눈치가 보여 불만이 많았지만, 천 팀장은 설문 조사 결과를 이용해 공장장의 권위를 누르기는 현실적으로 어렵다고 말했다. 가뜩이나 침체기에 경쟁도 유난히 심한 업계다 보니 매출에 타격을 줄 수 있어서 CEO가 화를 내리라는 것이었다.

게다가 상도퍼스트에서 오랫동안 일한 천 팀장은 아무리 사무직이 더라도 공장에 파견된 직원들은 일에 대해 서울 직원들과 같은 방식으로 생각하지 않는다는 사실을 알고 있었다. 즉, 그는 설문으로 만들어진 모델이 아니라 자신의 경험을 통해 적어도 규범 차이라는 의미에서 현지 문화를 인식하고 있었다. 천 팀장에 따르면 상도퍼스트 본사가 정시 퇴근이나 휴가 사용을 권고하더라도 현지 직원들은 공장의 보이지 않는 규범 때문에 따르지 못할 가능성이 컸다. 그는 상도퍼스트 내부 역학에 대한 자신의 전문성과 통찰을 강조하면서 지주회사 관리자들은 상도라는 광범위한 세계를 제대로 이해하지 못한다고 불평했다. 어떤 면에서 지주회사 HR팀이 직면한 문제는 계열사에도 그대로 반영되고 있었다. 천 팀장 또한 자신의 구별 짓기 인프라 안에서 다양한 관계를 관리하고 있던 것이다.[20]

··· 지연되는 구별 짓기 ···

회의 이후 각 계열사에 실행 계획과 관련한 템플릿이 제공됐다. 계열사들은 설문 조사 결과에서 나온 사안을 확인해 문제점 중 어떤 영역을 개선할지 파악해야 했다. 세로 항목에 관심 분야, 행동 계획, 시작일, 종료일이라고 나열된 빈 템플릿은 전문 지식이 필요하다기보다는 계열사가 문서상 의무를 지고, 지주회사가 처리하고, 회장이 보고를 받는 새로운 종류의 조직 의무라고 할 수 있었다. 따라서 각 계열사는 이를 무시할 수 없었으며, 반드시 시간을 들여 문제를 확인하고 고칠 방법을 찾아 언제 어떻게 해결할지 행동 계획을 마련해야 했다.

내가 현장 연구를 마칠 즈음 계열사들은 개별적으로 양식을 작성하고 연말까지의 행동 계획을 수립하기 시작했다. 행동 계획은 명목상 새 보고서와 일련의 의무 사슬을 확립하는 간접 형태의 통제였지만, 사실 계열사에서 양식을 채워 넣었더라도 설문 조사가 직원들을 위해 현장 여건을 극적으로 바꿨는지는 명확하지 않았다. 지주회사와 자회사 간 전문 지식 전환도 마찬가지였다. 2차적 구별 짓기에 대한 인식은 평가하기 어려울 수 있었다.

설문 조사 결과가 전달된 뒤 내가 상도퍼스트 천 팀장을 찾아갔을 때 그곳의 관리자들은 지주회사 설문 보고서에서 수치를 추출해 CEO에게 제출할 파워포인트 보고서로 만들고 있었다. 마치 데이터가 외부 컨설팅 회사에서 만들어진 듯한 모습이었다. 그들은 데이터를 연결해 내부에서 진행한 설문 조사 결과와 병합했다. 꽤 강력한 나름의 권위를 가졌고 완벽한 정확성과 미적 요소는 썩 중요치 않은 환경에서 일하는 상도퍼스트의 HR 담당자들은 지주회사의 설문 조사 결과를 재처리해 자신들만의 결론을 도출했다. 그렇게 이 계열사 직원들의 직장 만족도는 지주회사의 것보다 상승했다. 두 설문 조사 결과가 완전히 달랐는데도 말이다.

그들은 이 과정에서 지주회사에 보고해야 한다는 사실에는 개의치 않는 것 같았다. 천 팀장은 현지 공장에서 포커스 그룹 조사를 진행했다. 그 자리에서 여러 명의 작업반장이 일터 문제에 대해 고충을 토로했다. 천 팀장이 행동 계획 수립을 위해 그런 자리를 마련했을지도 모르지만, 한편에서 보면 면밀하게 모니터링하는 자신의 회사 직원들보다 더 큰 입지를 확보할 수 있게 해주는 전문성의 새로운 접점을 만들고 있었다. 역설적이게도 그는 행동 계획을 작성해 지주회사에 보고해야 하는 상황에서 직장 내 전문가로서의 역할을 재정립할 수 있었다.

직원 대상 설문 조사는 계열사로부터 정보를 빼내 해당 자회사 경영진에 불리하게 사용할 수 있는 간접적이고 은밀한 수단이었다. 요청의 중립성, 데이터 분석의 객관성, 일 대 일 대면 회의가 전제하는 평등성, 후속 조치로 함께 수행하는 문서 조율은 이 프로젝트가 내포한 구별 짓기 특성을 완화해줬다. 그리고 이 프로젝트는 직원들의 목소리, 특히 직장 생활에 불만이 있는 직원들을 대변할 수 있는 수치와 데이터 안정성에 의존했다. 원래 인과성을 과학에 따르는 도구로 이용하고자 했던 상황에서 지주회사 HR팀은 결국 여러 가지 다른 전문 기법을 활용해 자신들의 접근 방식을 다른 것들과 차별화하고 자신들의 주장을 정당화할 적절한 배후지를 개발하려고 했다. 그렇지만 다양한 기법, 방법, 전략들은 그와 같은 전문성의 강점이 아니라 취약성을 반영하고 말았다. 경쟁관계에 있는 전문가들과 2차적 구별 짓기 형태가 존재하는 상황에서는 특히 그랬다.[21]

전문가들 사이의 끝없는 지위 경쟁 속에서는 직원들과 그들의 목소리 그리고 참여 의식의 역할 방식을 살피는 것이 중요하다. 설문 조사의 자율 답변 내용 상당수는 대화, 소통, 논의가 최고위 경영진과 일반 직원들 사이 또는 팀과 팀 사이에 절실히 필요하다는 것이었다. 그들이 가리키는 '대화'는 그저 두 사람 이상이 모여 함께 말하는 무표적 의미의 용어가 아니라, 언어와 감정을 모두 전달하는 양방향 소통에 무게를 두는 유표적 의미다. 지시에 가까운, 상대방에 대한 배려 없이 일방적으로 이뤄지는 일방향 커뮤니케이션과 대조되는 것이다. 내가 연구를 진행할 당시 한국 기업계에서 널리 유행한 '소통'이라는 용어는 명확한 정보 전달뿐 아니라 상호 이해를 통한 도덕 공동체의 재정립을 전제로 한 개념이며, 세대 간 대화라는 아이디어와도 매우 흡사하다.[22] 특히 소통은 이 또한 내가 연구하던 시기에 한국에서 인기를 얻고 있던 회의 형태인 '타운홀 미팅'과도 연결되는데, 기업 CEO나 그룹 회장이 직원들과 직접 만나 마음을 공유하고 회사와 관련한 여러 의견을 나누곤 했다.[23] 이런 이벤트는 상호작용과 커뮤니케이션을 통해 질문하는 사람과 대답하는 사람 사이의 동등성을 강조했고, 기존에 한국 기업에서 각기 다른 지위의 사람들이 서로 대화하는 방식을 뒤집는 연출된 만남인 경우가 많았다.

이처럼 연출된 이벤트 같은 보여주기는 기업이 소통 개념을 어떻게 바라보고 채택하는지 드러낸다. 조직행동학자 캐서린 터코Catherine Turco는 이를 기업이 스스로 '대화형 회사'라고 불리기를 바라면서 위계적 인식을 극복하기 위한 노력이라고 설명했다.[24] 터코는 자신이 연구한 미국 기술 기업이 위계 구조라는 부정적 개념과 반대되는 이데올로기적 형식으로서의 대화에 초점을 맞춰 직원들이 경영진의 보복을 두려워할 필요 없이 회사 정책에 관해 공개적으로 토론하고 결정하도록 함으로써 톱다운 조직이라는 관료주의 고정 관념을 극복한 과정을 묘사했다. 그렇더라도 소통을 재고하는 이런 방식은 단순히 홍보를 노린 과시 행태나 노동자 회유 목적으로 보일 수 있다는 위험에 노출돼 있다.

한국 기업의 광범위한 논의를 대표하는 상도그룹의 경우에는 소통과 대화를 향한 움직임이 조직의 비효율 극복뿐 아니라 소외된 동료 간 정서적 격차를 좁히기 위한 문화 운동으로 부각하고 있다. 몰입도 설문 조사에서 HR팀은 대화에 대한 이 같은 가정을 고려해 "나는 회의에서 자유롭게 내 의견을 공유할 수 있다", "나이와 직위는 내가 팀원들과 소통하는 방식에 큰 영향을 미치지 않는다"와 같은 질문을 제시했다. 5점 척도로 선택하도록 한 이런 질문은 여러 팀과 전문 기능을 그들의 소통 스타일로 분류하는 데 이용할 수 있는 문화 지도를 만들기 위한 데이터 생성 노력이었다.

질문의 더 넓은 목표는 데이터 포인트를 이용해 그동안 인식되던 위계질서를 뒤엎고 몰입도로 각 계열사를 차별화하는 지주회사와 자회사 사이의 다른 질서를 마련하는 데 있었다. 소통의 담론이 양방향 또는 상호 소통으로 일방향 위계 구조 극복을 강조하게 되면 지주회사는 좋은 일터를 위한 바람직한 중재자가 될 수 있을 것이다. 한국 직장의 불만 사항에 대한 나름의 경험을 가진 장 팀장 같은 관리자들에게는 그런 기술관료주의적 해법이 고질적 문제를 해결할 유일한 방법일 수도 있다. 직원들의 가벼운 불만 정도는 무시할 수 있다면 고급 분석을 통한 대량 데이터가 기업 수준의 참여와 전문가 통찰력을 바탕으로 하는 새로운 종류의 증거 배후지, 새로운 종류의 커뮤니케이션, 새로운 종류의 조직 질서를 제공할 수 있다. 설사 실제 커뮤니케이션그것이 어떤 형태든을 장려하는 대신 설문 조사를 통한 커뮤니케이션이라는 개념을 끌어들이더라도 말이다.

상도NET, 블루칼라 노동자, 비사무직, 계약직, 한국어를 사용하지 않는 해외 직원들을 설문 조사에서 배제한 사실이 암시하듯이, 상도는 새로운 질서를 구성하는 데 특정 정서만 필요로 했다. 이는 HR 관리자들이 계열사를 평가하고 자기 전문성 기반을 바꾸기 위해 데이터와 증거로 이뤄진 과학적 배후지를 만들려고 애썼지만, 그들 역시 자신들의 전문성이 어떤 종류의 조직 질서에 적용되는지 불분명한 가정에 의지할 수밖에 없었음을 반영한다. 불만이 극에 달한 직원이나 당장 회사를 그만두고 싶어 하는 직원들을 찾는 것처럼 급진적 차이나 구별이 드러나지 않도록 기존 조직관계 중 일부는 차단해야 했다. 이런 방식은 '공론장Öffentlichkeit, public sphere' 개념과도 공통점이 많다. 철학자이자 사회학자 위르겐 하버마스Jürgen Habermas는 일찍이 공론장에 관한 논의에서 국가 외부의 공간과 상호작용은 국민으로서 스스로 권한을 부여할 수 있는 시민들이 국가에 관해 토론하는 중요한 소통 영역으로 작용한다고 말했다. 그렇지만 이때의 공론장은 여성이나 비규범적 집단 등 다른 많은 사람은 배제했다.[25] 비슷한 맥락에서 기업 조직 내부의 급진적으로 보이는 변화조차도 지나친 변화라는 리스크를 발생시키지 않을 다소 전형적이거나 규범적인 이해를 전제로 하는 경우가 많은 것이다.

제5장

민주주의를 방해하는 것

2015년 3월 27일 금요일, 한국 경제는 이례적 형태의 기업 간 담합을 목격했다. 전국에 걸쳐 약 800곳의 주주총회가 정확히 오전 10시에 열렸다. 그런데 이 주주총회 대부분은 30분 이내로 서둘러 마무리됐다. 기업들이 특정 날짜와 시각에 다 같이 주주총회를 열자고 적어도 공식적으로 약속한 것은 아니었지만, 이런 일은 매년 3월마다 반복됐고 매체들은 이를 '슈퍼 주총 데이'라고 불렀다.

슈퍼 주총 데이는 기업들이 같은 날 주주총회를 개최함으로써 소액 주주가 여러 주총에 참석하기 어렵게 만들고 언론 취재를 분산시켜 적절한 증권 시장 운영의 공식적 거버넌스 메커니즘을 방해한다. 사실 슈퍼 주총 데이라는 용어는 2005년부터 일반적으로 사용됐다. 해마다 신문 사설, 소액 주주 그룹, 반기업 평론가들은 이와 같은 주주총회 동시 진행 관행을 맹렬히 비난한다.

상장 기업인 상도 지주회사 역시 3월 27일에 주주총회를 개최했다. 이사회 경영진에게 이 회의의 목표 일부는 '방어'였다. 총회꾼들에 의한 혼란을 모면하려는 조치이기도 했다. 총회꾼은 하나 또는 여러 기업으로부터 이익을 기대하고 주총에 참석해 의사 진행을 방해하거나 말썽을 부리는 개인 주주를 말한다. 매체에서 속칭 '개미'라고 부르는 개인 주주들도 엄연히 주주이므로 주총 참석 자체를 막는 것은 불가능하다. 이런 개인 주주들 일부가 전문 총회꾼으로 주총에 참석해 매우 불편한 질문을 던지는 방식으로 국내 최대 규모의 강력한 경제 조직들에 두려움을 안기는 것이다.

나는 이 장에서 내부 행위자들이 관리하는 초기업 이상의 파열 가능성을 이해하고자 상도 그리고 나아가 한국 주주총회의 역학관계를 살필 것이다. 주주총회는 기업 지배 구조, 감사, 재무 투명성에서 중요한 연례 이벤트다. 그와 동시에 주주총회는 선거, 심의, 의사 정족수 사용, 소수자 권리 보호 등의 메커니즘을 통한 민주주의 실천의 소규모 실험실이기도 하다. 법학자 아돌프 벌리Adolf Berle 과 가드너 민스Gardiner Means 가《현대 기업과 사유 재산The Modern Corporation and Private Property》에서 이야기한 20세기 전형적 기업, 즉 주주와 전문 경영인 사이의 적대적 구분을 특징으로 하는 기업들이 사라지고 새로운 경제 행위자들이 기업 이익과 존속에 대한 새로운 주장을 들고 등장했는데도 불구하고 주주총회는 내부 행위자이사회가 반드시 비판자주주와 법에 규정된 대면 형식으로 만나야 하는 19세기 의회 관행의 잔재를 유지하고 있다. 아울러 기업 시스템, 상업 기술, 재무 권한 등 여러 측면이 커다란 변화를 겪는 와중에도 기업 이익을 분배하고 기업 경영 수준에서의 변화를 정당화하는 자리로 남아 있다. 주주총회는 1년에 한 번이기는 하지만 의회 중심의 민주주의 장르를 대표하는 기업 관행의 핵심이다. 이런 맥락에서 주총은 사람들을 어떻게 구별_{대주주와 소주주}해야 하는지, 그들이 어떻게 참여_{토론과 의결}해야 하는지에 관한 나름의 이상을 갖고 있으며, 이는 일상적인 직장 생활 속 다른 구별 짓기 인프라와 충돌하게 된다.

이런 거버넌스 메커니즘은 내부 행위자를 구속하고 관심 있는 투자자와 대중의 참여를 허용할 뿐 아니라, 반대로 기업 소통의 흐름을 끊는 방해 요소가 되기도 한다. 하지만 기업의 근본적 목적이 무엇인지, 누구를 위한 것인지, 어떻게 조정돼야 하는지 다양한 이해를 제시할 수 있는 까닭도 이런 방해 요소를 보장하는 강력한 의회 규칙 덕분이다. 역사적 관습에 기반을 둔 하나의 장르로 본다면 주주총회는 자연스러운 갈등과 충돌의 장이다. 법원, 전문 협회, 의회가 적절한 기능을 장려하는 특정 유형의 민주주의 무대다. 그러면서도 상도나 다른 기업들의 이사회에 주총은 부당한 방해, 특히 부적절한 구성원들이 갈취, 정치적 주주 행동주의, 내부 매수 등을 통해 주장을 관철하려고만 할 때 크게 왜곡될 수 있다.

그렇다면 어떤 경우를 부당한 방해이고 불균형한 대응으로 간주할 수 있을까? 나는 주주총회와 그에 대한 방해를 HR 기반 구별 짓기를 전제로 문명화한 참여와 소통에 맞물리지 않는 급진적 민주주의 관행의 한 형태로 이해할 수 있다고 생각한다. 초기업 이상에 관한 갖가지

정의를 이해하는 데 도움이 되는, 모든 사람이 공유하는 생각이 아니기 때문이다. 소액 투자자, 금융 기관, 주주 활동가, 심지어 정부가 승인한 금융 거버넌스 이벤트를 방해하려는 총회꾼조차도 주주총회를 기업을 둘러싼 행위자들의 조작이 가해지는 자리로 보는 동시에 특정 구별 짓기의 장으로 이용한다. 무엇이 기업 민주주의라는 무대에서 무엇이 적절하거나 부적절한 행동을 구성하는지 여러 측면에서 다양한 의견이 상충하고 있다.

의회 민주주의에 기반을 두고 있다는 설명이 무색할 정도의 프레임이 형성되는 곳도 주주총회라고 할 수 있다. 인류학자 디나 라작Dinah Rajak은 주주총회를 '미덕의 극장theater of virtue'이라고 불렀고, 인류학자 아네트 뉘크비스트Annette Nyqvist는 기업 이사회가 대중과 투자자들에게 건전하고 일관성 있는 이미지를 투사할 수 있는 '무대 공연frontstage performance'이라고 묘사했다.[1] "미국의 위대함에 바탕을 둔 신화적 가치"를 재확인하는 이미지를 내보인 월마트 주주총회의 사례처럼 주주총회는 기업 신화 만들기와 국수주의적 가치가 얽히는 정교한 공연이 될 수도 있다.[2] 인류학자 메리 조 슈나이더Mary Jo Schneider가 이해한 바에 따르면 주주총회는 의미가 근본적으로 재창조되는 '전이적 공간liminal space' 역할을 하며, 거대 기업이 기업 관행과 국수적 자본주의 그리고 직장 내 인간관계에 대한 신화적·애국적·유토피아적 이미지를 조장한다.[3] 주주 중심의 이사회와 주주들이 함께할 때 가치 및 이윤 창출 성과와 연계될 수 있다. 실제로도 대형 콘서트를 방불케 하는 버크셔해서웨이Berkshire Hathaway 주총이나 코카콜라 반대 시위처럼 기업 엔터테인먼트

또는 대규모 활동가 모임처럼 시청각적 요소에 집중한 주주총회가 많은 관심을 불러일으키고 있다. 그렇게 주총이 인상적인 구경거리가 되면 본연의 회의가 갖는 의회 측면에서 주의가 분산되는 효과를 얻을 수 있다.

기업 임원, 회계 감사관, 소액 주주와 대주주 사이의 거버넌스 메커니즘으로서의 주주총회는 회의 규칙을 기업 이사회에 맞서는 데 활용하는 장이 되기도 한다. 예를 들어 성 프란치스코 수녀회는 기업 윤리 문제를 부각하기 위해 주총에서 종교적 권위를 내세웠으며, 미국 금융가 토머스 분 피켄스Thomas Boone Pickens는 제도 권력에 대항하고 통제와 싸우기 위한 장소로 주총을 이용했다.[4] 이렇게 보면 주주총회에 모여드는 모든 권력을 '기업 대 투자자'나 '기업 대 지역사회'처럼 이분하기란 쉽지 않다. 특정 기업 내 경쟁 파벌은 말할 것도 없고 노조, 은행, 헤지 펀드, 연기금, 다른 기업, 기관 투자자, 금융 활동가, 개인 투자자 등 다양한 집단이 기업 지배 구조 및 이익에 대해 서로 다른 이해관계를 갖고 있다. 더욱이 한국에서는 주총이 가족 간 싸움이 벌어지는 장소가 되기도 한다. 2015년 한국과 일본 양국에 사업 기반을 두고 있던 롯데그룹에서 경영권을 둘러싸고 아버지와 형제 사이 불화가 있었던 예가 대표적이다.[5] 이와 같은 다양한 행위자들은 주총이 가진 고유한 잠재력, 즉 지배 구조 결정의 장이자 기업과 개인 평판을 형성하는 효과적인 무대로서의 잠재력을 적극적으로 활용한다.

기업 스파이, 막후 실세, 뇌물, 군대식의 경영권 탈취 같은 방식이 아닌 다소 무미건조한 주주총회가 어떻게 해서 행위자들이 모여 다양한 경제적·정치적 주장을 펼치는 곳이 됐는지 따져볼 필요가 있다. 질의할 권리, 다수 의견을 비판할 권리, 직접 토론할 권리를 핵심 원칙으로 중시하고 법으로 보장하는 의회 형식의 주주총회에서는 모든 비판이 장려된다. 회의 주체인 기업은 자신들이 적합하다고 판단한 대로 회의를 조직할 책임이 있는 동시에 주주의 요구 사항을 충족할 의무도 진다. 이로써 소수 집단이 공개적으로 다수 권력을 비판할 수 있는 특권의 장이 마련된다. 그렇지만 소액 주주의 권리가 보장되고 기업 이사회와 직원이 회의를 감독하기 때문에 정당한 비판과 부당한 조직을 구분하는 일이 쉽지만은 않다. 특히 그 조직이 의회 규범을 따르는 때는 더 어려운 일이 된다. 현대 한국의 주총 방해 사례들은 기업 소유권 구조에 대한 주장 방식이 매우 유동적이며 여러 형태의 정당한 방해가 이뤄지고 있다는 데서 주목할 만하다.

역사학자 콜린 던라비Colleen Dunlavy가 기업 역사의 '블랙박스'라고 표현한 주주총회는 조직 외부인의 주장이 제기되고, 정당화되고, 행사되는 유일한 채널이다.[6] 기업 활동의 내용이나 프레임에 대한 담론적 통제를 넘어서는 주주총회의 성격, 즉 참가자들이 회의 주체를 비판하고 심지어 축출할 수 있는 성격 덕분에, 특정 이해 당사자는 완벽하게 민주적인 시스템 안에서 방해 술책이라 생각할 수 있는 것을 만들어낼 수 있다. 한국 주총에서 총회꾼은 해당 기업 이사회를 상대로 계속해서 불편한 발언을 하는 식의 술책을 사용한다. 다른 종류의 술책들 역시 주총 규칙 내에서 또는 규칙을 이용해서 기업 통제와 이익 주장을 정당화하려고 시도한다.

방해 술책은 합법적 행동 규범 안에서 작동하고 장래의 더 큰 방해로 이어질 가능성이 크기 때문에 피하기 어렵다. 1980년대와 1990년대 일본 주주총회에서 볼 수 있던 역학관계와 비슷하지만 그만큼 극적이지는 않다. 당시 일본 야쿠자는 상장 기업들의 주식을 매수한 뒤 총회꾼으로 주총에 참석해 뒷배를 봐주겠다는 식으로 기업들을 강탈했다. 일본어로 총회꾼을 뜻하는 '소카이야總會屋'는 기업의 지출 문제를 두고 이사회를 괴롭히거나 개인적 모욕을 가해 회의 진행을 지연시키는 술책을 사용했다. 주총 주체인 기업들은 다양한 형태의 배당금, 제도 개선, 조직적 책동 등으로 이들에 대응했다. 1990년대에는 갈취 관계가 극에 달해 뇌물을 주지 않으려는 기업 임원이 물리적 폭력을 당하기도 했다. 한번은 돈을 주지 않는다고 한 기업 임원이 살해당한 일도 있다. 당시 일본 기업들의 이사회는 경찰에 호위를 요청해 주주총회를 진행했고, 각종 매체는 기업계에 깊이 뿌리 내린 기생충을 어떻게 해야 제거할 수 있을지 고민했다.[7]

이보다는 피해자와 악당이 확연하지 않은 한국의 경우에는 참여의 성격과 주장의 본질을 둘러싼 미묘한 요소들이 드러난다. 수동적 주주들이 환경 보호와 같은 여러 쟁점과 관련한 행동주의에 자리를 내주는 셈이기에 주주의 다원성을 생각해보는 계기가 되기도 한다. 소액주주든 대주주든 간에 기업 이사회와 주주 모두가 다양한 방식으로 발언권을 주장하는 자리는 목소리를 낼 권리 또는 목소리 위계 형태를 개념화한다는 데서 의미를 찾을 수 있다.[8] 기업을 대표하는 사람들은 비즈니스 과정에서 계약이나 홍보를 통해 발언권을 통제하지만, 주주총회 동안 기업의 발언권은 취소되고 파기된다. 주총의 힘은 일반적으로 다수결 투표나 대리전 같은 개념의 민주적 기능과 관련이 있으나, 재무적 권리가 발언권으로 전환되는 순간 기업 경영이나 이익에 대한 주장에서 더 간단한 담론 기법이 가능해진다. 주주는 보유 지분과 상관없이 주총에서 발언권을 주장할 수 있는데, 이는 기업의 평판을 최소 주식과 몇 마디 말로 바꿀 수도 있다는 의미다. 주주총회가 단순한 연극 무대가 아닌 기업의 잉여금 배당, 주식 분할 등의 형태로 계상되고 분배 또는 분배되지 않는 과정이라는 점을 고려하면 이와 같은 방해는 상당한 재무적·법률적 이해관계와 연결될 수 있다.

그러나 모든 주장과 방해의 목적이 같거나 비슷하지는 않다. 그렇기에 지속적 방해 문제는 더 많은 권한 행사, 더 많은 민주적 관행, 추상적인 대화 아이디어로는 해결할 수 없다. 주총에 초점을 맞추면 기업 재산과 수익 분배에 관한 권리와 주장은 근본적으로 모호하며, 기업의 다른 영역에서 유표적 구별의 적절한 형태에 대한 이견들과 마찬가지로 여전히 논쟁의 대상이다. 이런 권리들이 대면 심의가 바탕인 19세기 의회 의례로 중재된다는 사실을 생각할 때, 아무리 소수 행위자라도 그 방해와 알력이 경영권과 재정권만큼 강력함을 이해할 수 있다.

··· 전환적인 이벤트 ···

어떤 관점에서 보면 주주총회는 재산권, 특히 소수의 재산권을 일상적 기업 질서를 향한 기본적인 방해 수단으로 보장하기 위해 상장 기업을 규제하고 종속시킬 수 있는 국가의 능력을 전면에 내세운다. 일상적인 또는 반복적인 다른 비즈니스 관행과 대조적으로 주총은 내부적 순서와 제도적 거버넌스 및 재산관계에 대한 광범위한 영향 모두에서 의례와 같은 특징을 보인다. 이런 측면에서 주총은 특정한 시간적 구조를 가지며 고유한 권리를 부여받는다.

연간 재무제표를 공개 및 승인하고, 기업 성과를 평가하고, 이사회와 관련한 결정을 내려야 하므로 주총은 항상 회계연도가 종료된 이후에 열린다. 회계학자 마이클 파워Michael Power 는 주주총회를 주주 대표 정족수에 의해 경영권을 승인하는 '검증 의례ritual of verification '라고 이름 붙였다.[9] 이 의례는 주주와 기업 이사회 사이의 책임을 표시하는 방법으로서 주식 지분을 통한 '소유권 주장'을 출석과 의결을 통한 '담론적 주장'으로 전환한다. 지분율에 따른 의결권, 보유 주식 유형 또는 지위, 대리투표 등 이런 권리를 무엇으로 표현할지는 의견이 분분하지만, 주총 자체가 제공하는 상호작용 역학은 일상적 비즈니스 활동에서의 회의와 구별되는 특성에 형성적인 영향을 미친다.

주주총회는 까다로운 제도, 새로운 역할, 엄격한 행동 규칙을 통해 유지된다. 주총은 문명화한 의회 문화의 미덕을 옹호하고 합리적인 경제적 이해관계로 비합리적인 열정을 억제하는 공간이다.[10] 이런 의미에서 주주총회는 단순한 회계 또는 기업 지배 구조 승인 절차 이상으로 외부 주주가 질문, 비판, 의결이라는 목소리로 비준된 내부자 역할을 할 수 있도록 해주는 전환적인 이벤트다. 이 이벤트를 적절히 수행하면

증권 시장이 제대로 작동하고 소수의 재산권을 옹호한다는 신호가 된다. 기업을 법과 시장의 통제 아래 활동하는 독립체로 생각하는 게 일반적이지만, 주총을 개최해야 할 필요성과 부담은 커뮤니케이션 구조와 권력관계의 우발성을 전면에 내세우는 결과로 작용한다.

　이는 기업을 정치적 기본 구성 요소, 즉 '인적 요소주주와 이사회', '재무적 요소자산과 부채', '구조적 요소결의'로 분해하는 과정을 통해 일어난다. 통일된 이미지를 제시하려는 다른 시도나 화려한 연간 보고서처럼 인상을 통제하려는 특정 행위자의 노력이 끼어들 여지가 없다는 뜻은 아니다. 하지만 기업 주주총회의 의회적 차원은 재산권이 명백해지는 논쟁의 장으로서 가장 중요한 의미가 있다. 다양한 이해관계를 가진 행위자들이 서로 다른 참여적 역할로 유입된다. 이사회는 주주 대상의 회의를 개최하고 주주는 의결권을 행사하거나 이사회에 질문하는 등의 권리를 가진다.[11] 이론상 주주를 대신하는 회계 감사인은 재무제표의 유효성을 확인한다. 이런 관점에서 보면 통상적으로 경영진이 보유하거나 홍보팀에 위임한 기업의 발언권은 완전히 뒤집힌다. 그리고 재산 청구권은 일반적으로 발언권을 보장한다. 따라서 주주총회는 주주들에게 기업 이사회, CEO, CFO최고재무책임자, 기타 임원 등 승인된 책임자의 신탁 의무 일환으로 그들에게서 답변을 들을 수 있는 일시적이고 상황적인 권한을 부여한다. 그렇기에 주총에서는 정치적·사회적으로 강력한 힘을 갖는 기업과 이사회의 역할이 크게 제한되며, 주주들은 그들이 의무를 이행하지 않을 때 기업에 대한 소송 및 이사 자격 박탈 등 중대한 결과를 초래할 수 있는 것이다.

법인으로서 기업과 이사회의 이런 의무는 상법과 의회 규범이라는 두 가지 공식 장치로 뒷받침된다. 상법은 주주총회에서 주주들에게 무엇을 제시해야 하는지, 그 정보가 어떤 감사를 받아야 하는지, 이사회가 해야 할 일은 무엇인지, 소액 주주가 가질 수 있는 권리는 무엇인지 등을 명시한다. 한편 의회 규범은 주주총회 동안 행위자의 행동을 지시한다. 현대 의회 규범은 19세기 후반 미국에서 수립돼 일련의 의회 지침으로 널리 채택된 '로버트 회의 규칙Robert's Rules of Order'에 기반을 두고 있다. 이 규칙은 "규모와 상관없이 모든 회의는 모든 구성원의 의견을 충분히 고려해 최소한의 시간에 최대한 다양한 문제에 대해 보편 의지에 도달할 수 있어야 한다"고 규정한다.[12] 제안, 의결, 비준, 동의 등 일반적인 회의 메커니즘은 학생회에서 주주총회에 이르기까지 다양한 심의기구에 존재하는 규칙의 핵심 요소다.[13]

한국에서 상법은 1910~1945년 일제강점기 때의 일본 상법을 차용했고, 일본 상법은 독일 상법을 모델로 한 것이다. 한국의 해방 이후 상법을 개정하면서 이사 선출, 수탁자 의무 설정, 감사, 다수결 의결 등 미국 기업 지배 구조의 여러 측면을 통합했다.[14] 그러다가 1997년 외환 위기 이후 기업 지배 구조 실패 원인으로 과도한 투자가 지목되자 사외 이사 선임제, 소송 원활화, 이사회 책임 강화 등 엄격한 통제 수단을 확보하기 위한 여러 규범을 상법에 도입했다.[15] 로버트 회의 규칙은 토론 자유, 회원 평등, 다수결 원칙 등 절차적 측면에서 국회와 주주총회를 포함해 널리 사용되고 있다.[16] 국회사무처는 다양한 공공 및 민간 기관이 참조할 수 있는 의회 규범과 절차에 대한 지침을 제공한다. 상장 기업을 대표하는 한국상장회사협의회 Korea Listed Companies Association 는 회원사에 의원들이 제시한 지침이나 로버트회의 규칙을 따를 것을 권고하고 있다.

로버트 회의 규칙에서 중요한 점은 비판과 질문이 소수의 권리와 토론을 보장하는 수단으로 절차에 포함돼 있다는 것이다. 그래서 방해는 주주총회의 기본, 심지어 필요한 측면이 된다. 일테면 의결 전 심의 없이 진행된 회의는 무효로 간주할 수 있다. 방해를 인정하고 수용하는 것 자체가 주주총회에서 이사회에 부여된 행동 규범이다. 그래도 로버트 회의 규칙은 모든 회원이 의장 및 다른 회원에게 기본적으로 존중하는 태도를 보여야 한다고 명시하고 있다.

> 발언 중인 회원에게 질문하고 싶다면 일어서서 "의장님, 이분께 질문하고 싶습니다"라고 말해야 한다.
> 토론 중 또는 의장이 발언하거나 투표가 진행되는 동안에는 어떤 회원도 속삭이거나 회의장을 가로질러 걸어가거나 기타 방식으로 회의를 방해할 수 없다.

아울러 로버트 회의 규칙은 발의할 수 있는 역할 등에 차등적 권한을 부여하는 '우선순위'의 윤곽을 보여주는 한편, 상황적 권한을 가진 사람들이 회의를 통해 소수의 권리를 남용하는 일을 명시적으로 제한한다.

> 회원들의 토론권과 발의권은 의장이 의회에 질문에 답할 준비가 됐는지 물은 뒤 곧바로 사안을 표결에 부치는 식으로 차단돼서는 안 된다.

결국 로버트 회의 규칙은 토론을 진행하는 사람과 토론에 참여하는 사람 모두를 제한한다고 할 수 있다.[17] '무질서한' 발언을 금지하기는 하나 무엇이 그와 같은 발언이나 행동을 구성하는지 명확한 범주적 구분을 제공하지는 않는다. 예컨대 무질서한 발언은 이의를 제기하는 회원 또는 서기가 서면으로 받아 적어서 회원들에게 읽어줘야 하며 개인적 내용이어서는 안 된다. 이처럼 로버트 회의 규칙은 정중한 행동 지침을 제시하면서도 그 적절한 내용에 관해서는 언급하지 않는다. 일례로 2017년 미국 금융 기업 웰스파고Wells Fargo의 주주총회에서 한 시위자가 널리 퍼진 스캔들을 두고 CEO를 큰 소리로 비난하면서 회의 진행을 방해했다. 이에 웰스파고 CEO는 그의 지적에 감사를 표하고는 그가 규칙을 위반했다고 침착하게 말한 뒤 주의시켰다. 그러나 그가 멈추지 않자 다음 주주의 발언을 방해하고 있다고 재차 경고한 후 보안 요원에게 지시해 그를 회의장에서 내보냈다. 다음 발언자는 주주 활동가로 유명한 성 프란치스코 수녀회의 노라 내쉬Nora Nash 수녀였는데, 그녀는 이 스캔들을 조사하라고 제안하기 위해 공식적인 발언을 준비해둔 상태였다. CEO는 이전 방해자를 회의장에서 쫓아내는 데는 성공했지만, 내쉬 수녀의 발언을 막을 수는 없었다. 그녀의 제안은 주주들에 의해 통과됐고 스캔들이 결국 사실로 드러나면서 웰스파고의 기업 이미지는 크게 실추했다. 한국의 주주총회에서는 발언권을 얻어 마이크를 넘겨받은 사람이 발언을 중단할 절차상 수단이 거의 없는 이사회를 질책하면서 회의를 몇 시간씩 이어가기도 한다.

위르겐 하버마스의 '공론장' 개념이나 철학자 폴 그라이스Paul Grice의

'협력 원칙cooperative principle'과 같은 숙의 민주주의 체제에서 비판과 논쟁은 시민 담론에 대한 공유된 이해관계와 의도를 전제로 한다.[18] 이와 같은 생각은 일반적으로 진실과 의도는 문장 수준의 의미를 통해 이해되며 거짓과 기만은 비협조적인 것으로 간주된다는 개념에 초점을 맞춘다. 그렇지만 이런 이론으로는 언어적 맥락의 다른 측면을 조작하는 발화 유형을 설명하기 어렵다. 예의를 갖춘 풍자나 은밀한 조롱처럼 화자의 의도를 숨기면서 청자를 모욕하는, 허용된 발화 유형 내에서도 정치적 방해를 얼마든지 할 수 있다. 나아가 발언 행위를 통하지 않는 방해도 일어날 수 있다. 회의 주최 측 입장에서는 특정 행위자를 배제하거나, 발언 순서를 미리 결정하거나, 공식 등록 절차를 만들어 발언권을 얻지 못하게 하는 등 회의 구성 방식을 이용해 숙의 과정에 간접적 영향을 미칠 수 있다. 그러므로 의회 관행의 담론 조건이 있더라도 다른 유형의 방해는 여전히 발생한다. 의회 규범은 특정 종류의 명백한 방해 행위만 제한할 수 있고 다른 행위는 그렇게 하지 못하기 때문이다. 이사회를 향한 정당한 질문과 청취 강요 사이에는 악용 가능한 영역이 존재한다. 경영 관행, 적은 배당금, 경영진이 받는 보상 등 처음부터 신랄하게 비판할 수 있는 질문일 경우에는 특히 그렇다.[19]

··· 소액주주의 횡포 ···

한국의 이 '회의 강탈자들'은 대개 뚜렷한 소속 없이 여러 기업의 주식을 조금씩 소유한 개인 주주들이다.[20] 이들의 정체는 확실치 않은데, 해당 기업의 예전 직원일 수도 있고 아니면 회계 전문가일 수도 있다. 어쨌든 이들 대부분은 주주총회 때 기업으로부터 금품이나 다른 재화를 갈취할 수 있을 정도로 상법과 해당 기업의 재무제표 및 최근 사업 활동에 대해 잘 아는 노인들이다. 주주 활동가가 기업 지배 구조와 사회 전반에 변화를 일으키려는 의식적 목표를 갖고 있다면, 총회꾼은 기업을 협박해 금전적·물질적 대가 형태로 개인적 이익을 얻겠다는 목적으로 주주총회를 방해한다.

이들은 문자 그대로 난동을 일으켜 부정한 돈벌이에 성공한다. 주총에서 질의응답은 소액주주가 경영진에게 궁금한 부분을 질문하거나 결의안을 제안하도록 법률로 보장하는 시간이다. 이 시간에는 소액주주도 발언권을 주장할 수 있으며 그 권리는 누구도 침해할 수 없다. 1981년 총회꾼 횡포를 자세히 묘사한 기사에 따르면 이들은 그야말로 질의응답 시간을 독차지해버린다.[21] 그렇다고 이들이 하는 질문이 그저 횡설수설이나 소음은 아니다. 매우 적절하고 날카로운 질문을 던진다. 또다른 기사는 2004년 한 기업 주총에서 어떤 총회꾼이 이사회를 향해 "대주주에 빌려준 돈이 왜 이렇게 많은가요?", "사옥을 확장했는데 왜 이 사실을 공시하지 않았죠?" 같은 질문을 했다고 전한다.[22] 한 상장 기업 직원은 인터넷 게시판에 "주총꾼을 아십니까?"라는 제목으로 긴 글을 올려 자사 주주총회 때 있었던 일을 소개했다.

정해진 시나리오대로 모든 배우가 합을 맞춰 10분이면 끝날 주주총회에서 이들 중

한 명이 "의장! 이의 있습니다" 하는 순간 주주총회는 대여섯 시간을 각오해야 하며, 지엄하신 대표이사께서는 의장석에서 땀을 뻘뻘 흘리며 질타를 받아야 합니다. 의결권은 주식 수에 비례하지만, 발언권은 그렇지 않으니까요.[23]

각종 매체 보도는 다른 투자자들의 말을 인용해 총회꾼들의 행동을 항의, 소란, 훼방, 무리한 요구 등 극적으로 묘사했다. 2018년 청와대 국민청원 온라인 게시판에 '경제 민주화' 범주로 분류된 한 청원이 올라왔다. 청원한 이는 그들을 교란자라고 지칭하면서 정부에 총회꾼을 막는 정책을 만들어 달라고 요구했다. 이 청원은 총회꾼의 계속되는 주총 참석으로 한국 증권 시장이 암시장처럼 전락하고 있으며 그로 인해 나라는 후진국이 되고 있다고 개탄했다.[24]

2007년 한 익명 설문 조사에서 한국 상장 기업의 40% 이상이 정기 주주총회에서 가장 중점적으로 대처하는 문제가 총회꾼의 요구 사항에 대한 대응책 마련이라고 응답했으며, 13%는 11명에서 20명 사이의 총회꾼을 상대한 것으로 나타났다.[25] 총회꾼들의 전형적인 전략은 해마다 같은 기업 또는 계열사 주총을 찾아가 계속 괴롭히는 것이다. 상도의 경우 그룹 내 몇몇 상장 기업이 각각 총회꾼들을 상대했다. 내가 인터뷰한 중간급 재무 관리자는 총회꾼들이 주총 준비에 엄청난 부담을 준다고 토로했다. 기업과 재무 관리자 처지에서는 그들에게 차라리 돈을 줘서 그 부정한 돈벌이에 협조하는 편이 시간 제약이 있는 회의장에서 기업 평판 실추나 법적 대응 가능성을 염두에 두고 예의를 차려 대응하기보다 쉽다고도 했다.

이 현상을 설명한 한국의 한 법률 전문 기자는 총회꾼을 업무 방해나 명예 훼손으로 고소하더라도, 악의적 의도가 없었다고 하면서 오히려 주주 권리 침해를 주장할 수 있기에 승소는 어렵다고 분석했다.[26] 그렇지만 총회꾼들에게 뇌물을 건네는 행위는 불법이다. 법적으로 승인되지 않은 형태의 이익 분배이자 다른 주주들에 대한 신의성실 의무 위반이다. 그런데도 총회꾼의 난동을 뇌물로 막는 것이 일반적인 현상이다. 기업의 재무 기록에 남거나 공개되지 않을 뿐이다. 총회꾼을 두려워하는 기업들은 울며 겨자 먹기로 그들에게 금품을 지급해 심각한 혼란을 피한다.

강탈과 싸우는 법적 메커니즘 이전에 이와 같은 강탈자들 때문에 발생하는 현실적 문제가 있다. 다름 아닌 좋은 주주와 나쁜 주주를 구분하기 어렵다는 것이다. 정치학자 제임스 스콧James Scott은 허약한 정치 집단이 저항할 때 '익명성'과 '모호성'을 포함하는 두 가지 전술을 사용한다고 설명했다. 화자의 정체성은 숨기면서 메시지는 명확히 표출하거나, 메시지는 숨기면서 정체성은 명확히 드러내는 식이다.[27] 총회꾼은 이 두 가지 모두에 의존한다. 한 기사는 "엄연한 주주냐 훼방꾼이냐… 최고 1억 벌어"라는 노골적인 제목으로 이를 표현했다.[28]

이와 같은 익명성과 모호성은 2015년 상도 타워에서 개최된 주주총회 후 내가 두 사람의 고위 관리자와 나눈 이야기에서 확연히 드러났다. 그중 한 사람이 몇 년 전 열린 주총에 참석했을 때 어떤 허름한 차림의 남성이 편의점에서 주는 검은색 비닐봉지를 든 채 회의장에 들어섰다. 처음에 그는 그 사람이 부유한 투자자라고 생각하지 않았지만, 우연히 비닐봉지 안에 많은 양의 보유 주식 확인서가 들어 있음을 발견하고는 그가 슈퍼 개미 중 한 사람이라는 사실을 알게 됐다. 상황이 이렇기에 모든 임직원은 총회꾼으로 의심되는 사람도 다른 주주들과 똑같이 귀빈으로 대해야 한다. 그가 실제로 총회꾼이더라도 혼란을 일으키는 동안에만 소극적으로 개입할 수 있으며, 그 또한 정당한 비판 앞에선 모호한 입장을 취할 수밖에 없다.

주총에 참석하거나 질문하는 것은 범죄가 아니다. 외환 위기 직후 한국의 한 은행 주주총회에서 있었던 소란을 담은 1998년 뉴스 영상을 보면, 주총이 펼쳐지는 동안 주주의 지위가 갖는 모호성은 더욱 두드러진다. 어떤 이는 퇴직금을 몽땅 그 은행 주식에 투자했다고 말하고, 어떤 이는 부실한 경영에 대해 불평하면서 여러 개인 주주들이 저마다 소리 지르기 시작하자 누가 정당한 불만을 제기하고 있는지 불명확해졌다. 영상 속 보안 요원으로 보이는 정장 차림의 남성이 그들 중 누군가에게 "다른 주총장에서도 저 사람을 본 적이 있습니다!"라고 소리치며 그를 총회꾼으로 지목했다. 하지만 그렇다고 그가 진짜 총회꾼인지는 알 수 없다. 그저 그 개인 주주가 다른 주주총회에 참석했었다는 말로써 그를 의심되는 사람으로 만들어 그 주장이 부당하다는 호소밖에 되지 못한다.

2001년 한 신문 기사는 그동안 기업들이 이들의 훼방을 막고자 이른바 '입막음 돈'을 봉투에 넣어둘 정도였다고 언급했다.[29] 2014년 한 TV 뉴스에서는 기업들이 총회꾼들의 변덕에 맞추느라 정기적으로 접대하거나 자사 제품을 선물로 주기도 한다고 보도했다. 나아가 취재 기자가

"특히 일부는 자신이 잘 아는 사업체에서 만드는 물건을 사라고 강요하는가 하면, 정기적으로 납품을 하게 해달라고 하는 등의 무리한 부탁을 하는 경우도 있다"고 설명했다. 기자의 말에 앵커는 믿을 수 없다는 듯 이렇게 물었다.

"그럼 회사들이 황당하기까지 한 주총꾼들의 요구를 다 들어준다는 겁니까?"

기자는 그렇다고 답하면서 "일부 회사들은 금융감독원에 신고할까 고민하다가도 다음 주총 때 악의적인 비방으로 훼방을 놓을까 봐 속앓이만 하고 있다"고 말했다.[30] 2003년 KBS 뉴스는 기업들이 직원 성과를 나타낼 때 쓰는 등급과 마찬가지로 총회꾼마다 얼마를 줄지 A, B, C 등급을 매긴다고 보도했다.

돈을 주는 것은 기업 관점에서 보면 이 잠재적 선동가들을 막는 저비용 방법이다.[31] 어떤 기업은 주총 이전에 미리 돈을 건네지만, 그때까지 기다리는 위험을 감수하는 기업도 있다. 한 기업은 총회꾼이 나타날 것을 대비해 주총 회의장 문 앞에 수십만 원 상당의 백화점 상품권을 준비해두기도 한다. 앞서 언급한 인터넷 게시판에 글을 올린 그 직원은 총회꾼이 도착했을 때 어떻게 구별할 수 있는지도 설명했다.

보통 오시는 분들은 장기 고객이라 오면 인사 나누고 주고받을 것 건네고 헤어짐이 보통이지만, 매년 새로운 얼굴들이 등장하는데, 이 경우 거의 비슷한 과정을 거칩니다.

1. 본인 자랑(대개는 어느 회사 주주총회에서 벌인 무용담).

2. 우리 회사에 대한 칭찬.

3. 그러니 이렇게 좋은 회사에서 대단한 주주인 나를 섭섭지 않게 챙겨야 한다는 기
   적의 논리.

이렇게까지 이야기가 진행되면, 저는 이 사람의 성향(상법에 대한 이해도와 강짜 놓을
가능성 등)을 파악해 금액을 결정합니다. 그렇습니다. 회사를 찾아오는 주총꾼은 각
자의 역량에 따라 정해진 금액이 있으며, 이것은 각자 다릅니다.[32]

 이후 그는 이들의 요구를 들어주지 않으면 다음 주주총회 때 높은
확률로 다시 와서 난동을 부린다고 썼다. 주총에서 방해가 성공하려면
단순히 사람들 앞에서 발언하는 것으로는 충분치 않다. 합법적인 불법
주주로서 적절한 인정과 보상을 받으려면 특정 조건을 충족해야 한다.
소음 시위 같은 구경거리에 의존하는 형태의 방해와 달리 총회꾼의 방
해는 깊은 지식과 기업의 공식 이벤트에서 제대로 말하는 방법을 훈련
함으로써 가능해진다. 이들은 눈에 보이는 행위 없이도 방해할 수 있다.
 2015년 상도그룹 주주총회에서 한 부서 관리자들은 혹시 총회꾼으
로 알려진 사람들이 오면 나눠주려고 당시 인기 있던 USB 디스크 등이
들어 있는 선물 주머니를 마련했다. 그렇게 한 사람이 도착했는데 이미
회의가 시작된 뒤였다. 입구에 서 있던 직원들은 회의장 입장 규칙에 따
라 그 사람을 들여보낼 의무가 없었다. 기업 관계자들은 잠재적 훼방꾼
을 막기 위해 기댈 수 있는 모든 절차와 규칙을 동원한다. 슈퍼 주총 데

이처럼 기업들이 한날한시에 주주총회를 여는 까닭도 여기에 있다. 기업에서 총회꾼을 고용하기도 한다. 이들은 해당 기업 편에 서서 다른 소액 주주들이 반대 의견을 내면 저지하고 이사회의 발언에는 적극적으로 지지를 표하면서 박수까지 유도한다. 한 대기업의 '주총 시나리오'가 유출돼 사회적 물의를 빚기도 했다.[33]

··· 주주총회 관리 ···

2015년 상도 지주회사 주주총회에서 나는 지순 대리 옆에 앉아 있었다. 이전에도 몇 차례 주총에 참석했던 지순 대리에게는 지루하고 빤한 일인 듯 보였다. 개회 선언부터 마지막 결의안 의결까지 이벤트 전체가 대본대로 진행됐다. 질의응답 시간도 마찬가지였다. 공개와 의결로 이뤄지는 주주총회이기에 일련의 표준 절차와 선언을 따르는 것은 놀라울 것도 없는 일이다. 대본 양식은 한국상장회사협의회에서 제공했고 재무팀이 재무 수치와 회의 결의안 내용 등을 상도 지주회사에 맞게 수정했다. 주총 의장은 미국 철강 관세로 인한 어려움, 새로운 브랜딩 계획, 중국의 과잉 생산이 초래한 글로벌 철강 시장 침체 가능성을 논의했다. 하지만 공식 연설 이외 주총의 다른 부분도 각기 다른 각본에 따라 진행됐다.

주총 1주일 전 지주회사는 다양한 방식으로 회의를 준비했다. 직원들에게는 대본과 함께 각자 역할이 미리 할당됐다. 어떤 직원들은 안내

데스크에서 주주들을 맞이하며 재무제표가 동봉된 템플릿을 나눠주는 일을 맡았다. 또 어떤 직원들은 마이크가 제대로 작동하는지 확인하고 VIP 주주들을 앞자리로 안내하는 일을 책임졌다. 지순 대리와 나는 공식적인 역할은 없었고 익명의 주주로 참여했다. 우리 두 사람은 옷깃의 회사 배지와 목에 거는 사원증을 떼고 여느 주주들처럼 주총장으로 들어섰다.[34] 안에서 우리는 다른 동료들을 모르는 척했다. 우리에게 주어진 임무는 회사 결의안을 찬성하는 구두 투표 때 동의를 표명하는 것이었다. 사원이 아닌 척하고 주총장에 들어가 의결에 참여하는 것은 불법이 아니다. 주주라면 말이다. 실제로 상도의 대부분 직원은 적게나마 회사 지분을 갖고 있었다.

주주총회에서 더 복잡한 상호작용을 해야 하는 역할은 여섯 명의 중간 관리자들이 담당했다. 그들은 발언을 맡았다. 결의안 각각을 주주가 발의해야 하므로 이 임무를 맡은 관리자들에게 각기 다른 결의안이 할당됐고, 그들의 역할은 당연히 비준을 제안하는 것이었다. 어떤 발언을 해야 하는지는 대본에 상세히 쓰여 있었다. 골자는 이랬다. 자신의 실명과 주주로서 위치를 밝히고, 위임장에서 결의안을 읽었음을 명시한 뒤, 해당 사안에 관한 결의안에 승인을 표명하고, 의장인 대표이사에게 표결을 요청한다. 그러면 대표이사가 주주들에게 감사를 표하면서 각각의 결의안을 표결에 부친다. 이때 회의장에 있는 주주들이 "재청합니다!"라고 일제히 외쳐서 결의안을 지지한다.[35] 표결이 끝나면 대표이사가 결의안에 대해 다른 의견이 있는지 묻고 주주들은 다시 한번 "이의 없습니다!" 하고 외친다.

이런 식으로 대본은 재무 결과 요약, 회사 전략 발표 등 주주총회의 공식적인 측면들로 구성된다. 그런데 대본을 통한 매끄러운 진행은 깨끗한 기업 이미지를 보여주기 위해서라기보다 방해, 특히 청중의 진짜 같고 자연스러운 발언과 반응으로 회의 진행을 면밀하게 조정해 일어날 수 있는 방해를 예상하기 위한 것이었다. 어쨌든 기업은 이 같은 방식으로 의회 규범에 명시된 규칙을 지켰다. 이런 노력에는 기업의 체면을 위협하는 요소를 차단하겠다는 의지 이상의 의미가 담겨 있다. 주주총회 때 의결이 지연되거나 합의에 이르지 않으면 신규 임원, 이사, 감사의 선임·재선임은 물론이고 합병, 주식 분할, 구조 조정 등 기업의 중대한 결정에 문제가 생기게 된다. 기업 지배 구조와 관련한 모든 주요 결정은 반드시 주총을 거치도록 법으로 규정돼 있다. 이런 관점에서 보면 대본으로 계획된 주총을 총회꾼이 반드시 망치는 게 아니라, 오히려 등장하지 않을 수도 있는 총회꾼을 저지하고자 대본에 따른 주총이 만들어진다고도 볼 수 있다.

주주총회는 이벤트 상황을 더 복잡하게 만드는 물리적·공간적 장벽도 포함한다. 상도 지주회사 정기 주총에서 경비원들은 회의 장소인 4층으로 이어지는 복도를 감시하도록 평소와 다르게 편성됐다. 사람들의 출입을 막으려는 의도는 아니었고, 잠재적 총회꾼의 진입을 늦춰서 관리자에게 보고할 시간을 벌려는 목적에서였다. 그런데 애당초 건물 입구에서부터 철저히 차단한 다른 기업 사례도 있다. 2017년 한국 최대 철강 기업 포스코 주주총회 때 한 카메라 기자가 촬영한 영상이 대표적이다. 한 무리 남성들이 건물 입구 회전문 앞에서 주총장에 들어서려는 몇몇 주주를 저지하는 모습이 담겼다. 이들은 묵묵히 회전문을 막아서고는 주주들을 건물 다른 편 입구로 들어가게 했다. 하지만 그곳에는 더 많은 사람이 방어벽을 치고 있었다. 취재 기자가 인터뷰한 어떤 주주는 권오준 회장을 주주 권리를 무시하는 독재자라고 칭하면서 북한의 독재자 김정은과 다를 바 없다며 분통을 터뜨렸다. 이 주주총회에서 권오준 회장은 대표이사 재선임에 도전했다. 반대한 주주들도 있었으나 표결은 쉽게 통과됐다. 밖에서 입장을 저지당한 사람 중에는 자신의 주주 자격을 외치며 참석권을 주장하는 포스코 금속 노조 조합원도 있었다. 영상에서는 이들 인간 장벽을 그저 회사 측 사람이라고만 지칭했다. 그들이 포스코 직원인지, 계약직 건물 보안 요원인지, 외주 사설 용역 인력인지 명확히 알 수는 없었지만, '회사 측'이라는 표현은 그들의 이해 관계가 향하는 곳이 어디인지를 모호하게나마 언급하고 있었다.[36] 이런 물리적·공간적 장벽은 비윤리적이나 불법이라고 규정하기 어려운 절차적 관행에 기댄 방식이었다. 주주총회는 이미 회의장에서 순조롭게 진행되고 있었다. 노골적이고 의도가 빤히 보이는 형태의 억압이라면 권리 침해에 해당하겠지만, 이 침묵의 인간 장벽은 포스코 주주총회에는 아무런 관심도 보이지 않았다.[37]

한국상장회사협의회와 개별 기업 모두 저마다 총회꾼으로 알려진 이들의 목록을 확보하고 있다. 상도 지주회사 재무 관리자도 유명한 총회꾼 명단을 갖고 있다고 말했다. 입구에서 명단과 신분증을 대조하던 시절에는 이 목록을 총회꾼 방어에 활용했다. 그러나 이제는 주주 참석권 침해 문제 때문에 이를 이용해 사람들을 막을 수 없었다. 그는 대신 이

목록으로 누구에게 돈이나 선물을 줘야 하는지 파악한다고 했다. 2007년 한국상장회사협의회는 횡포가 종식되기를 희망하며 총회꾼 문제를 위한 지원 센터를 설립했다.[38] 이 센터는 악명 높은 총회꾼들의 이름, 주소, 특징 등을 포함한 데이터베이스와 모범 사례 연구 자료를 만들어 회원사에 배부하고, 기업들이 상담을 요청할 수 있는 핫라인을 구축했다. 한국상장회사협의회의 이런 노력이 추구하는 목표는 기업들이 따를 수 있는 주주총회 운영의 합법적이고 합리적인 관리 시스템을 구축하는 데 있었다.[39]

이와 더불어 한국상장회사협의회는 '주주총회 운영 요령'이라는 일련의 지침도 발표했다. 이 지침은 주총과 같은 심의 기관의 기본 원칙을 되풀이해 강조하고 회의 운영의 일반적 절차를 개술했다. 주총 의장의 적절한 역할과 권한 그리고 주주의 질문을 처리하는 방법에 상당한 주의를 기울였는데, 이런 권한을 설명하면서 의장이 문제가 있는 주주를 통제하는 것과 마찬가지로 심의를 허용하는 데에도 동등한 확정적 권리를 갖고 있음을 분명히 하고 있다. 예를 들어 회의 진행이 중단될 정도거나 거짓 신원을 제시하는 등 몇몇 경우에만 청중을 퇴장시킬 수 있다. 이 맥락에서 주총 규범은 기업 이사회 및 기타 구성원에게 허용된 권한을 가리키기도 하지만 반대로 그것을 제한하기도 한다. 기업들이 슈퍼 주총 데이로 한꺼번에 주주총회를 열어 총회꾼의 방해를 분산시키는 이유다. 동시에 여러 곳에서 주총을 개최하기로 조정함으로써 여러 기업 주식을 보유한 총회꾼이 여러 기업 주총에 연달아 참석하는 것을 방지한다.

이런 기업 간 결탁은 사람 몸이 하나라는 신체적 한계를 이용한 방식이다. 총회꾼은 물론 모든 주주는 한 번에 한 곳의 주주총회에만 참석할 수 있다. 그런데 주총 동시 개최는 재무 일정이 유사한 기업들이 일반적으로 같은 시기에 주총을 계획한 우연의 결과이기도 하지만, 시간까지 정확히 일치하고 장소가 분산되는 것은 결코 우연이 아니다.[40] 참고로 월마트나 버크셔해서웨이 같은 미국 기업은 여기에 변화를 더 줘서, 쉽게 찾아갈 수 없는 곳을 주총 장소로 잡는 것도 모자라 대대적인 축하 이벤트나 즐길 거리를 잔뜩 마련해 주의를 더 분산시킨다. 이에 비하면 대부분 한국 기업 주총은 서울을 중심으로 전형적인 회의 형식을 유지한다. 그래도 슈퍼 주총 데이 방식은 총회꾼의 잇따른 참석과 횡포 가능성을 최소화할 수는 있으나, 그와 동시에 여러 기업에 정당한 이해관계를 가진 진실한적어도 같취 의도가 없는 주주와 주총을 취재하려는 매체들에 피해를 준다.[41]

주주총회는 특정 역할, 절차, 목적이 있는 의례적인 이벤트다. 기업 행위자들을 구속하고 소액 주주에게 발언권이 허용되는 이벤트인 동시에 기업이 궁극적으로 책임져야 하는 거대한 이벤트다. 준비 과정도 녹록지 않다. 그렇지만 한편으로 기업은 주주총회 자체의 더 넓은 맥락을 관리하는 방식을 제어할 수 있다. 상법이 인정하고 규정한 회의를 개최하는 데 필요한 일이기에 기업 행위자는 원하지 않는 손님의 접근을 제한할 재량을 발휘할 수밖에 없다. 결과적으로 본래는 바라지 않았던 외부인에 대한 구별을 관리할 하나의 방법이 되는 것이다.

··· 제도적 문제 ···

"입다문 주총, 총회꾼은 다 어디 갔나"라는 제목의 2008년 신문 기사는 한국 주주총회에서 총회꾼들이 사라지고 있다고 보도했다. 이전 연도에 있었던 정부의 엄중 단속이 효과를 본 것도 있지만 또 다른 이유는 더 강력한 세력인 기관 투자자가 부각했기 때문이다. 국민연금공단이나 자산운용사 같은 기관 투자자는 기업 성과를 바라보는 시각이 총회꾼들과 다르다. 이들은 기업 지분을 5% 이상 보유하고 있으며 이사 선임, 합병 및 매각, 전반적인 기업 전략에 관심을 둔다. 총회꾼들에게 이 부분은 그저 대가를 얻어내려는 과정에서 성실한 주주라는 허상을 만들기 위한 화제에 불과하다.

반면 기관 투자자가 바라는 대가는 투자 자체의 전체 가치에서 나온다. 예컨대 국민연금공단은 2014년 당시 세계 4위 규모인 약 4,000억 달러 기금을 운용해 한국 기업의 미래를 결정할 정도로 상당한 영향력을 갖고 있었다. 이들의 힘은 2016년 한국에서 가장 강력한 재벌 그룹인 삼성이 경영권 세습을 위해 자회사 두 곳을 합병할 때 국민연금공단 이사장의 도움을 구한 것이 드러나면서 분명해졌고, 이로 인해 수많은 한국 국민이 국민연금을 재벌 일가의 가신처럼 인식하게 됐다. 실제로도 국민연금의 재벌 그룹 계열사 지분은 재벌가 전체 가족 구성원이 가진 지분보다 더 많았다. 그렇기에 주요 의결에서 엄청난 힘을 과시할 수 있었고, 한국 대기업 수장들의 모임이자 보수 로비 단체인 전국경제인연합회의 비난을 받기도 했다.[42] 바야흐로 기관 투자자들은 주주총회에서 비례 의결권으로 행사할 수 있는 재정 지분으로 한국 투자 환경에서 새로운 교란 요인이 됐다.

　기관 투자자들만이 주주총회로 기업을 움직이는 것은 아니다. 한국에서 널리 알려진 주주 행동주의 단체 참여연대는 출범한 1994년부터 경제 개혁 촉구 수단으로 주주총회를 활용해왔다. 아시아 금융 위기 이후 기업 내부 지배 구조에 대해 심각한 우려가 제기되자 참여연대는 소액 주주의 권리를 옹호하고 거버넌스 절차 준수를 촉구하며 주요 대기업에 맞서면서 명성을 얻기 시작했다. 참여연대 주주 활동가들은 주주총회에서 질문을 던져 경영진의 무능을 드러냈다. 이들은 총회꾼과 달리 사전에 이사회에 질문할 내용을 보냈고 기업이 질문을 막으면 소송을 진행하기도 했다. 참여연대가 제출한 결의안이 표결에 부쳐져 주주들의 승인을 받은 사례도 있었다. 이들의 목표는 궁극적으로 주총 그 자체를 넘어서는 데 있다. 참여연대는 삼성이나 현대 같은 한국 초대형 재벌 그룹에 집중해 자신들의 활동이 다른 대기업들에 경고가 되도록 하고 있다. 금융감독원과 공정거래위원회 등 여러 감시 기관에 회계 부정과 내부 거래 의혹으로 기업을 고발하기도 했다.[43]

　2016년 삼성 지분을 상당수 보유하고 있던 미국 대형 헤지펀드 엘리엇매니지먼트Elliot Management는 기관 투자자와 주주 행동주의 전략을 결합했다. 헤지펀드 매니저이자 주주 활동가인 폴 엘리엇 싱어Paul Elliott Singer가 설립해 이끄는 엘리엇매니지먼트는 삼성이 새로운 결의안을 채택하도록 촉구하는 공개 캠페인을 진행했다. 특히 삼성그룹이 금융 지주회사를 구성하고 직계 가족 경영에서 벗어나야 한다고 권고했다. 주주총회에 앞서 엘리엇매니지먼트는 웹사이트를 만들어 삼성전자의 가치를 향상하기 위한 제안 사항을 담은 프레젠테이션 슬라이드와 이사회에 보내는 편지를 업로드했다.[44] 이 자료는 한국 국민이 아닌 이익 지향의 일반 투자자들을 대상으로 한 것이었지만, 기존 다른 주주 활동가들과 같은 근거로 삼성의 기업 구조가 주주와 동떨어져 오너 일가에 가치를 축적하고 있다고 주장했다. 비판의 요지는 부실 경영으로 삼성 주식이 마땅한 평가액보다 낮은 가격에 거래되고 있으며, 엘리엇매니지먼트의 권고에 따라 경영 관행을 개선한다면 주가가 상승하리라는 것이었다. 이들이 촉구한 기업 구조 조정의 최종 결과는 분기별 수익을 기준으로 주주에게 지급되는 더 높고 가변적인 배당금이었다. 정기 배당은 싱어가 오랫동안 주창해온 주주 가치 운동의 핵심이자 한국 대기업들이 특히 저항하던 것이었다.[45] 2015년까지 한국 기업은 이윤의 15%만 주주에게 배당했는데, 이는 홍콩의 46%와 일본의 28%에 비하면 현저히 낮은 비율이다.[46]

… 민주적 방해, 새로운 분배 …

철학자이자 경제학자 카를 마르크스Karl Marx는 《자본론Das Kapital》제3권에서 이윤 분배는 노동이 투여되지 않은 잉여가치를 놓고 싸워야 하는 '적대적인 형제들자본가'을 양산한다고 주장했다.[47] 이 장에서는 주주총회가 기업들이 재무적·법률적 요소로 나뉘어 다수의 상충하는 이해관계를 드러내는 공간인 동시에 상호작용을 지배하는 독특한 회의 이벤트로 중재되는 장소가 되는지 집중적으로 살폈다. 어떤 측면에서 보면 주총은 소액 주주의 권리를 보호하고 심지어 소수 집단도 목소리를 내도록 허용한다는 명목 아래 다양한 이해관계를 인정하므로 민주적 담론 관행의 본보기라고도 할 수 있다.

그러나 실질적 결과를 가져올 수 있는 어려운 질문과 답변을 전제로 한 이 같은 급진적인 의회 형식은 직장 생활에서 직원들 사이의 효과적 소통이나 타운홀 미팅 또는 이전 장에서 논의한 심리적 목소리 모음의 막연한 요구와는 크게 다르다. 그런 사안들은 의회 담론이 장려하고자 하는 갈등 지향적 의미의 내포 없이도 참여나 소통과 관련한 허상을 유지한다. 대부분 상도 관리자들은 주주총회가 주는 부담을 싫어했는데, 일상적인 업무 책임에 더해 대규모 공개 이벤트를 신중히 관리해야 한다는 까닭도 있지만, 더 중요한 부분은 주총이 초기업 이상이라는 비전을 일시적으로 지우고 기존 지위나 책임과는 전혀 다른 참여 역할로 자신들을 끌어들이기 때문이다. 그들은 군중 속에서 익명의 주주가 된다. 직장 생활에서 벗어나기를 바라는 한 상도 관리자는 적어도 겉보기에는 일하지 않으면서 수익을 올리는 총회꾼들이 부럽다고도 말했다.

주주총회는 더 넓은 구별과 참여의 장이 형성되는 곳을 돋보이게 하는 만든다. 주총장은 국가에 의해 부여되는 구별 짓기의 공간, 소유 기간이나 관리상의 이점이 아닌 재산이 초기업 이상에 관한 주장의 핵심 지표가 되는 그런 곳이기 때문이다. 많은 기관 투자자나 주주 활동가들이 제기하는 불만은 특정 기업 또는 기업 시스템 경영에 대한 자신들의 비판을 가리킨다. 나아가 누구에게는 금전적 이익의 형태로, 누구에게는 시민 사회 불평등 감소의 형태로 구별 짓기를 적절히 실현하는 기업 시스템을 위한 헌신을 전제한다. 이 점은 총회꾼도 마찬가지다. 의도야 어쨌든 기업 경영진이 드러내고 싶지 않은 경영상의 부적절함을 지적하기 때문이다. 감사 기관, 규제 기관, 금융 시장, 한국상장회사협의회, 언론사 등 주주총회와 연결되는 더 넓은 세계 또한 구별 짓기 인프라가 기업 내부 행위자에 의해서만 통제되는 것은 아니라는 사실을 보여준다.

주주총회 그 자체는 개인 주주, 주주 활동가, 기관 투자자, 심지어 총회꾼까지 매년 짧은 시간 동안 막후 경영자로서 특권을 지닌 내부자가 되는 일종의 사회적 허구다. 엘리엇매니지먼트는 글로벌 주주 행동주의자로서의 막강한 영향력, 상당한 금융 자산, 공들여 만든 웹사이트 등에도 불구하고 여전히 제안서 제출, 캠페인 진행, 국민연금공단을 포함한 다른 기관 투자자들의 지지와 같은 주주총회의 공식적 프레임 안에서 움직여야 했다. 결국에는 결의안을 통과시키지 못했고 이후 삼성 지분을 매각하면서 되레 비난을 받았다. 그러다가 국민연금공단이 국민연금과 다른 주주들에게 손실을 입힐 수 있는데도 삼성그룹 자회사 두 곳의 합병을 공개적으로 지지하도록 손썼다는 사실이 밝혀졌을 때 부분적으로 그 정당성을 인정받았다.

참여연대와 엘리엇매니지먼트는 정치적으로는 정반대 위치였지만 모두 다른 기업들까지 위협하는 방식을 통해 주주총회를 기업 구조 조정을 강제하는 기회로 이용했다. 그러나 도덕적 주장은 양쪽이 상당히 달랐다. 참여연대와 같은 비정부 기구 시민 단체 활동가들은 자신들이 주총에서 벌이는 운동을 국가와 노동자에 기생하는 재벌 대기업과 투쟁하는 시민 사회 대변자라고 규정했다. 삼성 같은 대기업을 상대하는 활동은 경제 전반에 반향을 일으켜 더 넓은 사회 변화로 이어질 수 있다. 그리고 군중 앞에서 공개적으로 주장을 펼쳐야 하는 총회꾼은 기업이 한 일과 하지 않은 일을 잘 아는 내부자 역할을 한다. 어떤 면에서는 다른 수단을 통해 성과급을 챙기는 그림자 직원이라고도 볼 수 있다.

요컨대 주주총회는 기업과 조직이라는 폐쇄되고 따분한 회의로 가득한 세계에 늘 더 넓은 지배 구조와 통제관계가 겹쳐져 있고, 상충하는 수많은 주장과 이해관계가 있음을 상기시킨다. 기업 주총은 이런 주장들이 국가에 의해 인정되고 보호되는 곳이지만, 상충하는 주장과 구별 지점을 가진 사람들에 대해서는 꼭 그렇다고 볼 수 없다. 총회꾼의 방해가 불가피해 보이듯이 상충하는 열망들 또한 계속해서 기업 형태로 수렴될 것이다. 다음 장에서는 직장 생활에서 정제해내기 어렵고 또 다른 구별 짓기가 나타나는 또 다른 장인 '퇴근 후 친목 활동'으로 눈을 돌릴 것이다.

제6장

가상의 탈출

2011년 서울을 처음 방문했을 때 나는 방송국, 금융 회사, 전자 회사들이 모여 있는 여의도의 한 대기업 빌딩에서 개최한 회의에 참석했다. 그때 매우 인상 깊었던 장면은 수십 명의 남성과 몇 명의 여성이 빌딩 앞 흡연 구역에서 담배를 피우는 모습이었다. 삼삼오오 모여서 또는 혼자서 휴대전화를 바라보며 담배를 피우는 흡연자들이 어디에서 일하는 직원인지는 쉽게 구분할 수 있었다. 로고가 들어간 회사 유니폼을 입고 있거나, 사원증을 목에 걸고 있거나, 해당 회사 건물 근처에 서 있었기 때문이다. 건물에 들어가려면 이들을 지나칠 수밖에 없었다. 그런데 3년 뒤인 2014년 같은 곳을 다시 방문했을 때는 건물 앞 광장이 눈에 띄게 한산했다. 그곳에서 일하는 친구에게 무슨 일이 일어났느냐고 물었더니, 흡연 구역이 건물 지하 아트리움 내 작은 구역으로 옮겨졌다고 했다. 밀도는 같으나 크기는 10분의 1이고 다른 직원들의 눈에 띄지 않는 곳이었다.

비슷한 시기 상도 타워 주변 공간도 흡연할 수 있는 범위가 점점 줄어들고 있었다. 건물 앞 편의점 뒤 작은 공간에서만 흡연이 허용됐다. 건물 주변 보도와 그 앞 공간에는 눈에 확연히 띄게 '금연' 표지판이 서 있었다. 당시 강남 같은 서울의 다른 지역에서는 주요 도로 인근에서 담배를 피우면 높은 벌금이 부과됐다. 한때 흡연이 가능했던 식당과 카페 중에는 내부 흡연실을 마련한 곳들도 있었는데, 2016년에 이르러 실내 흡연을 완전히 금지되면서 사라졌다. 상도그룹도 마찬가지 상황이어서, 흡연은 낙인찍히는 행위로 전락했다. 그룹 내 최대 규모 계열사인 상도 퍼스트는 2014년 자체 금연 캠페인을 벌여 인트라넷 금연 다짐 게시판에 이름을 올리도록 직원들을 독려했다.

멀리 있는 흡연 구역까지 찾아가 담배를 피우고 오는 직원들이 못마땅했던 한 임원이 누가 지나갔고 얼마나 오래 있었는지 확인 가능한 CCTV 설치를 검토했다는 이야기도 들려왔다. 흡연자들에게는 다행이었겠지만, 법적으로 불가능하다고 밝혀졌다. 흡연으로 인한 2차 피해인 간접 흡연과 흡연자 옷에 밴 담배 냄새도 도덕적 담론 대상이 됐다. 어느 날 장 팀장과 내가 담배를 피운 뒤 엘리베이터에서 내리자, HR팀 상사가 옷에 남아 있는 담배 냄새도 간접 흡연이 된다면서, 특히 여성 동료인 지순 대리에게 피해가 갈 수 있다고 충고했다.

흡연 규제는 한국 기업들이 지방자치단체 및 소매점과 함께 공공 금연 캠페인, 담뱃세 인상, 금연 구역, 흡연에 대한 새로운 도덕적 담론 등

강경한 태도를 보인 부분이었다. 내가 현장 연구를 진행하던 2014년 금연길라잡이www.nosmokeguide.go.kr가 공개한 자료에 따르면 한국 남성 흡연율은 43.1%였고 여성은 5.7%였다.[1] 장 팀장처럼 오랫동안 담배를 피워온 흡연자들에게 흡연 금지와 담뱃세 인상은 업무 침체에서 잠시 벗어나려는 성실한 직장인을 겨냥한 가혹한 공격이었다. 내가 만난 남성 직장인 대부분은 의무 군 복무 기간에 담배를 처음 피웠다고 했다. 휴식시간을 얻을 수 있는 유일한 방법이었단다. 장 팀장은 흡연이 업무 중 잠시 숨을 돌리면서 가볍게 일 이야기를 할 수 있는 시간이라고 말했다. 아울러 흡연은 남성들 사이에서 일종의 사교 기회를 제공했다. 여럿이 모여 휴식을 취하고, 긴장을 풀고, 마음을 가다듬을 수 있는 시간이었다. 내게는 상도에서 새로운 장소를 발견하는 기회이기도 했다. 한번은 담배를 피울 수 있는 장소를 찾다가 건물 관리인과 상도 타워 옥상에 올라간 적도 있다.

하지만 아무리 아쉽더라도 금연이 개인 행동을 통제하는 강력한 수단으로 급부상한 것은 명백한 사실이었다. 그런데 낙인찍힌 다른 영역, 특히 음주와 같은 퇴근 후 친목 활동은 회사 차원에서 통제하기 어려웠다. 앞서 제3장에서 살폈듯이 음주를 억제하기 위한, 일부는 나이든 남성 관리자들의 부도덕한 행위를 방지하기 위한 갖가지 지침이 있었지만, 퇴근 후 음주는 여전히 사회 생활의 통례로 남아 있었다. 기업이 회식으로 지원하던 음주는 자금 차단이나 심야 음주를 막는 식으로 억제했으나, 직원 개개인의 시간과 돈으로 이뤄지는 음주까지 회사가 막을 수는 없었다. 이 부분은 상도 감사팀을 인터뷰했을 때 분명해졌다. 감사팀은 그룹 내부에서 경찰력에 가까운 부서로, 국내는 물론 전세계 상도 사무실을 감시하고 감사할 수 있는 권한을 갖고 있었다. 거의 무제한으로 모든 사무실에 사업 활동 정보를 요구하고, 처벌이나 감독을 권고하고, 금융 범죄도 조사할 수 있었지만, 그런 그들에게도 직원들의 퇴근 후 행동을 규제할 권한은 없었다. 회사 비용이 투입되지 않는 한 직원 사생활에 간여하지는 못했다. 감사팀은 법인 카드 사용에 관한 규제를 시행하는 데 도움을 제공했다. 이미 언급했듯 '클린 카드'라 이름 붙인 이 프로그램은 여성 접대부가 있거나 술 보관 서비스가 있는 심야 유흥 주점에서의 법인 카드 사용을 원천 봉쇄한다. 그래도 직원 개인이 자기 돈을 쓰는 술자리는 막을 방법이 없다.

나는 이 장에서 퇴근 후 사무실 밖에서 이뤄지는 구별과 참여의 모호한 경계, 특히 직장 동료와 일에서 벗어난다는 것이 무엇을 의미하는지, 직장 생활의 퇴근 후 친목 활동에서 나타날 수 있는 구별 짓기에는 어떤 것들이 있는지 논의할 것이다. 이를 위해 한국 직장 생활 친목의 중심인 회식과 그 대안을 다룬다. 회식은 퇴근 후 동료들과 먹고 마시고 교류하는 단순한 활동이다. 그렇지만 그 문화적 함의는 그보다 광범위하며 비밀 유지, 괴롭힘, 뇌물 수수, 매춘, 비용 낭비, 집단 처벌 등 한국 직장 생활에서 비도덕적 요소들을 암시한다. 그래도 일반적인 사교 활동으로서의 회식은 직원들이 업무 일과 후에 함께하는, 기업 차원이나 개별 팀에서 지원하고 촉진하는 다양한 범주의 사교 활동을 지칭한다. 회식에 술자리만 있는 것은 아니다. 문화 회식, 멘토링 회식, 레저 회식 같은 활동도 회식에 포함된다. 명칭이 있는 공식적 활동 말고도 퇴근 후에 직원들 스스로 비용을 분담하거나 팀 관리자가 사비로 팀원들 대신 계산하는 자발적 모임도 회식이다. 하지만 대다수 직원은 공식과 비공식, 회사 지원과 미지원 회식 형태의 구별에는 별다른 관심을 두지 않는다. 퇴근 후 직장 생활의 관계가 재구성되는 시간과 자리는 모두 회식일 뿐이다.[2]

한국에서 회식은 매년 뉴스에서 다뤄질 정도로 상당히 공적인 감시를 받는다. 정부 기관과 공기업을 포함해 대기업들이 업무 외 식사, 음주, 유흥에 얼마나 큰 비용을 지출하는지 상세히 보도한다. 〈경향신문〉은 2011년 국내 46만 개 법인이 '접대비' 계정으로 신고한 비용은 모두 8조 원이며, 대기업 신고액 평균이 미화로 300만 달러에 달한다고 보도했다. 그러면서 접대비는 본래 사업 거래처나 해외 파트너 등 '손님'에게 사용하는 비용인데도 대부분 자금은 직원들끼리 서로 접대하는 데 쓰였다는 '불편한 진실'을 폭로했다. 강준만이 회식에 참여해야 하는 필요성을 일종의 구조적 폭력으로 규정한 것도 이 때문이다. 회식과 같은 업무 외 활동은 기업 조직을 향한 절대적 충성심을 키우려는 노력의 일환이다. 강준만은 2018년 한 신문 칼럼에서 조직이 잘못을 저질러도 직원들은 조직을 배신하지 않아야 한다는 점에서 일종의 '조폭 문화'라고 표현했다.[3] 나아가 조폭보다 더하다고 비판했는데, 적어도 조폭은 자신들이 이익을 사회의 이익이라고 강변하는 위선은 저지르지 않는다는 것이다. 그는 1950년대 미국의 영혼 없는 조직 구성원에 대한 윌리엄 화이트의 비판을 언급하며 오늘날 한국 기업에 만연한 맹목적인 충성 요구와 회사에 대한 지나친 자기 동일시를 강한 어조로 꼬집었다.

회식이나 다른 대안들을 분석하는 게 쉽지 않은 이유 중 하나는 그와 같은 활동이 기업 통제를 바탕으로 이뤄지지 않아서다. 상도그룹을 바라보는 민족지학적 관점은 직원들이 자발적으로 사회화하는 다양한 방식과 그런 방식이 직장 생활의 새로운 비전에 기여 또는 저해하는 여러 과정을 파악할 수 있게 해준다. 많은 기업이 과도한 음주로 인한 사회적·경제적 피해를 최소화하고자 회식 방식을 음주에서 식사로, 심야에서 초저녁까지로 바꾸는 등 활동의 질을 개선하기 위해 노력하고 있지만, 회사의 통제가 없을 때 나타나는 사회적 역학은 여전히 존재한다. 나는 업무 활동에서 발생하는 구별과 참여의 긴장이 퇴근 후 친목 활동까지 확장한다고 본다. 해당 집단에 참여하고 있는 한 팀원과 관리자 사이 대인관계에서 형성되는 구별은 그대로 유지되기 때문이다.

동아시아 기업들의 퇴근 후 친목 활동에 관한 기존 설명은 '사회적 도피'와 '사회적 의무'라는 두 가지 관점을 오갔다. 인류학자 데이비드 플라스_David Plath_는《퇴근 후_After Hours_》라는 저서에서 1950년대 전후 일본 기업들의 퇴근 후 활동을 사무실 기반 업무 패턴이 초래한 소외와 개인화로부터 공동체 감각을 회복하는 집단 교류의 현장이라고 설명했다.[4] 여가는 집에서 혼자 즐기는 것이 아닌 조직의 일원으로서 경험해야 하는 것이었다. 반면 인류학자 로드니 클라크_Rodney Clark_는《일본 기업_The Japanese Company_》에서 마작, 야구, 등산 같은 취미 활동을 동료들과 함께 즐기는 것은 그들에게 어린 시절로 돌아가는 느낌이라고 표현했다.[5] 한편으로 앞서 언급한 앤 앨리슨은 저서《야근_Nightwork_》을 통해 유토피아적인 퇴근 후 여가는 다분히 남성 중심적인 개념이라고 공격했다. 그리고 일본의 호스티스 바를 묘사하면서 퇴근 후 음주를 남성 직장인이 남자다움과 남성성을 활성화해 자아를 회복하는 시간이라고 분석했다.[6] 심야 술자리는 단순한 도피가 아닌 직장과 가정의 관계와 별개로 젠더 환상을 재창조하는 기회라는 것이다. 일본 직장인들의 이런 가상 탈출에는 호스티스 바에서 일하는 여성들의 특별한 노동이 필요했다.

이와 같은 치료적 측면 외에도 퇴근 후 회식은 일본어로 '교제'를 뜻하는 '츠키아이っきあい'에 참여한다는 도구적 차원도 내포하고 있다. 인류학자 아츠미 레이코篤海鎬子는 이를 개인이 전략적으로 회사 회식 자리에 참석해 사내 네트워크를 구축하는 것이라고 설명했다.[7] 비공식적인 활동에 도구적 목적을 중첩하는 방식은 중국의 정치 및 경제 관계 연구에서 오랫동안 관심의 대상이었던 '꽌시關係, 관계'에 관한 문헌에서도 자주 언급됐다.[8] 호의를 바탕으로 하는 복잡한 네트워크와 관련된 꽌시를 살피면 퇴근 후 활동의 치료적 측면과 도구적 측면이 서로 반대이거나 별개가 아니라 중첩된다는 사실이 드러난다.

2016년 한국에서는 일명 '김영란법'으로 불리는 '부정 청탁 및 금품 등 수수의 금지에 관한 법률'이 발효됐다. 이 법은 교사, 언론인, 정치인, 공무원, 기업 관계자 등의 환심을 사는 데 이용된 선물 및 접대 문화를 표적으로 삼았다. 금지 품목은 상품권, 식사 대접, 명절 선물, 성 접대, 무료할인 골프 라운딩 등이었다.[9] 그동안 여가를 이용한 친목은 뇌물로서 모호한 영역이었기 때문에 인간관계에서 호감을 구하는 이상적인 프레임을 제공할 수 있었다.[10]

퇴근 후 친목 활동이 정치적 논쟁의 대상이 되면서 회식 규모가 줄었으며 실제로 대다수 직장인은 회식을 팀 중심 이벤트로 여기고 있다. 상도의 경우 업무 외 단체 활동에 쓸 수 있는 팀별 월간 회식 예산은 1 인당 6만 원 정도다. 공식적으로는 팀장이 법인 카드와 지출 책임을 맡고 있으나 예산을 관리하고, 회식 장소를 고르고, 공지를 띄우고, 참석 인원을 파악하는 일은 종종 팀 막내가 담당한다. 회식 자체도 이벤트의 일종이지만, 회식에서 새로운 일이 벌어지거나 다른 팀과 함께하는 등 또 다른 흥미나 관심을 불러일으킬 수도 있다. 예를 들면 HR팀은 업무 특성상 상도그룹 전체에 걸쳐 인맥을 다지는 게 필요했기에 계열사 HR팀과 번갈아 정기적으로 회식을 가졌다. 한번은 여러 팀이 한꺼번에 인디언 포레스트 다이닝Indian Forest Dining이라는 바비큐 식당에서 대규모 회식을 한 적도 있다. 그곳에서 우리는 당시 유행하던 레트로-아메리카나Retro-Americana에 동참해 아메리카 원주민 용품으로 가득한 미국식 캠핑 바비큐를 즐겼다. 이 자리에서 HR팀 담당자들은 최근 시행된 회사 정책에 대한 개인적 견해나 회사를 떠난 직원들 이야기 등을 나눴다. 오늘은 어느 팀이 계산할 건지, 얼마나 오래 머물 수 있는지, 누가 술을 잘 마시는지, 누가 노래를 잘하는지와 같은 궁금증도 터놓고 말할 수 있는 분위기 속에 양념처럼 더해졌다.

또 한번은 법무팀과 공동 회식 자리에서 법무팀장이 직원 두 사람씩 짝을 지어 서로를 인터뷰하라고 시킨 적이 있다. 그런 뒤 한 사람씩 돌아가면서 상대방에 대해 알게 된 것들을 서로 이야기했다. 어떤 계열사 HR팀과의 회식에서는 회식이 술 마시기 대회가 됐다. 우리 팀이 소주를 너무 많이 마셔서 상대 팀은 일찌감치 포기하고 집에 돌아갔다. 그

덕분에 우리 팀이 술에 더 강하다는 사실이 입증됐고 술자리를 더 빨리 끝낼 수 있었다. 꽤 감상적인 분위기의 회식도 있었다. 상도 지주회사 CEO가 퇴임하는 자리였는데, 직원들이 커다란 테이블에 둘러앉아 그가 수십 년 동안 일하면서 겪은 이야기를 감명 깊게 경청했다. 이후 일부 직원이 남아 2차로 7080 라이브 뮤직바에 갔고, 밴드의 훌륭한 연주로 1970~1980년대에 유행했던 한국 가요를 부를 수 있었다.

회식은 기업의 사교 의례나 거래 성사와 연결되기도 하지만 가볍게 술 마시기 게임을 하거나, 길거리 음식을 먹거나, 노래방에서 노래를 부르거나, 보드 게임을 하거나, 작은 그룹 단위로 몇 시간씩 대화를 나누는 등 친구들 사이의 교류 형태와 비슷한 자리가 되기도 한다. 직원들은 자신만의 특별한 음료를 만들거나, 술병을 빠르게 흔들어 회오리를 일으키거나, 소주와 맥주를 섞어 '폭탄주'를 만드는 식으로 자기 재주를 드러내기도 한다.

장 팀장도 회식 자리에서 쓰는 그만의 상호작용 기술이 있었다. 수줍음이 많은 젊은 후배들에게 이런저런 질문을 해서 말문이 터지게 만들곤 했다. 분위기를 가볍게 해서 어떤 유형의 상사가 좋은지, 사귀는 사람이 있는지, 닮았다고 생각하는 유명인이 누군지, 선호하는 오피스룩은 어떤 스타일인지 등을 물었다.

삼행시 게임도 있는데, 한 사람이 세 글자로 된 단어보통은 사람 이름를 제시하면 다른 사람이 해당 글자로 시작하는 짧은 문장을 만드는 것이다. 즉석에서 창의적 순발력을 테스트할 수 있다. 사람들 앞에서 창의성을 테스트할 수 있는 다른 방법으로 짧고 간결한 건배사를 제안하기도 한다. 건배사는 "위하여!"로 끝나야 하고 이를 신호로 자리에 있는 모든 직원이 잔을 치켜든다.

내가 상도에 있을 때 마지막으로 참석한 회식은 지난달 새롭게 합류한 중간급 관리자 여러 사람을 환영하는 자리였다. 차례대로 일어나 스무 명 정도 모인 사람들에게 건배를 제안해야 했는데, 각자 먼젓번에 한 사람보다 더 재치 있고 강렬한 건배사를 하지 못하면 벌주를 마셔야 했다. 첫 번째 관리자는 소주 한 잔으로 끝났지만, 두 번째 관리자는 맥주 컵으로 한 잔을 마셨고, 세 번째 관리자는 한 병을 통째로 마셨다.

그런데 이런 자리에도 사회적 압력과 개인 평가 요소, 즉 기업에 대한 충성과는 관련 없어 보이지만 노는 행위 자체에 숨겨진 진지함과 강렬함이 있다. 탈출이 될 수도 있고 의무가 될 수도 있는 퇴근 후 친목 활동의 이중성은 어느 직장 생활에서나 경험할 수 있다. 참여하기를 바라는 직원이 있는 한편 저항하고 회피하는 직원도 있다. '김 과장 & 이 대리'라는 한 신문 인기 칼럼의 두 가지 묘사는 이와 같은 상반된 감정을 잘 보여준다.

김 과장은 회식광이다. 회식은 내 돈을 쓰지 않고 좋아하는 술을 마실 기회다. 묶였던 것을 풀고 막혔던 것을 타개할 기회이기도 하다. 술 한잔 마시면 자신의 '실적 부진'에 대해 설명할 수 있고, 때로는 상사에게 맞서며 짜릿함을 느끼기도 한다. 소원해졌던 선후배와 관계를 회복할 수 있다는 점은 회식의 영원한 매력이다. 때때로 상사가 부하 직원을 몰아붙이고 분위기를 망칠 때도 있지만, 김 과장에게는 경험상 좋은 점이 더 많다.

이 대리는 다르다. 술은 적당히 마실 수 있지만, 회식 분위기가 싫다. 아무 의미 없이 돌아다니는 술잔을 마시고 또 마셔야 한다. 흥미가 전혀 없는 주제의 이야기에 웃어야 한다. 술도, 주제도, 끝날 시간도 일방적으로 결정하는 상사가 견디기 힘들다.

전국의 김 과장과 이 대리에게 회식은 문자 그대로 '애증'의 대상이다.

사회학자 김민재는 사회적 순응에 관한 사회학적 설명 대부분에 회식이 어떻게 적용되는지 연구했다. 이런 활동에 대한 애증의 감정을 고려할 때, 이 싫을 수도 있는 집단 활동에 기업 구성원 대다수가 어느 정도 자발적으로 참가하는 까닭은 무엇일까?[11] 그 대답 중 하나는 회식에 참석하는 것이 기존 업무 맥락에서는 나타나지 않는 방식으로 자아, 헌신, 결속 측면을 드러낸다는 것이다. 남성 직장인들이 한자리에 모여 서로 주량이 어떻게 되는지, 몇 차까지 가는지, 회식 자리에 얼마나 자주 나가는지 묻는 것은 드문 일이 아니다. 달리 말하자면 이런 질문들은 개인 역량에 대한 주요 사회적 지표로 작용한다.[12] 술자리에는 직원들 사이를 급속히 수평화하고 업무에서 벗어나 일종의 사회적 탈의에 참여하게 만드는 효과가 있지만, 그와 동시에 구별 짓기도 한 형태에서 다른 형태로 이동한다.

심리적 압박이 덜한 퇴근 후 친목 활동을 적극적으로 추구하는 직원들도 있다. 상도그룹 계열사 중 한 곳에서 '상도FC'라는 5 대 5 축구 풋살팀을 창단했다. 선수로 참가한 직원들은 유명한 프랑스 1부 리그 유니폼을 본뜬 고급 주문형 유니폼을 맞췄다. 7월 어느 날, 월 2회 진행되는 시합에 참여한 선수들 등에는 영어로 'J. J. Choi', 'Ronaldo호날두',

'Fermented Skate삭힌 홍어' 같은 이름이 적혀 있었다. 주로 과장급 이하 남성 직원들로 구성된 직장인 풋살팀은 소속 회사나 역할에 구분을 두지 않고 즉석에서 팀을 꾸렸다. 한번은 장난삼아 젊은이 팀과 늙은이 팀으로 나눠 경기를 진행한 적도 있는데, 늙은이 팀이라지만 30대 중반이었다. 샌드위치와 과일을 가져와 함께 나눠 먹는 등 분위기도 화기애애했다. 〈우리 상도〉에 기사가 실릴 예정인지 사보 사진 기자도 경기장에 나와 있었다. 그는 연신 직원들이 경기하는 모습을 촬영했고 선수들이 기량을 뽐낼 수 있게 특별히 연출한 장면도 찍었다. 이후 〈우리 상도〉 기사는 상도FC 선수로 활동하는 직원들이 상도그룹의 가치 중 하나인 '열정'을 구현하고 있다고, 축구를 향한 열정을 통해 이를 보여주고 있다고 묘사했지만, 사실 이런 활동은 젊은 직원들에게 기업 위계질서를 얼마간 무시하게 해주고, 정장이 아닌 운동복을 입게 해고, 서로 장난하고 농담하며 직장 생활 압박에서 벗어나게 해주는 오아시스였다. 그러나 그와 같은 탈출 역시 새로운 형태의 구별 짓기가 일어나는 장이 될 수 있다.

··· 스크린 속으로 ···

상도에서의 시간이 중반쯤 이르렀을 때 나는 연구 주제를 완전히 바꿔야 하는 게 아닌가 하는 생각이 들었다. '스크린 골프'로 말이다. 언제부터인가 나는 HR팀 직원들과 스크린 골프를 하고, 스크린 골프 이야기를 하고, 스크린 골프 생각을 하는 데 상당 시간을 쓰기 시작했다. 의도적인 것도 아니었고, 인류학자들이 현장 연구에서 사회적 패턴이나 친숙하지 않은 규범이 이해되기 시작할 때가 무척 반가운 순간이라고 묘사한 민족지학적 돌파구도 아니었다. 12월인가 HR팀에 스크린 골프 붐이 일기 시작했다. 처음에는 1주일에 한 번 했으나 곧 두 번이 됐다. 내가 상도 생활을 마칠 즈음인 6월에는 우리 중 한 명 또는 모두가 다른 교류 활동은 일절 미루고 시간이 날 때마다 스크린 골장을 찾았다. 일요일 오전 10시부터 오후 5시까지 모의 토너먼트를 열기도 했다. 하루에 스크린 골프로 4라운드나 돌았다. 그렇게 스크린 골프만 하다가 결국 우리는 2016년 내가 상도를 다시 방문했을 때를 포함해 세 차례나 실제 필드 골프장을 찾았다.

우리가 처음 스크린 골프를 알게 됐을 때 나는 그것이 한국에서의 연구 과정을 특히 재미있게 해주는 가상의 낙원과 다를 바 없다고 생각했다. 1인당 2만 5,000원 정도면 첨단 환경이 갖춰진 공간에서 골프를 즐기고 치킨과 맥주도 주문할 수 있었다. 단순히 먹고 마시고 노래하던 구태의연한 회식 활동을 피할 방법이기도 했다. 그렇지만 2015년 6월 상도에서의 연구 기간이 끝날 즈음에는 스크린 골프를 즐기는 게 부담스러운 일이 됐다. 스크린 골프가 내 한정된 급여와 연구 자금을 고갈시켰고, 어떤 직원들 사이에서는 원망과 후회의 감정을 유발했으며, 어차피 술도 마시는 데다 들이는 시간을 생각하면 일반적인 회식보다 나을 것이 없었다. 내 연구에도 피해가 컸다. 회사 일과를 마치고 나면 집에 돌아와 낮 동안의 인터뷰나 관찰 내용을 글로 옮겼다. 내게는 의식과도 같은 소중한 시간이었다. 그런데 IT 관리자나 변호사, 건물 관리자나 마케팅 담당자 등을 인터뷰한 뒤 얼른 퇴근해 녹음한 내용을 정리하거나 그날 배운 것을 기록해놓고 싶은데, 누군가가 내 어깨를 두드리는 일이 잦아진 것이다.

"오늘 저녁에 뭐 해?"

글을 쓴다는 것은 강력한 변명 거리가 되지 못했다. 내가 연구를 진행하던 때부터 몇 년 동안 상도 내에서 회식 거부권 행사가 큰 문제로 부각하고 있었기 때문이다.[13]

한국에서 골프에 대한 논의는 '골프 공화국'으로 묘사되던 1990년대 초 유수 기업들이 골프장 건설 허가를 구할 때와 같이 계급, 권력, 접근성 등을 둘러싼 문제로 프레임 지어지곤 했다.[14] 스크린 골프로 비유해도 탐구할 거리가 많다. 함께 술을 마시는 활동이 격식에서 비격식으로, 깨끗함에서 더러움으로, 맑은 정신에서 취한 상태로의 상징적 하락을 통해 사회적 결속을 형성하거나 강화하는 것이라면, 스크린 골프는 또 하나의 활동으로서 무엇을 함축하고 있을까? 스크린 골프는 비디오 게임처럼 단순히 스크린 앞에서 노는 게 아니다. 스크린, 프로젝터, 인조 잔디가 깔린 티, 천장과 바닥에 설치해 플레이어가 친 공을 쫓는 레이저 유도 추적 시스템 등을 갖춘 공간에서 18홀 골프를 연습하거나 즐기는 활동이다. 필드와 똑같이 골프채와 골프공으로 플레이하며 골프 신발, 바지, 셔츠, 장갑을 착용할 수도 있다. 실제 그린 상태와 유사한 경험을 할 수 있도록 인조 잔디 바닥이 움직이는 특별한 플랫폼도 있다. 최첨단 디지털 물리 기술이 플레이어의 스윙 그리고 공과의 접촉을 포착하며, 벽의 매트가 공을 안전하게 막는다. 골프공이 스크린에 맞는 즉시 화면에 투사된 공이 공중으로 날아간다. 서울 근교 놀이 시설에 있는 야구 배팅장 같은 시뮬레이션 레저 게임과 달리 스크린 골프는 '진짜' 골프 경험을 선사한다.

스크린 골프는 1990년대 중산층 소비 증가와 함께 일어난 진짜 골프 붐에 이어 지난 20년 동안 한국 전역에 퍼진 상품화한 위계 구축 참여라고 할 수 있다. 서울을 비롯해 수도권 전역에 스크린 골프 시설이 즐비해 있다. 그 가운데 가장 큰 브랜드인 골프존Golfzon은 2000년에 시작해 지금까지 1,000여 개로 시설을 확충했고 전세계로도 사업을 확장하고 있다. 골프존의 스크린 골프 시설은 대개 사무실 공간에 있다. 사무실들이 입주한 건물 내부에 들어선다. 프랜차이즈로 운영되는 골프존 스크린 골프장은 별다른 장식 없는 복도를 따라 각각의 공간이 배치된 노래방 시설과 비슷하다. 더 고급스럽게 꾸민 곳도 있는데, 고급 컨트리클럽을 모방해 목재 패널로 장식한 회원 전용 라운지가 있고 값비싼 골프채와 가방이 진열돼 있다. 인기가 대단해서 단순한 퇴근 후 취미 공간을 넘어 고급 레저 활동을 거의 완벽하게 경험할 수 있는 장소로 주목받고 있다. 프로 골퍼에게 레슨을 받는 골프존 브랜드 아카데미, 골프 의류 및 장비 제조사의 후원, 가상 골프와 실제 골프의 진전 상황을 연동해주는 스마트폰 앱, 가상 프로 골퍼와 게임을 즐길 수 있는 프로그램, 심지어 골프존 카운티Golfzon County라고 불리는 실제 골프장도 운영하고 있다.

가상 경험에서 가장 중점을 두는 사안은 사실성이다. 골프존은 한국 및 전세계 골프장의 100개 이상 코스를 디지털로 구현해 모사한 스크린 골프장에서 실제 같은 골프를 경험할 수 있게 해준다. 나는 처음 스크린 골프를 할 때 유명한 세인트 앤드루스_St. Andrews 코스를 선택했다. 완만한 모래 언덕과 스코틀랜드의 탁 트인 전망을 충실히 재현한 코스였다. 하지만 나중에 알고 보니 그 코스는 지루해서 인기가 없었고, 내 동료들이 선택한 한국의 유명 코스들과는 비교가 안 되는 수준이었다. 한국 컨트리클럽 복제 코스는 산악 지형, 절벽 폭포, 탁 트인 바다 전망, 정교하게 고안된 홀 등 부유한 한국인들이 필드에서 경험하는 것들을 엿볼 수 있게 해줬다. 실제 그런 코스에서 한 라운드를 하려면 40만 원이 넘는다. 스크린 골프는 그런 종류의 경험에 좀 더 가까워질 수 있게 해주면서 실제 장소에 대해 알고 이야기할 수 있는 문화적 소양도 얻을 수 있게 해준다.

이 같은 소비자 경험은 스크린 골프 시장의 핵심인 30~50대 남녀 직장인들의 관심을 끌고 있다. 실제 골프장에 갈 여유가 없거나 연습으로 골프 실력을 보완하고 싶은 사람들이 매력을 느낀다. 그러나 엄밀히 말하자면 골프는 단순한 취미가 아니다. 골프는 1990년대 후반부터 한국에서 인기를 얻은 과시적 소비 행태이자 금융 투자의 한 형태다. 벙커 샷_bunker shot, 샌드 웨지_sand wedge, 핸디캡_handicap, 워터 해저드_water hazard 같은 다소 난해한 영어 용어를 그대로 쓰며 골프 기술을 익히는 것이 많은 중산층 도시 직장인들의 새로운 습관이 됐다. 관리자급의 경우 골프에 대한 기본 지식, 일테면 피칭 웨지와 62도 로브 웨지의 차이점, 일제 스틸_steel 샤프트와 미국제 그라파이트_graphite 샤프트의 차이점을 아는 것이 마치 소양처럼 받아들여졌다.

이런 활동은 직장 생활에 제대로 스며들었다. 골프존의 한 광고는 직장인들이 책상에서 문서를 작성하면서 스마트폰으로 몰래 골프 동영상을 보고, 엘리베이터 앞에서 스윙과 힙 트러스트hip thrust를 연습하는 모습을 보여준다. 골프는 개인의 사회적 역량을 보여주고 다른 사람들과 비교하는 동시에 참여하고 소비하는 다양한 방법을 제공하는 새로운 위계 구별 수단이 됐다. 이런 맥락에서 스크린 골프는 첨단 기술과 자기 관리의 부르주아적 융합이라고 볼 수 있다.[15] 골프 모임 참여가 곧 위계가 표시되는 경험에 참여하는 셈이다. 소주로 술 실력을 평가하고 노래방 발라드로 노래 실력을 평가하는 회식과 마찬가지로, 동료를 포함한 회사의 다른 사람들과 함께 소비하고 평가하는 일련의 활동인 것이다.

스크린 기반 통합과 물리적 기반 통합을 조합해 실제로 골프장에 있는 듯한 느낌을 구현한다는 점을 고려할 때 한국에서 스크린 골프가 급부상한 것은 새롭게 떠오른 다른 종류의 엔터테인먼트 산업과 무관하지 않다. 스크린 골프를 할 때 사람들은 실제 골프와 똑같이 옷을 갈아입고 골프화를 신고 장갑을 착용한다. 그리고 가장 중요하게는 실제 골프채로 실제 골프공을 친다. 여러 측면에서 스크린 골프는 다채널 미디어 활동이다. 카메라는 물론 서라운드 스피커와 더불어 날씨, 풍경, 코스를 실시간으로 조정하는 쌍방향 컴퓨터 스크린이 있다. 이와 같은 멀티미디어 플레이 경험은 대중음악 소비의 새로운 변화와 닮았다. 인류학자 김석영은 《K-팝 라이브K-pop Live》에서 한국 대중음악을 지칭하는

K-팝은 여러 음악 스타일의 혼합이라기보다는 비디오, 프로젝션, 홀로
그램 등 다양한 유형의 아티스트와 팬 사이의 상호작용이 어우러진 다
중 경험으로 이해해야 한다고 설명한다.[16] K-팝 산업은 팬이나 소비자
들과 함께 이른바 '생동감liveness'을 재생산하는 시장이다. 여기에서 생
동감이란 콘서트처럼 직접적 경험 또는 오리지널 경험을 뜻하는 게 아
니라 여러 형태의 경험을 동시에 할 수 있는 것과 관련이 있다. K-팝 산
업과 팬의 공동 참여는 음악 수용에 대한 순수 접근 방식을 거부하
는 형태로 다양한 경험 양식을 혼합한다. 이와 같은 이른바 '초현존감
hyperpresence'은 개인이 자아를 상실하는 듯한 느낌이 아니라, 경험 속에
있으면서 경험을 목격하는 듯한, 그리고 때로는 이 두 가지를 동시에 경
험하는 듯한 느낌을 말한다. 김석영은 K-팝을 우리가 지금까지 예술,
기술, 소비로 이해해온 것들의 공생이라고 분석한다. 이런 경험이 콘서
트, 체험 센터, 팬클럽, 브랜드 상품 등에서 동시다발적으로 일어난다
는 사실은 우연이 아니다. 요컨대 K-팝은 음악이기도 하면서 고도의
마케팅을 통한 상품이자 브랜드 경험인 것이다.

스크린 골프의 장점은 다른 형태의 레저보다 첨단 기술을 잘 활용한
다거나 일반적으로 접근하기 까다로운 스포츠를 즐길 수 있게 해준다
는 것에만 그치지 않는다. 가장 큰 장점은 실제 같은 경험을 가능케 해
주고 실력을 향상해준다는 데 있다. 스윙할 때마다 나중에 살펴보고
분석해볼 수 있도록 인터페이스가 영상을 녹화해준다. 좋은 샷은 골프
존 홈페이지에 올라가기도 하고 나쁜 샷은 친구들의 놀림거리가 되기
도 한다. 스크린 골프 인터페이스는 시각적 또는 언어적 평가를 정량 평

가로 전환한다. 속도, 회전, 거리, 심지어 공을 칠 때 골프채 헤드 각도까지 알려준다. 골프존 인터페이스를 통해 플레이어는 프로필을 만들고, 가상 선물을 교환하고, 모든 스윙 기록을 남길 수 있다. 어떤 이들은 스크린 골프에 너무 익숙해진 나머지 실제 골프장에는 가려고 하지 않고 골프존 정규 클럽 회원으로 가입할 정도다. 급성장한 e-스포츠와 마찬가지로 골프존이 후원하는 토너먼트와 장거리 드라이브 대회에서 세미프로 골퍼들이 겨루는 스크린 골프 리그도 있다.

HR팀 사람들과 같은 직장인들은 생동감을 주는 다양한 기능들 덕분에 또 하나의 위계 경험이라는 비난을 피해 스포츠로서의 골프라는 더 넓은 소비 영역에 참여할 수 있다. 모바일 앱, 웹사이트 그리고 네이버 같은 포털사이트에 있는 수천 개의 교육 동영상 및 블로그 게시물로 영어 용어를 배우고, 골프 장비를 구매하고, 노하우를 개발할 수 있다. 표면적으로 이는 소비를 통해 더 높은 사회적 지위에 오르는 방법으로 인식되며, 이런 활동 참여는 한때 부유층만의 배타적인 영역이던 전문 지식에 접근한다는 것을 의미한다. 그런데 이런 유형의 활동은 비교적 사적으로, 또는 익명에 가까운 온라인 상호작용을 통해 폐쇄된 공간 안에서 이뤄진다는 점이 중요하다. 나아가 스크린 골프의 재미는 그것을 처세 수단으로 활용하면서도 업무적인 요소는 숨길 수 있다는 데 있다.

언어인류학자 박성열은 현대 한국에서 유창한 영어 실력은 높게 평가받지만, 교육 과정을 드러내는 것은 그렇지 않다고 지적한다.[17] 그는 이 현상이 신자유주의 시대에 개인의 기술이 갖는 성격과 관련이 있다고 말한다. 언어 구사는 자연스러운 기술이어야 하므로 영어를 배우는 사람들은 자신이 가능한 한 자연스럽게 보이도록, 즉 원어민에 최대한 가깝게 보이도록 애쓴다. 달리 말해 영어를 알고 말하는 것만으로는 충분치 않은 것이다. 영어는 계층 이동성이 충분한 사람들의 자연스러운 역량으로 인식되기에, 교육 과정 언급은 애초에 그럴 만한 계층이 아님을 드러내게 된다. 한국에서 영어가 사회 생활 경력 초기에 자신의 계층 배경과 관련한 요소들을 지표화한 역량이라면, 골프나 그 밖의 지표는 어느 정도 경력이 쌓인 사람들에게 필요한 사회적 기술이 됐다. 언젠가 장 팀장이 씁쓸한 표정을 지으며 한 말처럼, 은퇴 후 골프를 하기 위해 오랫동안 일했던 것인지도 모른다. 그러나 지금은 현재 직장 생활에서의 지위를 개선하고자 골프를 하는 것 같았다.

인류학자 캐런 호Karen Ho는 월스트리트 은행가들을 대상으로 진행한 민족지학적 연구에서 퇴근 후 골프가 오랜 사회적 위계를 강화하는 요인으로 작용한다는 사실을 밝혔다. 직장 생활의 능력주의 담론에서 그토록 의식적으로 배척했던 인종, 성별, 계층 구분이 여가에 관한 한 '올드 보이 클럽old boy's club, 비슷한 사회적 배경과 학벌을 가진 부유한 사람들끼리 서로 사업이나 개인적 문제를 돕는 모임을 총칭하는 말_옮긴이'으로 회귀하는 셈이다.[18] 미국의 경우 이런 형태의 여가는 운동 가방을 직장에 가져가는 식의 캐주얼함을 반영하는데, 이는 유복한 사람들의 타고난 성향이자 배타적 특권으로 여겨진다. 즉, 후천적으로 배워서 습득해야 하는 사람들과는 다른 특성이다.

반면 한국에서는 골프를 즐기는 데에도 진지함이 간여한다. 개인 레슨을 받고, 값비싼 장비와 의류에 투자하고, 핸디캡을 줄여나간다.[19] 이는 인류학자 윌리엄 켈리William Kelly가 일본 직장인들의 가라오케 연습을 언급하며 '여가의 엄숙성'이라고 표현한 진지함과 같다.[20] 가라오케에서 노래를 부를 때면 가사를 외우고, 함께 참여한 사람들이 어떤 노래를 좋아하는지 살피고, 최선을 다해 열창한다. 이들에게 회식 때 가라오케에서 노래를 부르는 목적은 다른 사람들을 즐겁게 하기 위함이다. 이를 진지하게 여기지 않는다면 재미를 망칠 수 있다. 켈리는 가라오케와 관련해 만연한 노래 레슨, 교실, 클럽, 지침서 등을 통해 현대 일본 사회와 문화를 분석했다. 일본 직장인들에게 여가는 현재를 즐기는 일만이 아니라 미래에 있을 상황을 대비하는 일이기도 하다는 것이었다.

··· 비밀 여가 활동 ···

어느 날 장 팀장과 민섭 과장이 함께 점심을 먹는다면서 사라졌다. 우리는 그들이 한 달 동안 매일 1시간씩 어디에 가는지 알지 못하고 있었다. 나중에서야 두 사람이 트레이너와 스크린 골프 연습을 하고 있다는 사실을 알게 됐다. 그것은 일급비밀이었다. 우리도 그 정보를 듣고 따라 하기 시작했다. 그리고 우리 또한 다른 동료들에게 우리가 어디에 가는지 말하지 않았다. 때로는 다섯 명이 저녁을 먹으러 가는 척했다. 어떤 때는 문자 메시지로 출발 시각을 조율한 뒤 타워 앞 광장에서 만나 택시를 타고 스크린 골프장에 갔다. 각자 다른 택시로 움직일 때도 있었다. 우리는 다른 동료들과 마주치지 않으려고 사무실 가까이 있는 골프존 시설 대신 더 먼 곳을 찾았다.

우리는 그렇게 몇 달 동안 스크린 골프를 하면서도 HR팀 외의 동료들에게는 골프 이야기를 꺼내지 않았다. 우리 팀이 있는 구역에서 불과 몇 미터 떨어져 있는 임원실의 조 상무에게도 말하지 않았다. 그가 골프광이라는 사실을 알고도 말이다. 한번은 사무실에 있던 누군가의 스마트폰에서 골프존 앱 알림음이 들렸다. 우리는 다른 누군가도 스크린 골프를 즐기고 있으면서 비밀로 하고 있음을 깨닫고 킥킥거렸다. 또 한번은 꽤 복잡하게 둘러대고 단체로 실제 골프장에 간 적이 있는데, 다른 직원들에게는 외부 HR 교육이 있다면서 점심시간에 사무실을 나섰다. 조 상무에게는 HR팀 단합을 위해 워크숍으로 등산을 한다고 말했다. 모두가 꾸며낸 말이었다. 사실은 서울 외곽에 있는 컨트리클럽에 가서 오후 내내 함께 라운딩하면서 팀 결속을 다졌다.[21] 그런데 우리는 왜 그런 활동을 비밀리에 해야 했을까?

직장에서 무언가를 숨긴다는 것은 단순히 저항의 의미이기도 하지만 한편으로는 다른 종류의 사회적 유대를 유지하는 방식이기도 하다. 사회학자 마이클 부라워이Michael Burawoy는 미국의 공장 노동자에 관한 연구에서 근로자들이 완성한 기계 부품을 작업대 한편에 숨겨서 자신들의 생산량을 조작한다는 사실을 언급했다. 그들은 이렇게 숨긴 부품을 예비로 모아둬서 나중에 생산량이 모자랄 때 채워 넣거나 공장에서 생산성 기대가 높아지는 것을 피하고자 했다.[22]

장 팀장의 경우에는 우리의 골프 활동이 HR팀에 무리한 업무를 요구하는 조 상무에 대한 보복이라고 말하곤 했다. 우리가 골프 모임을 할 때면 매번 정시에 퇴근했는데, 그것이 보복의 한 방법이었다. 한국 기업계에서 사회적으로 용인되는 시간, 즉 조 상무가 퇴근한 이후가 아니라 6시에 딱 칼퇴근했다. 한국 직장 생활에서 육아와 같은 적절한 이유 없이 정시 퇴근을 한다는 것은 사회성이 모자라거나 눈치가 없다는 확실한 근거로 작용한다. 아무리 퇴근 시간이라고 해도 얼마든지 고위 경영진으로부터 신속한 피드백을 요구하는 지시를 받을 수 있다. 그런 요구에 기꺼이 응하는 것도 관리자의 암묵적인 의무다. 그런 때 팀원이 정시에 퇴근하는 것은 마감이 늦는 일을 떠맡은 직장 상사를 매몰차게 저버리는 행동이 된다.

저항만으로는 설명되지 않는 비밀 유지의 다른 측면도 있다. 어떤 팀원은 배우자에게조차 우리의 비밀 여가 활동에 관해 말하지 않았다. 스크린 골프로 시간을 보냈으면서도, 늦게까지 야근했거나 동료들과 회식이 있었다고 둘러댄 것이다. 회식은 자연스러운 사회적 활동으로 여겨지기에 비밀일 필요가 없다. 심지어 남편이나 자녀에게 회식도 중요하니 늦게까지 남아서 윗사람에게 잘 보이라고 격려하는 아내나 부모도 있다는 이야기까지 들었다. 앤 앨리슨은 심야 호스티스 바에 가는 일본 직장인들에 대한 설명에서 이 현상은 남편과 아내 사이의 공공연한 비밀이라고 표현했다. 퇴근 후 일어나는 일이 비밀이 되면서도, 직장 내 자기 입지를 만들거나 기운을 북돋워 직장 생활을 더 잘하기 위한 도구적 목적에 부합하는 것이다.

그러나 내가 보기에 스크린 골프를 중심으로 한 HR팀의 이런 여가 활동은 상도그룹 내 사회관계망 구축이라는 측면에서는 실패였다. HR팀은 같은 팀 직원들끼리만 골프를 즐겼기 때문에 그 시간적 투자를 정

치적 투자로 전환할 여지가 거의 없었다. 다른 팀과 회식할 때의 장점 중 하나는 서로 친밀감을 쌓거나 새로 알게 된 사람들을 상대로 자신의 능력을 테스트할 수 있다는 것이다. 하지만 늘 같은 사람들과 같은 일정으로 모이는 스크린 골프는 그런 점에서 낭비였다. 재미와 단조로움이라는 이중적 감각을 인류학자 스티븐 레아Stephen Rea는 e-스포츠 같은 한국의 현대적 디지털 유희 형태에서 포착했다. e-스포츠는 가상 공간에서 펼쳐지는 게임을 통해 전세계에 한국 프로 게이머의 위상과 IT 발전을 보여주는 아이콘 역할을 하지만, 게임 플레이 자체는 단조롭고 지루할 수 있다.[23] 게이머는 게임 내 미션을 완료하고 캐릭터를 성장시키기 위해 지루한 플레이를 견뎌야 한다. 이런 과정을 이른바 '노가다'라고 부른다. 노가다는 '육체 노동'을 뜻하는 일본어 '도카타どかた, 土方'에서 파생한 용어다.

골프의 경우에도 실력을 쌓기 위해 스윙, 기술, 시나리오 및 갖가지 노하우를 지속해서 연습해야 한다. 그렇지만 사회적 투자에는 비용이 따른다. 내가 골프를 원망하게 된 것도 이 때문이다. 일상적인 업무에서는 탈출구가 됐지만, 내 민족지학적 연구 과정에서는 피해를 줬기 때문이다. 어느 순간부터 나는 혼자서도 골프 연습을 다녔고, 새 옷과 장비를 샀으며, 다른 사람들에게 뒤지면 안 된다는 강박감을 느꼈다. 반면 지순 대리에게는 골프가 현명한 투자인 듯 보였다. 그녀와 남편은 모두 대기업에서 일했고 경제적으로 여유로웠다. 골프를 시작한 지 얼마 되지 않아 그녀는 골프채를 세트로 장만했고 프로 골퍼에게 레슨도 받았다.

하지만 기호 사원은 처지가 달랐다. HR팀 막내인 그는 다른 팀이나 계열사의 복잡한 업무 협조 요청 관리에서부터 팀 내 모든 사교 활동 준비에 이르기까지 거의 모든 잡무를 도맡아 하고 있었다. 노래방에 가면 그는 발랄하고 생기 넘치는 분위기를 만들기 위해 갖은 애를 다 썼다. 성실한 직원으로 인정받고자 많은 것을 희생했다. 상도 타워에서 1시간 거리에 살면서 늦게까지 야근을 하고도 다음날 8시까지 사무실에 도착하려고 이른 아침 버스를 탔다. 그런데도 그 노력에는 다른 보상이 따랐다. 그는 애주가가 아니었지만 늘 벌주의 표적이 됐다. 문서 양식이나 데이터 입력에서 사소한 실수라도 하면 팀 선배들로부터 호된 질책을 받았다. 사귀고 있던 여성이 있었는데, 우리가 골프를 시작하고 얼마 지나지 않아 헤어졌다. 나는 그 이유가 여가를 모조리 퇴근 후 친목 활동에 써야 하는 부담감 때문이리라고 생각했다. 직원들은 스크린 골프 중에는 전화도 못 받게 했다. 그는 상도FC 회원이기도 했는데, 거기에는 좀처럼 참여할 시간도 없었다.

이 연구를 마치고 1년 뒤 다시 상도를 방문했을 때 나는 그가 퇴사 후 다른 철강 회사로 이직했다는 소식을 들었다. 상도만큼 유명하지 않고 수도권에 있는 기업이었다. 그곳으로 이직한 그가 만족했다면 다행이지만, 어쨌든 사회적 지위는 한 단계 떨어진 것이다. 그가 떠난 이유를 장 팀장은 잦은 실수에 스스로 못 견뎠기 때문이라고 했지만, 나는 그렇게 생각하지 않았다. 스스로 구별 짓기를 하기 위한 조건이 지나치게 어려운 환경, 통상적인 직장 생활이 아닌 전문 팀의 너무 많은 참여에서 탈출한 게 아닌가 하는 의심이 들 수밖에 없었다.

… 타인의 구별 짓기에 포함된다는 것 …

스크린 골프에 참여해야 한다는 무수한 압박은 그동안 조직행동학자들이 위계 체계가 수평화하고 공식적인 조직 규칙이 폐기될 때 일어난다고 설명한 일을 그대로 따라갔다. 더 어려운 통제 형태가 나타난 것이다. 조직행동학자 제임스 바커James Barker가 쓴《팀워크의 규율Discipline of Teamwork》을 보면 미국의 한 공장에서 공식적 위계 체계와 현장 규칙이 폐기된 뒤 어떤 일이 일어났는지 알 수 있다. 지정된 출근 시각이 없게 되자 결국 노동자들은 자신들의 감각이 이끄는 적절한 시각을 선택했다. 오히려 누가 정시에 출근하는지에 대해 더 엄격해졌고 공식적 규칙 대신 나름의 규율을 만들었다. 바커는 이 현상을 '협연적 통제concertive control'라고 명명했는데, 반박 메커니즘이 없는 집단의 압박이 공식적인 관료주의 규칙보다 더 어려울 수 있음을 뜻했다. 집단 압박은 공식 통제가 없는 상황에서 나타났다.[24]

서구 기업 조직의 경우 관료주의 문제에 관한 질문은 수직성과 수평성, 위계질서와 위계질서의 부재를 중심으로 전개됐다. 제2장에서 논의했듯이 이와 같은 프레임은 조직 변화를 바라보는 한국 기업의 사고방식과 서구 조직에 대한 차별화로서 '초기업 이상'이라는 한국적 개념을 형성했다. 그러나 내가 이 책 전반에 걸쳐 지적하고 있듯이 구별 짓기는 사라지지 않고 다른 형태로 계속 나타난다. 수평적 조직을 지향하며 명시적으로 위계적 또는 관료적 조직 형태를 거부하더라도 많은 경우 그저 구별 짓기의 다른 형태일 뿐이다. 회식을 비롯한 퇴근 후 친목 활동은 공식적인 수평화 개혁 앞에서 위계 체계 재부여로 기능한다. 회식을 업무상 가장 가까운 팀 관계에서 구별과 참여가 이뤄지는 장, 더 공식적이고 규모가 큰 회식이면 새로운 구별 짓기가 집단적 참여로 이뤄지는 장이라고 생각하는 편이 낫다. 더욱이 구별 짓기는 부분적으로 전이된다. 임원이나 팀장이 좋아하는 것들이 팀원들도 좋아하는 게 된다. 상도 직원들은 퇴근 후 친목 활동을 개인과 연결하는 일이 많았다. 다시 말해 관리자 개인의 취향을 따랐다. 표면적으로는 기업 공식 이벤트, 소그룹 모임, 재미있는 스포츠 활동 등으로 포장되지만, 결국 특정 중역의 성향과 특성에 영향을 받는다. 기업의 후원이나 직장 상사 선심의 수혜자인 직원들로서는 퇴근 후 활동 제안을 거절하기 어려웠다.

한국적 맥락에서 스크린 골프가 의미하는 것이 무엇이든 간에 우리 팀에게 그것은 팀장이 선호하는 취미였고 우리는 그의 선호를 따랐다. 장 팀장은 우리가 언제, 어디로 가서, 얼마나 머물지를 지시할 수 있었다. 설사 좋은 의도에서일지라도 말이다. 기호 사원이 말했듯이 장 팀장이 우리에게 야근을 시키고서도 늦은 김에 딱 1시간만 노래방에 들렀다 가자고 하면 "어쩔 수 없이" 그래야 한다.

"어쩔 수 없죠. 팀장님이 하자면 해야죠."

관리자마다 세부적인 스타일은 다를지 몰라도 패턴은 비슷하다. 내가 알게 된 상도퍼스트의 어떤 팀장은 팀원들과 함께 회식으로 새로 생긴 식당에 갔다가 아내가 야식을 준비할 자신의 아파트로 초대하는 것을 좋아했다. 이런 이벤트는 더 친밀하고 업무적 성격이 덜하지만, 직원들을 떠나거나 거절하기 더욱 어려운 장으로 이끌었다. 또 어떤 계열사

HR팀 팀장은 팀원 모두에게 팀 볼링 리그에 참여하자고 권고했다. 상도 그룹 오너 일가 중 한 사람은 자신이 특별히 선택한 직원들을 데리고 상도 타워 지하에 있는 고급 레스토랑 체인에서 화려한 이탈리아 음식으로 점심을 즐기곤 했다. 물론 아주 후한 대접이긴 했으나 초대받은 직원들은 대낮부터 상사가 권하는 와인을 어쩔 수 없이 마시며 오너 일가 사람 앞에서 경력을 끝장내는 실수를 저지르지 않으려고 부단히 애써야 했다. 다소 저렴한 취향도 있었는데, 다른 계열사 HR팀에 잠깐 있었던 한 관리자는 야근할 때면 맥도날드 음식 먹는 것을 선호했다. 그의 팀은 회식비를 맥도날드에 쓰고 사무실로 돌아와 야근을 계속해야 했다.

소주잔을 돌리는 식의 술자리 관습이나 일반적 관행이 있는 전형적인 음주 회식도 상사가 누구냐에 따라 달라지는 경우가 많다. 어떤 관리자는 팀원들과 함께 회식에서 소주를 마실 때 윗사람 앞이라고 해서 고개를 돌려 마시지 말라고 했다. 모두가 앞을 똑바로 보고 마셔야 한다고 강요했다. 한국에서 당연한 술자리 예절로 고개를 돌려 마시는 게 몸에 밴 직원들에게는 무척 어색한 일이었다. 그렇다고 그 관리자가 술을 권하지 않은 것은 아니었다. 그저 그런 예의 표시만이 싫은 것이었다. 한편 미국 지사에서 수년 동안 파견 근무하다가 본사로 돌아온 다른 관리자는 소주를 아예 마시지 않았다. 대신 직원들을 자그마한 바비큐 식당에 데리고 가서 자기가 가져온 와인을 맛보이는 것을 좋아했다. 자신의 와인 지식을 마음껏 드러낼 수 있고, 작은 소주잔으로 빈번하게 술잔 부딪는 것을 피할 수 있는 그만의 방식이었다. 몇몇 관리자들은 회식을 일찍 끝내고 직원들끼리 시간을 보내게 하는 것으로 유명해

졌다.[25]

이처럼 바뀐 회식 스타일은 기존 회식 행태를 향한 관리자 개인의 저항일 수도 있고 변화를 모색하려는 시도일 수도 있다. 그러나 이 같은 변화에서조차도 직원들의 협력, 어떤 경우에는 직원들에 대한 강압이 필요했다. 출세욕 강한 많은 직장인에게 회식 참여 의무는 팀 또는 기업 내에서 자신을 구별 짓기 위한 암묵적 거래이기도 하다. 그런데 여기에서의 역설은 음주 회식 등 관습적인 퇴근 후 친목 활동이 명시적으로 거부되는 분위기 속에서 다른 형태의 열망모두의 열망은 아닐지라도을 기반으로 스크린 골프 같은 덜 관습적이고 덜 가시적인 형식의 새로운 의무가 생성됐다는 것이다. 이는 퇴근 후 친목 활동이 상대적으로 규제하기 쉬운 개인 선택의 문제가 아니라 타인의 선호와 선택에 얽혀 있는 문제임을 시사한다. 구별과 참여의 범주가 그 어느 것도 적절히 달성하지 못하는 방식으로 이상하게 얽히는 게 바로 퇴근 후 친목 활동인 것이다.

어떤 이들은 이런 새로운 여가 활동이 낡은 습관과 경향을 강화한다고 지적한다. 광고 및 브랜드 마케팅 전문가이자 나와 개인적 친분이 있는 박재항은 2017년 〈동아일보〉 칼럼에서 스크린 골프가 도를 넘는 수준에 이르렀다고 썼다.[26] 그는 스크린 골프에 여성 도우미 서비스가 추가되는 등 술집과의 경계가 모호해지기 시작했다고 꼬집었다. 변질했다는 이야기다. 그러면서 2007~2008년 전세계적으로 인기를 끈 컴퓨터 가상 현실 게임 '세컨드 라이프Second Life'가 재미 위주 게임에서 게임 내 가상 화폐인 린든 달러Linden Dollar를 이용한 돈벌이 수단으로 전락했던 사례와 비교했다. 그는 스크린 골프가 부여했던 익명성과 자유가 현실

귀환으로 이어지고 있다고 분석했다.

"룸살롱보다 싼 가격에 말초적 서비스를 기대할 수 있는 곳으로 바꿔어버렸다."

모든 곳이 그렇진 않겠지만, 성적인 서비스를 제공하는 일부 스크린 골프장 때문에 이제는 "스크린 골프장에 간다고 하면 묘한 눈초리로 바라보는 사람들이 꽤 생겼다"고 개탄했다. 처음에는 일상에서의 탈출구이자 시간 여유가 부족한 사람들을 위한 합리적 대안이던 것이 과거의 깨끗하지 못한 심야 활동과 연관된 것으로 회귀하고 있다. 그는 스크린 골프라면 건전하게 즐기고, 가끔 풀밭의 이슬을 밟으며 땀도 흘리고 자연도 즐기는 진짜 골프를 하자고 독려했다.

제3장에서 살핀 것처럼 한국의 많은 기업이 음주와 야근 그리고 직원 개인 및 회사의 평판이 위태로워지는 것을 방지하면서 더 건전하고 수용적인 다양한 활동을 포괄하도록 '회식'이라는 용어를 재규정했다. 물론 직원이 술을 얼마나 잘 마시는지가 직장 생활에 영향을 미치는 활동을 없애는 일도 필요하다. 사무실 밖 친목 활동이 직원들로 하여금 또 다른 압박을 느낄 수 있는 구별 짓기로 이어지더라도 말이다. 하지만 중요한 문제는 직원들이 어떤 범주를 강요받느냐가 아니라 자신의 구별이 다른 사람들, 특히 상사의 취향에 맞춰져야 한다고 느끼는지다.

팀장은 한국 기업 조직 구조의 핵삼 교점이다. 기본 업무 단위 책임자로서 팀원 개인을 평가하고, 업무 역량을 키우고, 직장 생활에서의 크고 작은 문제를 해결해준다. 이런 의미에서 보면 팀원은 팀장의 취향과 감정에 주의를 기울여야 한다는 의무감을 가질 수 있다. 상사에게 구별 짓기가 되는 활동은 직원에게도 구별 짓기 활동이 될 수 있다. 서로 연결 돼 있기 때문이다. 반면 직원들의 퇴근 후 친목 활동을 마련하지 않는 관리자는 기업 관점에서 조직에 불이익을 주는 사람으로 비칠 수 있다.

내가 상도에서 근무하기 전인 2012년 현장 연구로 몸담았던 기업에 황 팀장이 있었다. 40대 후반에서 50대 초반으로 보였는데 결국 회사를 떠났다. 조기 퇴직이었다. 팀원들은 유난히 온순하고 친절한 사람들이었고, 자신들에게 회식을 강요하지 않았던 그를 꽤 좋아했다. 황 팀장에게는 사진 찍기, 글쓰기, 커피 블렌딩 등의 취미도 있었는데, 그것도 팀원들에게 강요하지 않았다. 황 팀장의 최종 직위는 국장이었고, 회사를 떠난 뒤에도 예전 팀원들은 그를 국장님이라고 불렀다. 그러나 한 팀원은 내게 개인적으로 이렇게 귀띔했다.

"사람 좋다는 것이 조직 관점에서는 팀에 불리할 수도 있어요."

술자리나 회식이 모두 조직에서는 정치 일부인데, 그런 것들을 하지 않으면 조직 정치를 포기하는 셈이기에 결국 팀원들이 개인적 야망을 성취하는 데 걸림돌로 작용한다는 의미였다.

초기업을 향하여

지금까지 이 책에서 나는 '초기업 이상'으로 개념화한 탈위계 사회 한국이 지향하는 기업 문화를 민족지학적으로 탐구했다. 초기업 이상은 탈위계적인 직장 생활이란 어떤 모습이어야 하는지에 관한 긴장에 초점을 맞춘다. 한국에서 대기업과 전문직은 교육 과정의 핵심 종착점이자 중산층의 경제적 이동성이 발현되는 지점으로 여전히 남아 있다. 그렇기에 그 열망의 중심에는 과거의 위계적 절충과 다르게 직장을 누구에게나 열려 있는 긍정적 협력의 장으로 만들기 위해 사람들 사이의 구별을 최소화해야 하는지, 아니면 구별을 더욱 강화해 직장을 더 정확하고 공정하게 평가하고 보상하는 능력 본위 체제로 만들어야 하는지에 대한 불편한 질문이 자리 잡고 있다.

나는 이 연구를 위해 실제로 근무한 기업을 가칭 상도그룹으로 설정해 이곳 지주회사 관리자들이 그룹 전체에 걸친 구별 짓기 시스템과 팀워크 경험 제공을 자신들의 역할로 인지하는 배경 속에서 드러난 긴장에 집중했다. 이들의 여러 발상은 상도 타워 최상층에서 모든 계열사를 관리하는 전문가 집단으로서 아직 모호한 위치에 있던 상도 지주회사의 성장과 맞물려 있었다.

'구별', '위계', '참여'는 한국의 최근 발전 궤적의 시차를 정의하는 세 가지 개념이다. 어떤 관점에서 보면 현대 한국의 발전은 1960년대에 시작해 오늘날까지 '경제 성장'이라는 거대한 서사 일부로 계속되고 있는 연간 GDP 성장률 속의 측정 가능하고 가시적인 '구별'로 특징지을 수 있다. 이 같은 구별의 역사는 수출 성과, 국제 인증 및 표준, 1인당 국민 소득, 글로벌 수상 이력, 그리고 아마도 가장 최근에는 벤처 캐피털 기업들의 부상 등 국가 안팎에서 읽히는 뚜렷한 성취에서 다양한 지표로 나타났다. 그렇지만 이런 국가 차원의 구별 짓기는 그 분위기와 질에서만큼은 변화를 보이나, 한국이라는 국가의 발전 과정을 인식하는 방법으로 이 부분에만 초점을 맞추는 경향은 변화 조짐이 좀체 보이지 않는다.

같은 역사를 '위계' 관점에서도 볼 수 있다. '경제 성장'과 궤를 함께 하는 일련의 사실을 살펴보면 노동 탄압, 정부 부패, 부의 재벌 집중화, 대기업의 중소기업 지배, 나아가 최근에는 정규직과 비정규직 차별 문제 역사를 발견할 수 있다. 이들 각각의 문제, 그리고 분명히 많을 다른 문제들은 남성과 여성, 국가와 시민, 재벌과 노동자, 대규모 노조와 비노조 노동자, 내국인 노동자와 이주 노동자, 대기업과 중소기업 등 사이의 다양한 관계에 퍼져 있는 위계를 가리킨다.

'참여'도 마찬가지다. 참여, 연대, 팀워크, 민주주의 등의 개념은 한국인들이 권력자의 권위, 정확히는 강자들의 구별 짓기 행태를 거부하는 도심에서의 대규모 시위 같은 사회 및 노동 운동을 함축하고 있는 듯 보인다. 이처럼 어떤 관점에서 보는지에 따라 한국은 '구별'이 강화하는 과정으로도, '위계'가 심화하는 과정으로도, '참여'가 보편화하는 과정으로도 보일 수 있는 것이다.

조금 더 확장해서 설명하면 이 세 가지 개념이 서로 어떻게 관련을 맺는지 이해하는 데 도움이 될 것이다. 2014년 내가 현장 연구를 하던 시기에 '갑甲'과 '을乙'이라는 용어가 뉴스에서 자주 언급됐다. 이 두 단어는 '알파$_α$'와 '베타$_β$' 같은 기본적인 구별을 가리킬 때 사용된다. 본래는 주로 계약에서 중립적으로 양쪽 당사자를 지칭할 때 쓰는 용어였지만, 뉴스에 등장한 이 단어들은 '강자甲'와 '약자乙'에 이원적 프레임을 씌우는 의미다. 그중에서도 서비스 또는 소매업에 종사하는 사람이 화난 고객의 언어적 비하 대상이 될 때, 상류층이나 조직에서 높은 지위에 있는 사람과 아랫사람이거나 감정 노동자에 해당하는 사람을 구별할 때 효과적이다. 이 '갑을관계'는 하도급 업체가 대기업에 지배되는 방식이나 힘 있는 부서가 다른 부서 위에 군림하는 행태에도 그대로 적용된다.

이처럼 약자의 위치에 있는 상황이라면 상대적으로 갑 앞에서 을이 될 수 있기에 갑을관계는 강력한 프레임으로 작용했고 현재에도 그렇다. 갑을관계는 조선 시대 양반과 노비 관계의 잔재가 21세기 이마트 고객과 종업원 관계로 이어지는, 과거에서 현재까지 한국의 모든 위계 구조에 적용될 수 있다.

강준만은 2013년《갑과 을의 나라》에서 갑을관계의 역사적 지속과 확산은 그 뿌리가 미 군정 치하와 일제 치하를 거슬러 19세기 말 한반도의 종속적 역사까지 이어져 있다고 설명했다.[1] 그에 따르면 한국은 타협한 을의 위치를 통해 지속해서 근대성을 추구했다. 그런데 을이라고 해서 계속 낮은 지위에 있던 게 아니라 언젠가 갑의 무리에도 속했기에 성공적인 근대화는 을에게 달려 있었다. 강준만은 한국 사회의 중심에 자리 잡은 사회적·심리적 긴장은 을이 은밀히 갑이 되기를 바라고 그 위치에 이르고자 의도적으로 복종하는 등 다양한 수단을 사용하는 데서 발생한다고 봤다. 이 맥락에서 갑을관계는 인간관계 모델뿐 아니라 사람들이 원하지 않는 종속 형태의 '위계'와 사람들이 원하는 바람직한 '구별' 사이의 긴장도 드러낸다.

갑을관계 개념이 흥미로운 점은 그것이 조직관계나 대인관계 모두에 들어맞는 보편적 구조를 제시하며, 더 광범위한 국가적 서사를 도식화한다는 데 있다. 제3장에서 살폈듯이 직장 생활에서 갑을관계는 매우 쉽게 발견할 수 있다. 그렇지만 나는 이 책을 마무리하는 시점에서 위계와 구별의 형태를 찾는 작업은 상사와 부하 직원 또는 주인과 노예 모델로 축소하기에는 매우 복잡하다는 사실을 강조하고 싶다. 현대 직장 생활의 기이한 지형에서는 오히려 구별과 참여 같은 요소가 생성되는 복잡한 교차점을 찾는 것이 유용하다. 초기업 이상이 현대 직장 생활 전망에 대한 일반적인 대인관계 공식을 제공하려고 하는 한 이런 사실들은 결코 추상적으로 나타나지 않는다. 기업 행위자들은 언제나 직장 생활을 구성하는 특정 상황, 관계, 활동에 비춰서 자신과의 연관성을 찾을 수밖에 없다.

한국 자본주의가 낳은 문제에 이런 방식으로 접근하는 것이 거대한 서사를 통한 사고보다 나을 수 있는 몇 가지 이유가 있다. 첫째, 회식에서부터 연간 평가와 주주총회에 이르기까지 구별 짓기의 다양한 장이 존재한다는 것은 조직 생활에 일련의 단일한 구별이나 위계관계를 갖는 핵심중심이 없다는 사실을 반영하기 때문이다. 다양한 측면에서 조직 관계와 대인관계가 형성되는 상황이 많다는 사실은 그 모두를 잇는 단일 원칙이나 모델을 찾기 어렵다는 방증이다. 일테면 HR팀 막내 기호 사원은 자신이 모순된 위치에 있음을 알게 됐는데, 어떤 측면에서는 대기업 직장인이라는 사회적 구별과 지주회사 소속인 덕분에 그룹 내 다른 계열사의 같은 직급 직원보다 자신이 상위에 있다고 느꼈을 수 있지만, 다른 측면에서는 늘 잡무를 도맡아 하고 잦은 음주 회식과 스크린 골프에 시간과 비용을 들여야 하는 압박다른 일자리를 찾게 되는 상황까지 초래한에 직면했던 것이다.

둘째, 직장 생활은 기업이 나름의 구별 짓기를 '정제'하고 '관리'하기 위해 해마다 다양한 노력을 펼치는 현장인 동시에 위계 구조의 부정적 측면을 근절해야 하는 복잡한 현장이기 때문이다. 이로 인해 기업은 조직 개혁의 갖가지 유물을 남겼다. 끊임없이 시도되는 조직 개편과 다양한 직위, 직책, 직급, 직무, 직함 형태는 구별과 참여를 정제하고 관리하려는 노력이 결국은 직장 생활의 층위를 더 쌓이게 했다.

셋째, 제1장과 제6장에서 논의한 것처럼 업무가 서로 연결된 관계에서도 구별의 표식이 나타나며, 그로써 어떤 유형의 일을 다른 유형의 일과 구분하는 일이 복잡해지기 때문이다. 예컨대 성과관리팀 관리자들은 정보 사슬의 최상위에 있는 듯 보였지만, 관리자로서 자신들을 구별할 수 있는 방식으로 데이터와 정보를 선별하는 데 어려움을 겪었다. 이 때문에 그들은 전문가에 걸맞은 회사의 인정을 얻어내고자 다른 부서 및 계열사 직원들에게 특정 종류의 요구를 강요하게 됐다.

넷째, 일반 직원에서부터 관리자, CEO, 평론가, 심지어 나와 같은 연구자까지 구별과 위계 모델을 찾는 방식은 그 자체로 주관적인 활동이기 때문이다. 이 책 서두에서 언급한 지주회사 전략팀 백 과장은 상도가 빠르게 대처하지 않으면 철강 산업의 국내외 변화로 인해 재앙적인 결과로 이어지리라고 우려했다. 그는 구별과 참여 문제를 상도 내부의 구별 짓기 형태에서 찾지 않고 상도가 철강 시장에서 직면한 상황과 연결했다. 그의 관점에서는 상도가 시장에서 실패하면 모든 것이 끝장이었다. 수천 명의 상도 직원들이 이루고 있던 균형 상태가 단박에 무너지는 것이었다.

··· 숨겨진 구별 찾기 ···

문제가 있는 위계 구조나 새로운 이상을 찾는 작업은 그것들이 사회적 산물이라거나 상황이 실제로 어떻게 돌아가는지에 대한 직원들의 오해라는 사실을 드러내는 게 아니라, 그것들에 너무 많은 교차적 형태가 있어서 모든 것을 한 번에 해석하는 일 자체가 일종의 서사 기술임을 드러낸다. 존 윅스는 이를 직원 또는 관리자가 상황이 돌아가는 방식에 대해 자신들 나름대로 설명하려는 '문외한 민족지학lay ethnography'이라고 표현했다.[2] 조직 사정을 잘 모르는 외부자나 신입 사원과 자신을 구별해서 자기가 조직 내부자임을 드러내는 방식이다.

2015년 상도에서의 마지막 날 나는 상도 타워 모퉁이에 있는 치킨집에 갔다. 그곳에서 최 과장을 만났다. 그는 대형 금융 회사 전략팀에 있다가 최근 상도 지주회사에 합류했다. 그는 내가 이곳에서 연구하고 있다는 이야기를 듣고 자신이 상도로 옮겨와 생활한 소감을 전해주겠다고 했다. 맥주 몇 잔을 마실 때쯤 그가 영어로 내게 이렇게 말했다.

"상도는 너무 기독교적이지 않아요? 눈치 못 챘어요?"

그는 마치 고백하는 듯한 태도로 입사 후 얼마 지나지 않아 그 사실을 포착했다고 말했다. 회사의 다양한 측면을 관찰하다 보니 오너 일가가 크리스천임을 직감할 수 있었는데, 겸손을 강조하는 사내 곳곳의 글귀, 클래식 음악 후원, 기업 부채를 최소화하는 경영 방침 등 사무실 곳곳에 기독교적 가치관이 보이는 요소들을 발견할 수 있었다고 했다.

나는 꽤 충격을 받았다. 1년이 넘도록 회사 안팎에서 기독교적인 느낌을 받거나 종교적인 이야기를 들은 적이 한 번도 없었기 때문이다. 결혼식에 참석했을 때 장소가 성당이나 교회라면 해당 직원 종교가 천주교나 개신교라고 추측하긴 했지만, 오너 일가는 물론 팀원들의 종교가 무엇인지는 알 수 없었다. 누구도 자신의 종교에 관해 이야기한 적이 없었기에 나도 질문을 피했다. 이는 인류학자 김충순이 1980년대에 특정 종교가 기업 문화에 편입된 사례로 언급한 주식회사 풍산과 극명히 대조된다. 당시 풍산 회장은 직원들을 이끌고 경상북도 안동의 유교 마을 인근 산에 올라가 자신_{더 넓게는 회사}의 조상에게 제사를 지내면서 그 의식을 기업과 한국 역사로까지 연결했다.[3] 나는 최 팀장의 이야기를 듣고 내가 1년여 동안 다른 이들 눈에는 자명할 법한 미묘한 단서를 놓쳤다는 사실을 깨달았다.[4]

상도에 깊숙이 뿌리 내리고 있었으나 내가 놓치고 있던 숨겨진 기업 문화는 기독교뿐만이 아니었다. 어느 날 해외 지사 주재원으로 파견 근무 중이던 동민 대리가 잠깐 귀국해 본사를 찾았다가 HR팀 내 옆자리에 앉아 있는 기호 사원을 만나러 왔다. 두 사람은 학창 시절 친구였다. 두 사람은 익살스럽게 손을 꽉 움켜쥔 악수를 하면서 왼손으로 상대방의 팔꿈치를 잡는 제스처를 마치 공연하듯 오랫동안 했다. 그 모습을 쳐다보던 내게 동민 대리가 웃으며 말했다.

"봤어요? 이거 군대 문화예요."

서로 시기와 장소_{동민 대리는 육군사관학교 졸업 후 장교로 있었고 기호 사원은 그보다 앞서 포병 중대에서 병사로 복무했다}는 달랐지만, 두 사람 모두 군기가 센 곳에서 군대 생활을 했다. 동민 대리는 직장 생활 속에 침투해 있는 미묘한 군대 문화를 이해하지 못하면 한국의 기업 문화도 이해할 수 없다고 말했다. 그렇다고 그가 '진짜 사나이'라는 이미지로 상징되는 요란한 남성성을 가리킨 것은 아니었다. 운용 방법을 정확히 지시하는 야전 교범_{현장 지침}을 말한 것이었다. 그는 상도 지주회사는 아직 제대로 된 야전 교범이 없어서 모든 직원이 명확한 임무를 갖는 좋은 운용에 대한 모델이 되지 못한다고 이야기했다.[5] 그런데 여기에서 그는 직장 생활이 군대 같다고 하면서도 상도는 군대의 좋은 효율성 모델을 수립하지 못했다고 말하고 있었다. 내게는 다소 이율배반처럼 들렸다.

어쨌든 군대 문화의 흔적은 상도 사무실 곳곳과 내가 방문했던 다른 기업 사무실에서도 찾을 수 있었다. 회사에서 지급하는 다이어리에 수록된 상도그룹 사가는 1970년대 군가 곡조와 비슷했다. 상도 타워 꼭대기에는 서울의 다른 고층 빌딩과 마찬가지로 북한의 공격에 대비해 무기와 탄약이 비치돼 있다. 직원들 사이에서 다른 팀이나 자회사보다 군대 문화가 더 심하다는 계열사 이야기도 자주 흘러나왔다. 일테면 상도사우스는 상도 타워로 이전하기 전 대규모 군 기지 근처에 있어서 그랬는지 다른 계열사보다 군대 문화가 더 강하다는 평가를 받았다. 설문조사에서도 일부 직원들이 상도사우스의 '수직적 군대 문화'를 비판했다. 그리고 나는 연구 막바지에 이르러서야 군대식 존대 어법이 있다는 사실을 알게 됐는데, 일상에서는 거의 사용하지 않는 '압존법'이라는 경어법이었다. 지극히 사적인 관계에서만 사용하는 어법이 군대에서 잘못 쓰였고 그것이 직장 생활에도 영향을 미친 것이다.[6]

한국 기업과 군 사이의 역사적 연결고리도 재평가를 받고 있다. 역사학자 권반석은 한국의 개발 서사에서 빠른 산업화를 주도한 정부의 역할에 관해 오랫동안 프레이밍해왔던 이른바 '한강의 기적'이 사실은 군 주도의 산업화 이야기였음을 연구했다. 그것은 박정희 대통령 권위주의 독재의 복잡한 유산이었고, 산업 성장에 초점을 맞춘 순수한 서사에서는 물론 대부분 성장 서사에서 대체로 금기시된 주제였다.[7] 삼성, 한화, 한진대한항공, 대우, 현대 등 한국의 재벌 그룹 대다수는 군수 산업에 이미

뛰어들었거나 시작하라는 권고를 받았으며, 박정희 대통령의 산업-군사화 추진과 더불어 크게 확장했다. 오늘날에도 많은 재벌 그룹은 현대위아, LIG 넥스원, 한화테크윈처럼 모호한 이름을 가진 군수 방면 자회사들을 상당수 거느리고 있는데, 이들의 정확한 목적은 대중에게 명확히 알려지지 않았다. 그렇지만 이와 같은 군사적 연관성은 여전히 많은 재벌 기업의 표면 아래 남아 있다.

비교하면 기독교적 관계와 군사적 관계는 제도적 위치뿐 아니라 기업 생태계의 여러 측면에 걸쳐 위계 구조에 대한 서로 다른 설명을 제공한다. 우선 두 관계는 모두 외부자의 눈에 바로 띄지 않고 내부자의 조사가 필요한 방식으로 다른 제도의 공적인 얼굴에 포함된 제도와 연결된다. 이런 암호화된 구별 짓기는 제3장에서 나이든 남성 관리자들에 대한 고정 관념이 형성한 인물 유형과 유사한 방식으로, 특히 내부자들에게 제도의 진정한 본보기, 가치, 동인, 명분이 존재한다는 환상을 준다. 이로 인해 그와 같은 제도적 저류나 가치 구조가 표면적으로는 기업적이거나 비즈니스적인 것을 중재하는 것처럼 보인다. 이 같은 맥락에서 보면 한국 기업의 비즈니스는 군사 작전과 진배없으며 상도는 기독교 기업으로 이해할 수 있다. 기독교와 군국주의라는 크게 다른 두 모델이 그렇게 쉽게 어울릴 수 있다는 사실은 권력관계로서 위계 구조나 계급 표식 또는 사회적 구별 짓기로서 구별의 궁극적 형태를 찾는 작업을 더 어렵게 만든다.

그리고 이 두 가지 관계는 단순히 기저에 있다는 것만 같을 뿐 다른 방식으로 작동한다. 한국의 개신교는 미술, 음악, 학문과 같은 현대주의적 구별 짓기와 밀접히 연결돼 있다. 달리 말해 규정된 전통과 가장 일반적으로 연관된 특징, 의식, 관행을 통해 자신을 드러낸다. 개신교는 계몽된 형태의 자기 수양이라는 문화적 이진법 안에서 작동하며 조상 숭배, 전통 음악, 음주나 흡연을 한국 사회의 후진적 요소이자 악덕으로 보고 멀리한다. 치킨집에서 최 과장이 한 말 속에는 상도 오너 일가가 그저 부유한 상류층이 아니라, 예술품 수집이나 오페라 관람 등 세련된 교양인들이라는 측면에서 대다수 나머지 노동자들과 구별된다는 의미를 담고 있었다. 여기에서 오너 일가의 이런 문화적 형태의 구별 짓기는 전면에 내세우거나 직접 언급하는 방식을 취하지 않으면서 기업 조직 구조에 미묘하게 내재해 있다.

반면 군대 모델은 다르게 작동한다. 동민 대리가 암시했듯이 군대는 모든 것이 효율적이고 원활히 작동하는 이상적이고 완벽하게 관료주의적인 조직의 본보기다. 이는 군사 정권 시기에 대한 역사적 논란은 차치하고, 군부 통치가 비록 잔인했으나 효과적이었다는 생각을 중심으로 한 긴장을 반영한다. 그런 논쟁은 때때로 잘못된 방향을 잡지만, 다른 종류의 숨겨진 구별 짓기를 제시하기도 한다. 어려운 도전 앞에서는 오래된 조직 모델이 더 효과적이라면서 말이다. 명확한 통제의 경계나 정교한 규칙이 없는 조직은 다른 대기업들이 성공하는 와중에 상도가 실패하는 이유를 설명해줄 수도 있을 것이다.

··· 구별과 참여 사이의 직장 윤리 ···

내가 이 연구의 중심에 있는 대기업 가명을 상도라고 지은 이유는 상도의 뜻을 담은 한자어 '商道'가 '시장 윤리'를 일컫기 때문이다. 일반적으로 이 말은 가격, 배송, 신뢰 측면에서 공정한 거래를 위한 상인 계층의 윤리를 가리킨다2001년 방영된 동명의 TV 역사 드라마도 있었다. 그렇지만 기업의 사회적 책임이 강조되고 기업 이미지 광고 캠페인이 펼쳐지는 시대에 시장 윤리가 무엇을 의미하든 상도그룹이 그 이름대로 다른 대기업들보다 특별히 윤리적이라고는 할 수 없다. 물론 상도도 여느 재벌 그룹들에서 흔히 볼 수 있는 방식으로 서울을 비롯해 계열사가 있는 지역에서 다양한 자선, 자원봉사, 기부 활동을 하고 있다. 그리고 매년 상도 직원들은 회사 기밀을 누설하지 않고 불법 행위에 가담한 동료를 돕지 않겠다는 윤리 서약도 하는데, 윤리 자체에 대한 다짐이라기보다 그 내용을 준수하겠다는 약속이다.

여기에서 내가 말하는 윤리는 직장 내 구별과 참여를 탐색하는 맥락에서의 윤리적 딜레마다. 이 책의 각 장은 구별과 참여 사이의 긴장과 연결된 윤리적 갈등을 보여줬다. 제1장에서 성과관리팀 관리자들은 계열사가 제출해야 할 월간 보고서와 관련해 자신들을 그들과 어떻게 구별해서 부각할지 고민했다. 자신들을 구별하는 것, 즉 전문가 집단으로 보이기 위한 시도는 계열사 직원들을 주말에 일하게 함으로써 그들에게 위계적 부담을 안길 수밖에 없었다. 이와 같은 딜레마는 다른 곳에서도 일어났다. HR팀 기호 사원은 자료를 수집하고자 계열사에 연락해야 했고 상대는 때때로 그보다 직급이 높은 직원이었다. 한번은 회식 자리에서 어떤 계열사 관리자가 그에게 자회사도 일상 업무로 어려운 점이 있으니 자료를 요청할 때 시간 배려를 해달라며 사정을 한 적도 있었다.

제2장에서는 성과 기반 개인 성과급 보상이 HR팀 직원에게는 윤리적인 방법이나, 다른 직원들에게는 팀 내에 원치 않는 형태의 구별을 생성하는 혼란의 잠재적 징후일 수 있음을 살폈다. 마찬가지 사례로 민종그룹의 수평화 직함 정책은 젊은 직원들에게 매니저 호칭을 부여해 의욕을 고취하는 듯 보였지만, 실제 매니저였던 직원들의 구별을 없애는 결과를 낳았다.

제3장은 나이든 남성 관리자들을 대상으로 한 인사 문제에서의 윤리적 고려를 다뤘다. 나이든 남성 관리자로 상징되는 부도덕한 관리자들은 문제 세력으로 인식되는 동시에 새로운 평가 시스템과 조기 퇴직 계획을 포함한 노동 정책의 표적이 됐다. 인사 시스템에도 윤리적 고려가 필요했다. HR팀 관리자들은 이론상 모든 임원과 팀장들에게 같은 평가 체계를 적용하면서 360도 피드백을 수집하는 시스템을 구축해야 했다.

제4장의 설문 조사를 통해 계열사 직원들의 목소리를 전함으로써 그들의 문제를 해결하려는 지주회사 HR팀의 시도는 결과적으로 계열사 HR팀 지식과 다른 직원들의 현장 전문성을 축소하는 우회적 방식이었다.

제5장에서 민주적 참여가 보장되는 장으로 여겨지던 주주총회 역시

총회꾼들과 주주 활동주의자들의 여론 조작을 우려해야 하는 장으로 전락했다.

제6장에서는 지주회사 HR팀이 카페에서 회의하거나 함께 스크린 골프를 하는 등 겉으로는 유쾌한 활동처럼 보이는 것도 그 이면에는 강력한 규범 준수와 집단 따돌림의 모습이 서려 있음을 목격했다. 골프는 기존 전통적인 퇴근 후 친목 활동과 비교하면 강압적 참여로부터 탈출이었지만, 개인 여가 활동의 다른 참여 영역을 독점하게 되면서 엄청난 부담으로 작용했다.

조직행동학자 로버트 재컬Robert Jackall은 직장 생활의 윤리적 균형을 다룬《도덕의 미로Moral Mazes》에서 미국 기업의 관리 위계는 높이 올라 갈수록 도덕적 균형이 약화한다고 설명했다.[8] 한국의 경우에는 기업의 위계 구조가 복잡해지는 또 다른 이유가 있다. 소수의 직원이 다른 직원들의 구별과 참여를 판단하는 책임을 맡음으로써 한 개인의 발전과 만족에 대한 윤리적 부담을 떠안기 때문이다. 내가 관찰한 일반적인 윤리적 딜레마는 팀장이 팀원들을 평가해야 하고 순위를 매기는 방식으로 팀원들에 대한 구별 짓기를 해야 한다는 것이었다. 내가 듣기로는 대부분 팀장이 연공서열로 순위를 매긴다고 했다. 팀원 가운데 누가더 뛰어난지 결정해야 하는 선택의 딜레마를 피하기 위해서였다. 팀원이 팀장에게서 규범적 압력을 느끼는 것 못지않게 팀장도 팀원의 인사고과를 다루는 데 매우 복잡한 도덕적 부담을 느낀다. 앞서 제1장에서 살핀 DRIVE 프로젝트는 이 같은 문제를 다루는 한 가지 방안이었다. DRIVE 시스템은 팀장들에게서 윤리적 딜레마를 제거하는 동시에 편견과 편애를 배제하는 객관적인 체계를 만들려는 시도였다. 이런 의미에서 새로운 종류의 기술관료주의적 시스템은 직원들의 직장 생활 속 관계를 소수의 다른 직원이 책임지는 윤리적 딜레마를 해결하기 위한 시도였다.

때때로 구별, 특히 기업에 의해 또는 기업 내에서 이뤄지는 구별 짓기는 기업이 합리성을 도모하고자 노동력에 질서를 부여하고 직원들 사이의 열정, 통찰력, 영향력 등 자의적이고 측정하기 어려운 인위적 차별점을 만드는 전략으로 취급됐다. 그리고 참여는 다른 형태의 숨겨진 불평등을 감추고자 내세우는 대면 상호작용 또는 급진적 수평화 노력이라는 비판을 받았다. 한편 이 같은 비판과 별개로 상도그룹의 민족지학적 초상은 한국의 더 넓은 사회적 맥락에서 점차 위계를 배제하고 있는 기업들의 다른 기대감으로 형성된 초기업 이상의 일부로서 구별과 참여가 여전히 남아 있음을 보여준다. 대다수 직원의 참여가 직장 동료와 보내는 시간 속에서 일어나고 동일한 상호작용에서 구별이 이뤄지기에, 직장 생활은 의심할 여지 없이 이런 긴장이 앞으로도 계속 이어지는 장으로 남을 것이다.

° 더 이야기할 것들 °

현장 연구와 그 의의

지면을 조금 더 할애해 이 민족지학적 연구 과정에서 나타난 여러 측면과 지금까지 설명한 구별과 참여 사례가 연구에 얼마나 큰 영향을 미쳤는지 이야기하고자 한다. 인류학적 민족지학은 실제 참여와 관찰을 바탕으로 대상이 보이는 방식을 비교적 명확히 보여줄 수 있지만, 그렇더라도 늘 불완전한 과학이 될 수밖에 없다. 그 까닭은 완벽하게 균형적인 접근이 어려운 데 반해 인류학자는 연구 대상이 되는 사람들과 자신의 사회적 진단 형식 사이의 등가를 유지하기 위해 부단히 애쓰기 때문이다. 연구자가 직접 관찰하는 물리적 실재가 전제인 인류학적 민족지학은 과학적 순수성, 비인격적 편향, 이념적 비판을 배제한 채 공동체, 공간, 일련의 관행과 연결된 연구 대상의 복잡한 논리와 가치관을 적극적으로 포용한다. 그럼으로써 경영자, 과학자, 관료와 같은 전문가 커뮤니티 맥락에서 흥미로운 역학관계를 만들 수 있다.

이 연구 프로젝트는 대기업 조직 생활에서의 구별과 참여 사이의 상충하는 긴장을 살핌으로써 한국의 위계 체계가 앞으로 어떻게 변모할지 그려보는 데 초점을 맞췄다. 연구 현장의 상황이 어떻든지 연구자는 그곳의 규범, 사회적 예절, 생활 패턴에 순응해야 한다. 그러나 그런 연구 현장에서도 또 다른 형태의 구별 짓기가 연구자와 연구 대상 모두에게 영향을 미치거나 파생한다. 가장 전형적인 상황은 서양인, 소속 대학, 전공 학문이 의식적·무의식적으로 연구 현장 분위기를 미묘하게 변화시킨다는 것이다. 이는 연구 상황 안에서 나름의 묵시적 역학을 형성한다.

이 연구는 구별 범주의 낯선 대조에 큰 영향을 받았다. 미국의 대학, 미국식 경영 사고, 영어 구사 등은 적어도 제2차 대전 종료 직후 미 군정 치하 때부터 한국에서 높은 대우를 받았다. 영어 구사 능력 자체가 대부분 주요 기업에서 관리 역량 척도로 여겨졌다. 내가 만난 관리자 대다수는 자녀를 미국 대학에 유학시키고 자신은 MBA 학위를 받고 싶어 했다. 이런 형태의 구별 짓기 덕분인지 나는 한국 기업 사회에서 상대적으로 쉽게 접근해 사람들과 인터뷰하고 회의에 참석할 수 있었다. 그리고 다른 한편으로는 내가 한국 엘리트 계층으로 구별되는 곳에서 생활하고 있다는 사실을 알게 됐다. 상도에 출근한 첫날 나는 어떤 직원이 결혼 예물로 받은 롤렉스 시계를 차고 있는 모습을 봤고, 어떤 직원은 이탈리아 출장 때 구했다는 명품 양복을 입고 있었다.나도 초기 예산 일부를 옷장 개선에 쓴 터라 그런 사람들 사이에서 확연히 눈에 띄지는 않았다. 이런 대조도 구별 짓기의 한 형태로, 내가 속한 언어, 인종, 교육, 계층 같은 인구학적 범주가 한국과 비교해 어떤 위치에 있는지 헤아리는 데 유용하다.

상도에서 진행한 이 연구에 영향을 미친 또 다른 구별 짓기는 학문 분야로서 인류학의 위상이 기업 전략, 마케팅, 조직 행동 같은 전문 지식과 비교해 상대적으로 낮은 수준이었다는 것이다. 이런 의미에서 인류학, 한국 기업 조직 내의 인류학자는 단순히 기업 체계 속 사람들의 내부 생활이나 목소리를 드러내는 데 그치면 안 된다. 학문 분야, 연구자, 연구 대상 등이 특정한 방식으로 상호작용하고 영향을 미치도록 해야 한다. 나는 내가 예상치 못했던 것들을 포함한 많은 구별 짓기와의 만남이 내 연구에 어떤 영향을 미쳤으며, 그에 대한 내 이해가 연구 주제를 형성하는 데 어떤 방식으로 작용했는지 이야기할 것이다. 내가 연구 장소와 대상을 선정한 방식, 다른 전문가들과 상호작용한 방법, 표면적으로는 낮은 수준처럼 보였던 기업 프로젝트를 제대로 인식하게 된 배경, 위계와 민주주의 및 기업 통제에 관한 판단을 재고하게 된 과정을 서술할 것이다.

··· 현장 찾기: 오염되지 않은 연구 환경 ···

2013년 나는 박사 학위 주제로 민주적 조직 기법이 노동자들 사이의 커뮤니케이션이나 수평 조직 구조 실험을 통해 한국 직장 생활에 어떻게 녹아들었는지 연구하겠다고 제안했다. 나는 이를 제대로 수행하려면 우선 실제로 한국 기업에서 한국인 직원들과 함께 일해야 한다고 생각했다.

내가 이 결정을 한 데는 여러 가지 이유가 있었다. 첫째, 그 어려움을 알았기 때문이다. 나는 기업이라는 공간에 접근한다는 것이 쉽지 않음을 알았다. 서울대학교에서 만난 인류학자들과 이야기를 나누면서 나는 외부자로서 헤쳐나가야 할 위험 요소가 상당히 많다는 사실을 깨달았다. 지나치게 비판적으로 질문하면 잠복 지식인처럼 보여서 인터뷰를 망칠 수 있다. 그런 식의 질문은 조직 및 팀 전체에 위험 신호로 발생시켜 접근 자체가 막히게 된다.[1] 어떤 한국 대학원생이 쓴 논문 내용 때문에 연구를 도운 직원이 해고당했다는 이야기를 들은 적 있다. 이와 같은 위험 요소를 인지했던 나는 승인된 내부자로 일함으로써 인터뷰를 통해 정보를 수집하는 데 따른 실질적인 문제를 피할 수 있다고 여겼다.

둘째, 나는 인류학자 로저 자넬리Roger Janelli가 수행한 한국의 가칭 태성그룹 민족지학 연구에서 영감을 받기는 했으나, 내가 막 대학원에서 공부할 때 그가 개인적으로 들려준 한계에 대해서도 인지하고 있었다. 그는 해당 연구에서 벽에 붙어 있는 파리처럼 특정 업무에만 관여할 수 있었다. 나는 일반적 규범과 사회적 위계로 이뤄진 공간이 아닌 직원들의 직장 생활에 활력을 불어넣는 조직 정치와 관리 관행이 뚜렷한 영역으로서의 한국 기업을 이해하고자 업무와 업무 구체성에 초점을 맞췄다.[2] 그래서 나는 HR팀이 노동력 자체를 주시하는 주요 관리 부서이므로 민족지학 연구를 수행하는 전문 분야로 적절하다고 판단했다.

셋째, 일찍이 나는 언어인류학자들에게서 나온 형식적·제도적 언어 분석 접근법과 조직행동학자들이 개발한 다면적 접근법을 결합하는 데 강한 흥미를 느꼈다. 이 조합은 이론적으로 실제 제도적 커뮤니케이션의 이데올로기적 역학을 포착하는 한편 업무 분야, 유형, 기법 등의 다양성 증가를 고려한다.[3]

2014년 서울에서 집중 어학 과정을 마친 나는 친구, 대학 인맥, 이전 동료들과의 친분을 활용해 인터뷰를 진행하면서 6개월에서 1년 동안 인턴으로 일할 수 있는 기업을 물색했다. 그렇게 다양한 루트를 통해 나와 개인적 연관이 없는 기업가를 찾을 수 있었다. 낯선 사람을 통해 연구의 순수성을 확보하고 이른바 '낙하산', 즉 윗선에 줄을 대어 입사한 직원이라는 오해를 피하기 위해서였다. 당시 나는 한국 직장 문화의 현대적 연구에 대한 한국의 민족주의적 관심이 나를 받아들이는 기업의 충분한 동기가 될 수 있다고 믿었다. 더욱이 영미권 사회과학 분야에서는 1980년대 후반 로저 자넬리와 김충순의 연구 말고는 한국 직장 문화에 관한 민족지학적 연구가 이뤄지지 않았었다. 하지만 돌이켜보면 다소 순진한 생각이었다. 한국 기업의 임원이 낯선 미국인 연구자를 회사로 끌어들여 위험을 자초한다는 것은 기대하기 힘든 일이었기 때문이다. 기업의 입장에서든 개인의 관점에서든 가시적 보상은 거의 없고 잠재적 위험만 있을 뿐이었다. 대학과 기업 사이에 공식적 유대관계가 없을 때라면 특히 더 그렇다. 경영대학원 연구와 달리 인류학 박사 과정 학생들에게는 대학이나 교수를 통한 공식적·제도적 연줄이 없다. 이런 이유로 접근이 매우 어렵다는 단점이 있지만, 한편으로는 어느 정도 자유가 허용되기도 한다. 어쨌든 기업 내부에서의 민족지학적 연구 시도는 흥미로우면서도 힘들었다. 사외 인터뷰 중 관찰한 내용, 회사 로비 방문 취재, 사무실 인근 카페에서 귀를 기울여 들은 이야기들은 내가 찾고 있던 직장 생활 상황을 수집하는 데 바람직한 방법이 아니었다.[4]

6개월이 지나도록 성과가 없게 되자 나는 프로젝트를 완전히 바꿔야 할지 고민했다. 그러던 중 그동안의 전화 통화, 회의, 호의내가 직접 알지 못하는 사람들을 포함한 덕분에 운 좋게도 대학 동문으로 만나게 된 상도그룹 오너 경영진 가운데 한 사람으로부터 입사 허락을 받게 됐다. 처음에 그는 상도에서 6개월 동안 인턴으로 일할 기회를 줬다. 이후 계약직으로 6개월 더 연장돼 상도에서 1년을 보낼 수 있었다. 내가 HR팀에서 일할 수 있을지 묻자 지주회사 팀장과 면접을 주선해줬다. 장 팀장을 처음 만났을 때 그는 내게 어떤 업무를 맡겨야 할지 무척 혼란스러워했다. 그도 그럴 것이 나는 명시적 업무 계획을 준비해 파견된 연구원도 아닌 데다 HR 업무에 걸맞은 소양도 갖추지 못했었다. 공식적으로는 인턴이었으나 취업할 목적으로 회사에 들어온 경영학 또는 경제학 전공 학생도 아니었다. 아마도 동료들에게 나는 순수한 '낙하산'으로 보였을 것이다. 그래도 결국 나는 HR팀에 배정됐고, 근무 첫날 팀 동료들에게 현장 참여와 관찰을 기반으로 연구하는 민족지학자라고 나를 소개했다. 팀원 전원이 사전 동의서에 서명했다. 그리고 마찬가지로 상도에서 만난 사람들 모두에게 한국 대기업의 직장 내 인간관계, 업무 기술, 커뮤니케이션 등의 변화에 관해 연구하고 있다고 설명했다.

나는 한국의 대표적인 업무 현장 문제를 다루고 싶었기에 맨 처음 내가 일했으면 했던 HR팀은 상도그룹 계열사 중 한 곳의 HR팀이었다. 필요하다면 서울이 아닌 지방으로 이사할 의향도 있었다. 그렇지만 오너 임원이 아무리 개인적으로 호의를 베풀고 싶어도 인력 배치까지 좌우할 수는 없었다. 계열사마다 선행하는 인사 원칙이 있었으며, 오너 일가라도 그 원칙을 깨지는 못했다. 내가 지주회사 HR팀에 배정되도록 힘쓰는 것이 그가 할 수 있는 최선이었다. 상도 지주회사 HR팀은 그의 사무실 바로 아래층에 있었고, 미국인을 상대하기 좋은, 즉 더 많은 직원이 영어를 구사할 수 있는 부서였다. 나는 이것이 당시 그 오너 임원이 갖고 있던 권력의 한계였다고 생각한다. 계열사 인사 원칙에 대한 배려는 차치하고, 사람을 마음대로 배치하라는 개인적 지시를 내릴 형편은 못 됐던 듯하다. 나아가 계열사에 심의를 거치지 않은 미국인을 받아들이는 실험을 하도록 함으로써 자신이 정치적으로 개입했다는 오해를 받고 싶지는 않았으리라 짐작한다. 계열사 대다수가 불확실한 기업 상황에 직면해 있을 때이기도 했다. 그들이 사용하는 고도로 전문화한 철강 산업 관련 문서 등이 일반적인 직장 문화에 관심을 가진 나 같은 사람에게는 이해하기 어렵다는 이유도 한몫했을 것이다. 철강 업계에서는 일상적이고 그룹 내에서도 이미 소문이 파다한, 일부 계열사의 강압적 분위기나 과음 같은 풍토를 젊은 외국인에게 노출하고 싶지 않은 예의상의 문제도 있었으리라 추측한다. 한국 철강 업계 자료를 보니 관련 기업 인력의 90%가 남성이었다. 아울러 철강 업계는 회식 등 퇴근 후 친목 활동으로 특히 유명했다.

그래서 나는 결국 상대적으로 유연한 지주회사에서 일하게 됐다. 그런데 HR팀은 부서 고유의 특성과 기이한 구별로 인해 나름의 문제를 겪고 있었다. 지주회사는 상도에서 신규 조직이었고, 구성원들도 각 계열사 장기 근속 직원과 외부에서 영입한 경력 직원, 나보다 불과 몇 년 먼저 일하기 시작한 직원들이 섞여 있었다. 그중에서도 중요한 대목은 지주회사 HR팀이 그룹 임원과 관련한 산적 과제와 다국적 대기업의 갖가지 심각한 문제를 둘러싼 비밀이 많다는 것이었다. 이와 같은 여러 우려 때문에 한국 직장 생활에서 이메일 작성 스타일이나 기업 인트라넷의 역할과 같은 부분이 궁금한 듯 보이던 나를 동료들은 숲에서 나무를 보려는 사람이라고 생각했을 것이다.

상도에서 연구를 진행하는 동안 나는 점차 동료들이 관심 두는 부분, 지주회사의 역할과 커뮤니케이션과의 관계로 초점을 전환했다. 사교적인 측면에서는 풋살팀에 가입하고, 회사 헬스클럽에 다니고, 사내 카페에서 사람들을 만나는 등의 활동을 통해 지주회사 및 자회사 직원들과 친분을 쌓으며 상도그룹 내에서 나만의 진로를 개척하려고 애썼다. 그런 노력으로 나는 지주회사의 다른 관리자들보다 상도의 역사를 더 많이 알고 있던 한 IT 관리자와 친해졌고, 그의 집을 방문하기도 했다. 나아가 나를 초대한 결혼식이나 회식 자리에는 모조리 참석했다. 지방 소재 공장 두 곳도 갔고, 주주총회, 인천에서 열린 철강 산업 박람회, 오너 일가가 주최한 클래식 음악회, 철강 업계 5킬로미터 단축 마라톤대회 등 다양한 행사에 참여하기도 했다.

나의 이런 자유로운 활동은 내가 오너 일가와 관련이 있다는 주변 사람들의 생각에 미묘한 영향을 받았다. 그 오너 임원을 자주 만난 것도 아닌데 말이다. 제1장에서 살폈듯이 그는 상도 지주회사에 여러 새로운 관리자와 임원을 개인적으로 영입해 신규 프로젝트를 수립하고 추진할 수 있도록 도왔다. 서구 기업과 관련한 다른 관리자와 임원이 상도그룹에 많다는 사실을 고려할 때 상도 타워 내 다른 직원들에게 상도의 신규 전문가 그룹 구성원으로 외국인을 영입한 게 그리 이례적인 일은 아니었을 것이다. 그러나 오너 임원이 데려온 인턴이자 박사 과정 학생이라는 내 이상한 위치는 내가 지주회사의 다른 관리자들과 상호작용할 때 예상치 못한 영향을 미쳤다. 그들을 개인적으로 만났을 때 어떤 관리자들은 내가 하는 이 연구가 관리자들의 업무 스타일에 관한 연구로 오너 일가를 위한 것이라고 받아들였다. 내가 딱 잘라서 아니라고 했는데도 그들은 내가 그 오너 임원에게 몰래 직접 보고하고 있으며, 적어도 간접적으로나마 자신들을 평가하고 있다고 생각하는 듯했다. 같은 맥락에서 내가 다양한 행사에 참석하고 여러 팀과 함께할 수 있었던 데는 나를 거절하면 자신들의 평판에 악영향을 미치리라는 생각이 전제돼 있지 않았었나 생각한다. 어떤 팀 관리자는 내가 그의 팀과 하루를 보냈을 때 나를 향해 윙크하면서 자신의 팀이 내 연구에 협조했다는 사실을 오너 임원에게 꼭 알려주라고 부탁했다.

이런 의미에서 내 존재는 구별과 참여에서 외부자가 내부자와 섞이는 것 이상으로 복잡해졌다. 나는 지주회사에서 가장 낮은 위치에 있었으나 개인적으로는 가장 높은 위치와 연결돼 있었고, 한편으로는 기업 업무라는 전문성에서 거의 알려지지 않은 모호한 지식인류학에 관여하고 있었다. 더욱이 내가 지주회사 HR팀 소속이었기에 나를 중립적인 위치에 있다고 여기기 어려웠을지도 모른다. 요컨대 그처럼 대조적인 위치가 내 일과 내 주변 사람들의 일에 어떤 영향을 미쳤는지 알기는 어렵다. 만약 내가 다른 위치에 있었다면 어떤 다른 이야기를 들었을지도 파악하기 어렵다. 그렇지만 분명한 사실 한 가지는 어떤 현장에 끌어들여진 구별과 그 속에서 생겨난 구별 모두가 연구자의 관점에만 영향을 주는 게 아니라 현장의 상황에도 영향을 미친다는 점이다.

··· 현장 속에서: '전문성'이라는 구별 짓기 ···

직장 내에서 나도 모르는 사이에 특정 방식으로 자리를 잡은 데다 내가 점차 다른 관리자들의 프로젝트를 고려해 내 연구를 바라보게 되면서, 내 연구의 관심사 또한 나를 둘러싼 주변 상황에 따라 재구성되고 있었다. 상도에서 일한 지 몇 개월이 흐른 어느 날 전략팀 상진 과장이 나를 한쪽으로 데려가더니 내 연구의 성격이 정확히 무엇인지 물었다. 내가 HR팀에 있고 주로 메모만 하면서 전략팀을 수동적으로 관찰했는데도 그는 여전히 궁금해했다. 나는 그가 내게 호기심이 있는 게 아니라 나를 예의주시하는, 또는 내 연구가 잘 진행되고 있는지 염려하는 그의 상사를 대신한 것이라고 확신했다. 내가 상진 과장에게 지주회사 그리고 지주회사와 계열사의 관계에 관심이 있다고 하자, 그는 좀 더 구체적으로 두 회사의 비교 연구에 집중하거나 상도가 철강 업계 대표 주자로서 자격이 있는지에 초점을 맞춰야 한다고 조언했다. 그는 상도가 한국을 대표하는 기업 표본이어서는 안 된다고 말했다. 상도는 일반화하기에는 너무 특이하다는 게 부분적인 이유였다.

그가 나를 위험한 인물이라고 의심한다기보다는 인류학이 미세한 상호작용에서 국가적 맥락으로 확장되는 방식과 더불어 내 연구의 정체성 그리고 참여, 관찰, 질문이라는 진행 방식이 혼란을 유발할까 봐 우려하는 것이라고 직감했다. 전직 경영 컨설턴트로 해외에서 MBA를 준비하고 있던 상진 과장은 몇몇 기업을 해당 산업계 대표로 설정해 전략 및 정책 변화를 살피는 경영대학원 사례 연구의 역학을 잘 알고 있었다. 그렇기에 그의 눈에는 기업 연구자처럼 보이는데 인류학자라고 하는 것이 다소 모순처럼 보였을 것이다.

실제로 인류학자들은 개인적인 관계를 원활하게 구축하고자 현장에서 공식적으로 명시하는 연구 방식을 채택하지 않는 경우가 많다. 일테면 인류학자들은 클립보드를 설치한 별도의 연구실을 두지 않는 편이다. 이런 민족지학적 접근 방식은 독립적인 개별 '프로젝트 형식'으로 작업하는 데 익숙하고 사회화한 사람들, 특히 컨설팅 업무에 최적화한 사람들에게는 매우 이례적이었다. 프로젝트 형식이란 학습 프로젝트에서 컨설팅 프로젝트에 이르기까지 전세계적으로 활용하고 있는 기본적인 작업 방식이다.[5] 프로젝트 작업은 과제와 책임이 있는 고정된 역할_{조직적 역할}이 아닌 측정 가능한 가시적 변화나 효과 제시를 목표로 개인과 그룹의 역할을 형성하는 제한된 활동이라고 정의할 수 있다. 각 부서의 다양성에도 불구하고 상도 지주회사를 구성하는 팀들은 내부적으로 브랜드 이미지를 평가하는 프로젝트, 중국 내 개척 가능 신규 시장을 모색하는 프로젝트, 심지어 프로젝트 진행 상황을 추적할 새로운 방법을 개발하는 프로젝트 등 주로 개별 프로젝트 작업에 참여했다. 훨씬 더 경험이 많은 사람들을 파악하면서 그들에게 배우려고 애쓰는 인턴으로서, 나도 전문가들이 자신의 업무를 바라보는 방식대로 점차 내 연구를 '프로젝트'로 인지하기 시작했다.

제1장에서 언급한 프로젝트 추적 프로젝트 'DRIVE'가 내게 특별한 영향을 미쳤다. 앞서 설명했듯이 DRIVE는 모든 직원이 수행하고 있는 작업을 별개 프로젝트로 분류하는 ERP 프로그램 기반의 업무 추적 및 기록 시스템이다. 내가 참석한 몇 번의 회의는 시스템 공식 론칭하기 전 지주회사 내에서 테스트하는 방식에 관한 것이었다. DRIVE는 앱 형태의 소프트웨어 인터페이스로 모든 업무를 개별 과제, 목표, 자원으로 나눈 뒤 각각을 팀장이 등급으로 평가하고 팀원 업무의 중요성에 따라 가중치를 부여하는 독특한 시스템이었다. 그런데 그 이면에는 팀장이 팀원에게 자주 대면 피드백을 제공하도록 유도함으로써 상사의 부정적 영향력을 줄일 도구로 활용하려는 의도도 있었다.

인류학은 인식론적 상대성, 즉 세상을 바라보는 다양한 관점에 자신의 관점을 투영하는 성찰적 방법론을 지향한다. 그렇다 보니 나는 HR 팀이 진행 중인 프로젝트에 더 공감하기 시작했다. 이는 내가 HR팀 팀원들, 특히 나와 같은 또래인 데다 나를 다른 팀 회의에 참석하게끔 도와준 지순 대리의 진정성과 노고에 깊은 감명을 받았기 때문이기도 했다. 그녀는 관리자의 편견과 업무 식별을 둘러싼 까다로운 문제처럼 보이는 것을 해결하고자 진심으로 노력했다.

그렇지만 한편으로 DRIVE 프로젝트 이면에 숨은 논리를 공고히 하려고 애쓰는 모습은 한국 직장 생활에 관한 내 연구를 바라보는 시각과 팀에서의 내 가치를 생각하는 방식에 영향을 주기도 했다. 나는 인류학자로서 내 역량은 팀 동료들이 참여하는 일종의 응용 조직 행동 프로젝트에는 그리 유용하지 않다는 사실을 알게 됐다.[6] 더욱이 인턴인 나로서는 이런 업무를 수행하기 어려웠다. 내가 상도에서 일하기 시작한 초반에 조 상무는 '인수·합병M&A 시 HR 전략'에 관한 보고서를 작성하라고 지시했다. 기업 인수·합병의 다양한 원칙과 그것이 HR 관행에 미치는 영향, 일테면 인수·합병 시 HR 시스템을 통합하는 방법을 열심히 공부했고, 조 상무가 번역 문제를 피하고자 영어로 작성하도록 했는데도 내가 만든 파워포인트 슬라이드는 간신히 그의 검사를 통과했다.

그가 볼 때 내 보고서는 기본적인 'MECEMutually Exclusive, Comprehensively Exhaustive' 원칙에도 어긋나 있었다. MECE는 각각의 분석 범주가 서로 겹치지 않으면서 합치면 모든 범주를 누락 없이 포함하는 보고 원칙이다. 한국 기업계에서 유명한 글로벌 컨설팅 기업 맥킨지McKinsey & Company가 처음 사용한 용어이기도 하다. 나는 조 상무의 승인을 얻을 만한 전문적인 결과물을 만들기 위해 파워포인트 작업에 매달렸지만, HR 컨설팅 교육이 부족했기 때문에 그를 만족시킬 보고서를 완성하지 못했다. 장 팀장은 어차피 조 상무도 이미 잊어버렸을 거라면서 그만해도 된다고 했다. 이때의 프로젝트 실패 경험은 내가 지식과 전문성을 구별하는 현장에 있음을 실감하는 계기가 됐다. 만약 내가 상도의 정규직 직원이었다면 어떤 평가 등급을 받았을지 두려워졌다.

내 연구가 함께 일하는 사람들에게 인정을 받았으면 좋겠다는 생각은 내가 나머지 현장 연구에 접근하는 방식을 결정했다. 나는 내 연구 초점을 주변 사람들의 마음에 들고 그들이 알아볼 수 있을 만한 것으로 조정했다. 상도에서 일한 지 8개월쯤 흐른 봄, 마침내 정식 연구 계획을 수립할 수 있었다. 나는 '커뮤니케이션 연계의 측면에서 지주회사와 계열사 사이의 관계'라는, 조직적으로 관련이 있어 보이면서도 지나치게 비판적이지 않은 주제를 설정했다. 그런 뒤 인터뷰하고 싶은 사람들 목록, 팀 관찰 승인 요청, 방법론 설명, 연구 목표 등을 정리해 오너 임원에게 제출했다. 인터뷰 질문 샘플도 미리 제출했다. 내 실제 정식 연구가 무엇인지를 두고 합의에 도달하려는 방법이었다. 한편으로는 내 연구를 그들의 인식론적 세계에 맞추려는 시도이기도 했다. 결국 오너 임원은 내가 만든 계획에 동의했고, 이로써 나는 여러 부서에서 시간을 보내며 그들이 계열사와 구축하는 다양한 커뮤니케이션 패턴과 관계를 배울 수 있었다.

그들에게 맞는 내 연구의 틀을 잡을 때 나는 의식적 또는 무의식적으로 MECE 논리와 HR팀 관리자들이 문화적, 즉 행동의 차이에 대해 생각하는 방식을 따랐다. 나는 지주회사를 구성하는 모든 팀을 설명하고자 노력했고, 그들의 고유한 업무 영역을 기반으로 커뮤니케이션 스타일과 유형이 어떻게 분산돼 있는지 이해하려고 애썼다. 사무실 내 커뮤니케이션 유형을 부문별로 모두 범주화하고 다른 팀들과 커뮤니케이션하는 방식에 대입해 분류하는 엑셀 장표를 만들기도 했다. 하지만 그런 노력은 큰 결실을 보지 못했다. 여러 팀에 접근할 수 있는 시간은 한번에 며칠뿐이었고, 회의 참관, 일 대 일 인터뷰, 업무 체험, 팀 자료 정독 말고는 다른 메커니즘을 구축하지 못한 데다 그마저도 시간이 부족했다.[7] 지금 와서 생각해보면 설문 조사처럼 당시 많은 팀에서 정보를 수집할 때 쓰던 방법을 활용할 수도 있었을 것이다. 그러나 이미 나는 회사에서의 또 다른 구별 짓기도 인식하고 있었다. 고위 관리자들이 상주하는 곳에서 고작 인턴인 내가 할애받은 것 이상의 시간을 그들에게 요구할 수는 없었다. 그런 의미에서는 당시 내 낮은 위치를 고려할 때 벽에 붙어 있는 파리처럼 어깨너머로나마 그들을 관찰할 수 있었던 것도 행운이었다.

… 현장 그 이후: 낮은 수준 프로젝트의 가치 …

내가 광범위하게 작업할 수 있었던 프로젝트는 제4장의 직원 대상 설문 조사였다. 설문 조사는 HR팀으로서는 다소 낮은 수준의 프로젝트였다. 아마도 내게 더 민감한 인사 정보를 내게 노출하지 않으면서 진행할 수 있는 일감을 준 것 같았다. 당시 HR팀은 장 팀장이 감독하는 업무 분장으로 정신이 없었다. 민섭 과장은 급여와 임원 승진 문제를 처리하고 있었고, 지순 대리는 DRIVE 같은 신규 프로젝트를 맡았으며, 기호 사원은 인사 관리 분야 교육과 관련한 여러 소규모 프로젝트 과제를 진행하고 있었다.

처음에는 설문 조사 작업이 가진 가능성에 흥분을 느꼈다. 문화 매핑을 토대로 한 인류학적 아이디어와 HR팀의 특권이 결합한 조합물로 흥미로운 결과를 이끌어낼 수 있지 않을까 기대했다. 하지만 처음의 흥분감과 달리 나는 엑셀 스프레드시트를 띄운 채 설문 조사 데이터를 정리하고 분석하는 데 몇 주를 보내면서 현장 연구 시간 대부분을 써야 했다. 게다가 이 설문 조사는 문항 구조와 분석에 필요한 자료가 불규칙해서 최종 분석은 4월이 돼서야 끝났다. 업무 다양성에 대한 내 관심은 내가 맡은 엑셀 스프레드시트 및 파워포인트 슬라이드 작성이라는 업무가 프로젝트 계획안에서 HR팀 동료들에게 할당된 다른 업무, 즉 새로운 성과급 체계 구축, 직원 인사 기록 디지털화, 팀장 평가, 해외 지사 직원 정책 수립 등 더 복잡한 그룹 차원 정책과 연관된 업무에 비해 중요도가 떨어져 보이면서 제한을 받는 기분이 들었다.

사실 상도에서의 마지막 한 달 동안 나는 HR팀 동료들에게 특정 정책과 관련한 문서에 대해 회의를 요청했지만 실현되지 않았다. 내가 구별 짓기 인프라를 이해하게 되면서 그것을 구성하는 문서에 대한 접근 권한을 상실한 것 같았다. 돌이켜보면 조만간 퇴사할 인턴에게 고급 정보를 제공한다는 것은 이치에 맞지 않는 일이긴 했다. 그러나 당시에는 절호의 기회를 놓친 것 같아 무척 상심했다.

그래도 설문 조사 자료를 분석하다 보니 대기업 사내 정치를 둘러싼 역학관계와 다른 사람들을 대표하는 기본적인 생각을 이해하는 데 큰 도움이 된다는 사실을 알게 됐다. 설문 조사는 지주회사와 계열사 사이의 관계가 그룹 회장이나 자회사 CEO를 거치지 않은 채 직원들에게 직접 전달되고, 팀장과 임원들은 참여하지 않는 몇 안 되는 현장 중 하나였다. 그런 점에서 나는 설문 조사가 팀 관리자를 제외함으로써 이론적으로 지주회사가 비록 숫자를 통해서라도 직원들을 대변할 수 있는 나름의 참여 배제 구조를 만들었음을 깨달았다. 직원의 급여, 혜택, 직급에 직접적 영향을 미칠 수 있는 높은 수준의 프로젝트는 그룹 내에서 훨씬 더 민감한 사안이었고, 그것을 계열사에 제시하는 방식에도 특별한 주의와 관심이 요구됐다. 설문 조사는 이 같은 우려의 꽤 큰 부분을 우회하는 방법이기에 매우 흥미로웠다.

반면 설문 조사 분석이 문제에 부딪혀 HR팀이 새로운 데이터 분석 및 분할 방법을 찾고자 애쓰면서 설문 조사는 기대 가능 측면에서 극적으로 재구성됐다. 이 작업을 수행한 직원들로서는 스트레스가 심한 일이었다. 데이터를 이해하기 위해 일요일에도 출근했다. 계획했던 결과가 나오지 않아 실망하기도 했다. 그런데 이후 전혀 다른 관점에서 내 메모를 살펴보니 그 과정이 관리 측면의 순응성, 증거성, 취약성을 이해하는 데 쓸모가 있음을 발견했다. 어떤 의미에서 HR팀은 최종 보고서에서 다른 분석을 제시하겠다고 약속한 여러 상위 관리 범주를 효과적으로 지울 수 있었다. 이는 원대한 약속처럼 보였던 것이 이론상 중대한 결과 없이 변경될 수 있음을 시사했다. 또 어떤 의미에서 HR팀 관리자에게는 그들 자신과 계열사 관리자 사이의 구별을 끌어내는 것 못지않게 숫자, 사실, 증거에 입각한 논리가 매우 중요했다. 고급 모델을 사용하거나 미국 통계학자의 도움을 받는 등의 구별 짓기는 자신들이 제시해야 한다고 느낀 종류의 어려운 논리를 충족하지 못했다. 이는 설문조사 프로젝트 자체에 지주회사를 대리하는 전문가 집단이라는 HR팀의 지위가 걸려 있다는 의미였다. 비교적 단순한 프로젝트조차 효과를 보여줄 수 없다면 더 야심 찬 프로젝트에 대한 신뢰에 타격을 입을 수 있는 것이다.

⋯ 이 책의 의의: 위계를 넘어서 ⋯

2015년 상도를 떠난 뒤에도 나는 기업 사회의 민주주의나 위계 같은 용어를 서로 다른 직장 문화, 업무 방식에 대한 이견, 커뮤니케이션 방법 등을 설명하는 다소 추상적인 이데올로기적 극단으로 여겼다. 이에 대한 관점들이 직장 생활에서 세대 간이나 업무 환경 사이의 충돌을 일으킬 수 있고 존칭 생략, 직함 파괴, 호칭 통일 같은 언어적 형식의 특수성으로 드러난다고 생각했다.

내 초기 연구 제안에는 위계 구조가 조직 및 사회 질서에 대한 전통적이고 보수적인 접근 방식이며, 개개인의 구별을 향한 관심은 기업들이 초래한또는 후기 자본주의 단계에서 나타난 불평등, 통제, 조작을 반영한다는 확고한 가치 구분이 내포해 있었다. 그러나 위계라는 추상적 개념은 민주주의, 수평화, 구별의 부재가 진보와 평등의 자유주의적 개념과 연결되는 가치 속에 존재했다. 이 내재한 또 하나의 구별을 인식하는 데는 더 긴 과정이 필요했다.

상도에서 지낸 1년 동안 나는 직원들과 친밀한 관계를 맺었고 그들의 일에 대해서도 파악했다. 직장 생활과 기업의 역학에 대해서도 많은 설명을 경청했다. 나는 민주주의와 위계가 일상적인 직장 생활에서 이데올로기적 극단이 아니라는 사실을 금세 깨달았다. 비록 그것들이 가상의 유형으로 설문 조사에서 강조되는 새로운 종류의 홍보 담론이나 개인 역량 그리고 상호작용에서 동기나 위협이 될 수는 있더라도 말이다. 대부분 직장 업무는 기술관료주의적 절차와 원칙에 비춰 이런 양쪽 극단 어느 쪽에도 쏠리지 않았다. 오히려 제1장에서 논의했듯이 지주회사와 계열사 사이의 관계로 관심의 초점을 옮길 때도 직장이라는 공간은 통제와 저항의 변증법 안에서 작동하는 기본적인 구별을 여전히 유지하고 있었다. 어떤 형태는 더 계몽적이거나 순응적인 것처럼 보였지만, 단순히 또 다른 통제 전술에 불과하기도 했다.

내가 이 책을 쓰기 전 논문을 준비할 때만 해도 상도그룹 내에 핵심적인 투쟁이 없었다고 인정하는 것을 경계하면서 새로운 형태의 통제를 부각하는 데 집중했다. 나는 상도그룹의 최상위에 새로운 컨트롤 타워지주회사를 세운 것도 다양한 프로젝트에 중앙 집중식 관리 기법을 퍼뜨림으로써 이전까지는 자율적이던 계열사들을 통제하는 과정이라고 여겼다. 상도그룹에 속하지 않거나 아무 관련 없는 한국인 친구들과 정보 제공자들이 나의 이 같은 견해를 확인해줬다. 그들은 표면적으로 경영 정책처럼 보이는 것들 모두 차세대 오너나 새 임원을 위한 정치적 재편이라고 해석했다.[8] 그렇게 보면 새로운 홍보 시스템이나 신규 브랜드 창출 등의 변화는 그룹 내에서 자신들의 이름을 드높이려는 누군가의 입지를 다지기 위한 것이다. 그 관점에는 기업이란 모름지기 자리 경쟁에 휘말린 사람들의 자유를 제한할 수밖에 없는 정치적 시험의 장이라는 개념이 내재해 있다. 따라서 나는 비대칭적 관계의 위계 구조가 기업 내 구성원으로서 자리를 보전하기 위해 자신의 상사에 맞춰야 하는 일반 직원들에게는 불가피한 윤리적 절충안이라고 생각했다.

하지만 상도에서 일어나고 있던 상황을 이런 식으로 프레이밍하는 게 완전히 잘못된 것은 아니지만, 그러면 서구 자본주의의 확장 및 지역적·전통적·정성적인 것으로 이해되고 있는 '낙원'에 대한 공격이라는 흔한 수사에 빠지고 만다. 그래서 나는 상도그룹 계열사에 새 질서를 부여하려고 시도하는 지주회사의 엘리트 집단서양에서 유학한 관리자들과의 관계를 재조정했다. 이 책을 본격적으로 집필하는 단계에 이르렀을 때 나는 기업 공간은 거기에 속한 모든 사람이 구별을 바라는 열망의 장이기도 하다는 데 초점을 맞추기 시작했다. 이 맥락에서 수직적 서열을 계급 이동의 형태로 보는 관점은 한 집단이 다른 집단을 통제 대상 또는 반발이 예상되는 대상으로 보는 시각과는 크게 다르다. 선망받는 위계는 경제적 이동성의 매우 긴 궤적 일부이며, 기업은 이전까지 내가 생각했던 것보다 훨씬 복잡한 21세기 한국의 변화를 분명하게 표현하는 광범위한 제도적 장이다. 나는 직장인들 스스로 새로운 시스템이나 프로젝트를 통해 위계 구조를 향한 부정적 관점과 싸우고 있다는 점을 고려해야 했다. 그렇기에 위계 구조에 대한 지엽적 이해를 마치 한국 기업 문화의 전부인 것처럼 보일 수 있는 구별 짓기 형태와 분리하는 것이 중요했다.[9]

직원들 스스로 기업이 만들고 관리하는 특정 형태의 구별, 즉 급여, 성과급, 사회적 지위, 성취감, 타인과의 의미 있는 협업, 업무 성과에 대한 인정 등에 자신을 투자하고자 한다는 점을 인정한 것은 이 연구의 접근 방식에서 커다란 전환이었으며, 이로써 나는 '초기업 이상'이라는 더 넓은 개념으로 시야를 확장할 수 있었다. 초기업 이상의 기본 개념 중 하나가 기업이 개인의 구별과 경제적 이동성의 장이어야 한다는 전제 아래 나는 민주주의와 위계 그리고 이와 관련한 여러 형식이 직장 생활에 미친 영향들을 재평가했다. 이로써 위계를 단순히 직장 생활의 뿌리 깊은 문제민주주의는 그 반대가 아닌, 문화적으로 미화된 과거의 힘으로서 특정 인물 유형이나 스타일로 구현돼 직장 생활의 진정한 구별과 참여를 방해하고 있는 존재로 바라보기 시작했다. 내가 공들여 분석한 설문 조사 결과에 명확히 드러난 '긴장'은 탈위계로 향하는 한국의 직장 생활에서 두 가지 다른 이상을 조화시킬 방법 가운데 하나였다.

때때로 구별과 참여는 명령 대 대화나 직급 대 팀과 같이 별개의 상황에서 받아들여지는 개념이다. 그렇지만 직장 생활에서 각기 다른 직급과 직책을 가진 직원들이 팀 안에서 서로 커뮤니케이션과 협업을 하고, 한 조직이 다른 조직을 지휘하기도 하는 현실에서는 복잡한 방식으로 교차한다. 더욱이 특정한 종류의 구별 짓기 인프라가 구별이 성과 등급처럼 개별 직원과 연결되는 별개의 지표로 축소될 수 있다고 가정한다면, 구별은 늘 다른 사람들과 관계적으로 얽히게 된다. 팀 관리자는 원활한 업무 진행을 위해 부하 직원들에게 의존하고, 부하 직원들도 업무 지원을 받기 위해 팀 관리자를 돕는다. 이는 팀장이나 부장 같은 팀 관리자의 역할이 직장 생활 문제의 중심으로 비치게 되는 이유다. 그래서 관리자와 부하 직원 사이의 관계는 정서적 비대칭을 이룰 수 있는데, 대학 선후배 관계와 같은 한국의 다른 제도적 관계에서 흔히 볼 수 있는 형태다.

참여는 단순히 통제로부터의 자유나 구별의 부재를 의미하지 않는다. 참여는 특정 상황이나 일련의 상호작용에서 매개되며 그 결과는 결코 미리 알 수 없다. 민주주의를 다른 정치 체제보다 높은 이상으로 여기는 서구 국가들과 마찬가지로 참여는 한국에서 조직 간 가치 구별에 관한 이상에 꼭 들어맞는다. 호칭 수평화 같은 정책은 다른 기업들보다 직장 생활을 더 매력적으로 만들기 위한 것이었다. 그런데 그 목표의 기저에는 조화롭고 수평적인 커뮤니케이션이 아니라 고차원적 계몽을 드러내려는 의도가 깔려 있다. 주주총회처럼 더 민주주의적인 참여의 장으로 여겨지던 공간도 실상은 그렇지 못했다. 주총은 직원들이 썩 좋아하지 않는 기업 이벤트다. 서로 다른 이해관계로 엮인 당사자들 간의 세력 투쟁을 전제로 하기 때문이다.

구별과 참여의 탈위계적 개념이 한국 경제 지형 전반에 부정적 위계 구조의 다른 형태가 없다는 것을 의미하지는 않는다. 한국 경제의 지속적인 발전과 팽창에서는 말할 것도 없고, 한국 기업과 브랜드의 글로벌 확장과 더불어 위계, 구별, 참여가 더 복잡한 방식으로 뒤섞이는 광경은 많은 곳에서 목격할 수 있다.

그러나 나는 이 책을 통해 기업 위계가 부정적이고 무가치한 것으로 보일 수 있는 동시에 그런 구조 안팎의 많은 사람에게 성취의 기회로도 보일 수 있음을 이야기했다. 수직적이고 위계적이고 차등적이라고 해서 무조건 부정적이거나 퇴행적이거나 시대착오적이라고 보는 것은 학자로서 태만한 태도다. 서양의 방법론적 맹점을 여실히 드러내는 관점이기 때문이다. 비록 아직은 불완전할지라도 직장 생활 속에서 진정한 구별과 참여를 실현 가능한 초기업 이상으로 삼고 있는 상도를 비롯한 많은 한국 기업의 진지한 노력을 응원하면서 이 책을 마친다.

주

들어가며

1. 크리스토퍼 켈티는 이렇게 썼다. "참여의 힘은 윤리적 직관을 드러내고, 다양한 집단적 삶의 형태를 이해하며, 개인의 의견과 관심 그리고 책임을 넘어서는 경험을 생산하는 데 있다. 하지만 21세기에 참여는 때때로 자율적 개인이 계산된 합의에 도달하려는 형식적 절차, 개인의 기여가 시작하자마자 끝나는 약하고 일시적인 느낌을 경험하는 절차가 됐다." Christopher Kelty(2019, p. 1) 참조. Christopher Kelty(2017)도 참조할 것.

2. 이들 비판의 초점은 그런 체계가 사람을 물건처럼 취급하고, 사람을 자본주의가 생산하는 바로 그 대상, 즉 보편적 상품으로 만들고자 순위, 평가, 등급 형태를 취했다는 것이다. 기업 순위 시스템에 관한 널리 알려진 비판은 다음 문헌을 참조할 것. Michel Foucault(1977), Michael Burawoy(1979, pp. 95-122), Barbara Townley(1993), Joan Acker(1990), Pierre Bourdieu(1991, p. 238), Thomas Klikauer(2014), Keith W. Hoskin and Richard H. Macve(1986). 19세기에 군대에서 쓰이다가 초기 관리 조직이 채택한 개인 평가 및 순위 측정 등 서구 조직의 위계적 구별은 역사적으로도 잘 기록돼 있다. Keith W. Hoskin and Richard H. Macve(1986) 참조. 직장 위계에 관한 논쟁은 20세기 여러 시기에 걸쳐 미국 조직 생활에서 친사회적 기능을 제공했다는 식으로 시간이 지남에 따라 관점이 계속 바뀌었다. Peter Miller and Ted O'Leary(1989) 참조.

1980년대 한국의 인사 관리에 관한 더 자세한 설명은 Roger L. Janelli and Dawnhee Yim(1993, pp. 134-153)을 참조할 것.

3. Gideon Kunda(1992), John Weeks(2004), Jakob Krause-Jensen(2010), Hagen Koo(2001) 참조.

4. 비공식 노동 범주 내 노동자들의 연대 문제에 관한 사회학적 설명은 Boong-Kyu Lee(2011), Jennifer Jihye Chun(2011), Sohoon Yi and Jennifer Jihye Chun(2020)에 잘 나타나 있다. 한국 여성 노동 쟁의에 대한 인류학적 설명은 Elisabeth Schober(2018)를 참조할 것. 노동 조직 내의 위계적 구별은 오랫동안 관심의 초점이었고 노동 범주 사이의 연대는 힘들게 얻었지만, 노동 성공 문제는 노동자나 노조가 기업의 위계를 극복하는지가 아닌 그들이 정규직에 포함되는지, 즉 고용주를 상대로 피고용자로서 법적 권리를 주장할 수 있는지와 관련된 경우가 많았다. Jennifer Jihye Chun(2011) 제5장 및 제6장을 참조할 것. 기업별 노조와 연대 노조 사이의 긴장은 한국 노동 운동 과정에서 오랫동안 형성돼왔다. Jamie Doucette and Susan Kang(2018)도 참조할 것.

5. 피상적인 기업 윤리를 비판해서는 안 된다는 의미가 아니다. 점점 더 많은 인류학자가 특히 서구권 기업 및 관리자와 비서구권 기업 행위자 사이의 비교를 통해 이 문제를 심도 있게 다루고 있다. Stuart Kirsch(2014), Dinah Rajak(2011a), Marina Welker(2014) 참조.

6. Georg Wilhelm Friedrich Hegel and T. M. Knox(1967, p. 225), Thomas Klikauer(2016, pp. 73-98) 참조.

7. Georg Wilhelm Friedrich Hegel and T. M. Knox(1967, p. 226)에서 인용

8. 경영학자 박원우에 따르면 한국 기업들은 1990년대부터 팀 기반 업무 단위를 포함해 오랫동안 여러 조직 구조를 실험해왔다. 박원우(2006) 참조. 그러나 위계 구조를 문제로 여기게 한 문화적·정치적 자극은 1997년 아시아 금융 위기(IMF 위기) 직후 촉발했다. 그리고 경영학자 배종석과 크리스 롤리가 지적했듯이 이른바 "인사(人事)가 만사(萬事)"로 표현되는 노동력의 중요성이 급부상하면

서 모든 수준의 인적 자원 관리가 필요해졌다. 그때부터 각 기업은 HR 관행에 다양한 개혁을 추진했다. Johngseok Bae and Chris Rowley(2003, p. 96) 참조. 같은 맥락에서 아시아 금융 위기가 노동자 유형 사이에 어떤 새로운 분열을 예고했는지도 지적됐다. Jesook Song(2009), Hyun Mee Kim(2018[2001]) 참조.

9. Gerald F. Davis(2009, pp. 39-40)에서 인용. '조직 사회' 개념을 처음 소개한 문헌은 Peter F. Drucker(1992)를 참조할 것.

10. Robin M. LeBlanc(2012)과 Romit Dasgupta(2013) 참조.

11. Peter C. Matanle(2003), Hirokazu Miyazaki(2013), Anne Allison(2013, 제2 장) 참조.

12. 사회학자 김은미는 한국 재벌 대기업들이 1960년대 후반부터 전개된 이른 바 '경제적 기적'에 적극적으로 관여했으며, 이후에도 정부와 때로는 우호적 이고 때로는 적대적인 관계를 계속해서 유지해왔다고 설명했다. Eun Mee Kim(1997) 참조. 《불안해진 호랑이(Troubled Tiger)》의 저자 마크 클리퍼드 또한 관료, 사업가, 정치인 사이의 변화무쌍한 관계를 저널리즘적 관점으로 분석했다. Mark Clifford(1994) 참조. 1960년대 초 박정희 대통령과 대기업 총수들 사이의 반목에 관한 역사적 서술은 설명은 Eun Mee Kim and Gil-Sung Park(2011)을 참조할 것.

13. 제이미 듀세트의 설명처럼 한국의 경제 민주화 개념은 겉보기에 다양한 이견에도 불구하고 그 큰 줄기는 대기업 조직을 사회적·경제적 개혁 대상으로 간주하고 있다. Jamie Doucette(2015) 참조.

14. Haejoang Cho(2001), Seungsook Moon(2001) 참조.

15. 이는 실제로 협동조합(Bernard Paranque and Hugh Willmott, 2014), 직원지주회사(Daniel Souleles, 2019), 주주 행동주의(Marina Welker and David Wood, 2011)와 같은 혁신을 통해 더 나은 기업 조직을 만들려는 서구의 열망과 크게 다르지 않다.

16. 위계 구조를 분석적 개념으로 재평가한 최근의 인류학적 논의에 대해서는

Andre Iteanu(2013)와 Jason Hickel and Naomi Haynes(2018)를 참조할 것. 인류학자 비타 피콕은 자본주의의 교환 가치 강조가 다른 형태의 가치, 즉 사회적 위계를 평가절하했다고 주장했다. 피콕은 이것이 1960년대 이후 사회 운동과 사회과학자 모두가 '수평화'와 연결된 다양한 개념을 수용한 이유라고 강조하면서, 특히 이 같은 관념적 영향은 조직에 생명을 불어넣는 위계 형태를 적절하게 설명하지 못한 조직에서 자주 발견된다고 지적했다. Vita Peacock(2015), Vita Peacock and Philip Kao(2013) 참조.

17. 사회학자 오가사와라 유코는 1990년대 중반 일본 기업의 비서실 여직원에 대한 역설적 권력을 설명한 바 있다. "나는 미국에서 일본의 심각한 성차별에 관해 이야기했다. 남성 중심 사회는 여성들이 직업 경력을 쌓는 데 큰 걸림돌로 작용한다. 일류 대학을 졸업한 많은 여성이 결국 사무실에서 문서를 타이핑하고 차를 대접하는 일을 하게 된다. 내가 인터뷰한 사람들 대부분은 일본 여성이 온화하고 수줍음 많으며 순종적이라는 선입견을 갖고 있었다. 이런 이미지는 어디에서나 일치했으며, 고분고분하고 공손한 일본 여성들이 사회의 희생자임을 확인할 수 있었다." Yuko Ogasawara(1998. pp. 1-2) 참조.

18. Elizabeth C. Dunn(2004), Karen Z. Ho(2009), Marina Welker(2014), Susanne Cohen(2015), Kimberly Chong(2018), Eitan Y. Wilf(2019) 참조. 인류학자들의 기업 연구가 많은 부분에서 기업 내부의 힘이 공동체에 미치는 영향에 초점을 맞췄다면, 다른 학자들은 금융 및 혁신 전문가 같은 외부 세력에 의한 기업의 내부 변화에 집중했다. 나의 이 연구는 국가적·제도적 공간 안에서 '불합리한 존재론'이 충돌할 때 발생하는 일에 대한 더 넓은 인류학적 관심을 반영한다. Paul Kockelman(2016) 참조. 제2차 대전 이후 미국이 인도 사회에 수출한 민주적인 언어 표현 기술과 관련해서는 Matthew Hull(2010)을 참조할 것.

19. 그중 하나는 미셸 푸코가 영향을 미친 영국과 북미 기업 조직의 장학금에 관한 연구에서 찾을 수 있다. 경영학자 바버라 타운리는 푸코의 폭넓은 통찰을

HR 관리 분야로 가져와서 취업 면접 등을 통한 주관화와 순위 평가 매트릭스 같은 객관화 관행이 함께 작동하는 방식을 제시했다. Barbara Townley(1993) 참조. Gibson Burrell(1988)과 Nikolas Rose(1988)도 참조할 것. 조직 연구에서의 '푸코 효과(Foucault effect)'에 대한 개요는 Andrea Mennicken and Peter Miller(2014)를 참조할 것. 인류학자 서동진의 설명처럼 일부 푸코 학파는 최근 한국 노동 시장을 포함해 개인화 과정의 반영으로서 자기 관리, 유연화, 불안정성에 대한 서사로 전환했지만, 그러면서도 여전히 조직 관점에서는 직원들을 선택하고, 분류하고, 순위를 매기는 제도적 프로세스가 중요하다고 강조한다. Dongjin Seo(2011) 참조.

20. 중간 관리자의 종말을 의미하는 직계 간소화 논의가 한창인 가운데 눈에 띄던 위계 구조 역시 노동 시장에서 사라졌다는 주장도 있었다. 인류학자 일라나 게르손은 적어도 미국에서만큼은 대부분 직장인이 늘 이력서와 링크드인(LinkedIn) 프로필을 관리하면서 자신의 고용 가능성을 높이고자 한다는 점에 주목했다. 물론 특정 기업의 고용주나 검토해주기를 희망하는 대상을 지정할 수는 없지만, 이는 노동자가 자신의 시간과 책임이 어떤 식으로 관련을 맺는지 잘 알고 있으며, 규범적인 경력 발전과 직업 안정성 사이의 암묵적 위계가 무엇인지에 대해서도 인식하고 있음을 방증한다. Ilana Gershon(2017, 2018, 2019) 참조.

21. 중국에서 경영 컨설턴트가 직원 범주에 재정적 구별을 포함하려고 한 방식에 관해서는 Kimberly Chong(2018)의 민족지학적 설명을 참조할 것.

제1장

1. 서울 동남부 외곽 신도시 분당에 있는 한국 최대 IT 기업 네이버를 방문했을 때 나는 기업 타워가 건축적으로 구별되는 여러 장소를 통합하는 방식에 대해 알 수 있었다. 거대한 건물 외부 전체가 녹색 유리로 덮여 있는 네이버 빌딩은 고급 건축 디자인을 대표하면서 그 지역 랜드마크가 되기에 충분했다. 타워 내부에

는 도서관, 열람실, 카페, 기프트샵 등 시민을 위한 공간도 마련돼 있었다.

2. Marina Welker(2014, p. 4)에서 인용. 기업 집단의 기업 정체성 주고받기에 관한 인류학적 논의는 Greg Urban and Kyung-Nan Koh(2013, 2015), Douglas Rogers(2012)를 참조할 것.

3. Hagen Koo(2001, p. 193) 참조. 인류학자 야콥 크라우제-옌센은 이렇게 설명했다. "오늘날 기업 조직은 공식적·상징적으로는 위계를 거부하고 있다. 그러나 기업들의 끊임없는 구조 조정은 이런 권력 관계의 현실을 지속해서 재확인하고 상기시킨다." Jakob Krause-Jensen(2017, p. 117) 참조. 이와 유사하게 인류학자 미야코 이노우에는 1990년대 일본 기업들이 사무직 여성들을 평등과 자유주의 기치 아래 노동력으로 환영한 방식에 주목했다. 하지만 마찬가지로 고질적인 성차별 등의 문제는 여성 노동자들 스스로 극복해야 할 개인의 심리 문제로 프레이밍됐다. Miyako Inoue(2007) 참조. Peter Fleming(2014)도 참조할 것.

4. 지주회사가 동아시아 국가에서 유례없는 기업 체제는 아니다. 제2차 대전 발발 이전 일본의 '자이바츠(財閥, 재벌)'도 지주회사를 조직해 창업주 일가의 중앙 통제를 유지할 수 있었다. 다만 현재의 지주회사와는 달리 자이바츠의 자회사들은 그룹 내 소유권을 유지하면서 서로를 소유했다. Rodney Clark(1979, pp. 42-43) 참조. 미국은 제2차 대전 후 정책적으로 지주회사 구조를 해체하고 외국인 투자를 촉진함으로써 일본 기업들의 소유 집중을 약화했다. Eleanor M. Hadley(1970) 참조.

5. 한국 시사 주간지 〈한겨레21〉은 이를 특별 취재한 기획 기사에서 2000년 이후 많은 재벌 기업들이 지주회사 체제로 전환했지만 실제로는 소유권을 집중시키는 결과를 낳았다고 지적했다. 본래 지주회사 구조가 되면 내부 지분관계가 명확해져서 부분적으로는 기업 투명성이 높아져야 한다. 그러나 계열사 사이의 관계를 끊고 지주회사를 통해 모든 지분관계를 통제함으로써 재벌 소유권은 오히려 더욱 확고해졌다. 다음 기사를 참조할 것. "지주회사 뒤에서 재벌은 씨익 웃는다", 〈한겨레21〉 2013년 5월 4일, http://h21.hani.co.kr/arti/cover/

covergeneral/34447.html.

6. 경제학자 이와이 가츠히토(岩井克人)는 기업을 법과 계약 등에서 규정한 '인격체'로 보는 개념과 사고파는 것이 가능한 '물건'으로 보는 개념 사이에서 큰 혼란이 초래된다는 사실을 눈여겨봤다. 그는 전통적으로 일본 대기업이 차입매수 등 외국계 기업의 인수를 막고자 계열사 간 상호출자를 통해 기업의 물성을 파괴했다고 지적했다. 이 경우 다른 법인을 자회사로 소유하는 것은 일종의 방어 메커니즘이었다. Katsuhito Iwai(1999) 참조.

7. 아마도 한국에서 가장 악명 높았던 전략기획실은 중앙 기획과 비밀 정치의 현장이던 삼성그룹의 그곳이었을 것이다. 당시 기업 전략실의 특이한 점은 법인으로 존재하지 않은 채 단순히 조직 구조상 회장 직속 부서로서 명령과 지시를 따랐다는 것이다. 삼성그룹 전략기획실은 2017년 박근혜 대통령과 관련한 정치적 스캔들이 벌어진 현장으로 특별 조사를 받았으며, 이후 삼성은 해당 부서를 해체하겠다고 공언했다. 다음 기사를 참조할 것. "삼성 '그룹 컨트롤타워' 완전 해체", 〈한국경제〉 2017년 2월 28일, https://www.hankyung.com/news/article/2017022851021.

8. 상도그룹에서도 사보 특집으로 철강 산업 위기를 집중 조명하면서, 한국의 오래된 동기 부여 경구 "하면 된다"를 떠올려 "위기 속에서 더욱 빛나는 사람"이 되자고 독려했다. 4페이지에 걸친 제품개발팀 팀원들의 사진과 프로필에는 위기를 극복하려는 "불굴의 의지"가 담겨 있었다. '위기 관리'는 새로운 규칙을 부과하기 위한 표제도 될 수 있다. 내게 정보를 제공하는 어떤 대기업 직원은 그룹 내 위기 관리 일환으로 오전 9시가 아닌 8시 30분에 작업을 업무를 시작하는 '위기 시간'과 중요 업무 시 회의나 친목 활동 등으로 방해받지 않도록 하는 '집중 업무 시간' 제도가 신설됐다고 전해왔다.

9. 1960년대 대기업이 두각을 나타내고 있는 상황에서도 많은 기업이 수년에 걸쳐 사업 부문에서 실패를 맛보거나 자회사를 사고팔았다. 계열사 인수·합병에도 정치적 이해관계가 얽혀 있었다. 일테면 1980년대 초만 하더라도 한국에서

손에 꼽히는 재벌 대기업이던 국제그룹의 경우 정권에 밉보였다가 순식간에 사라졌다. 1984년 양정모 국제그룹 회장은 전두환 대통령이 설립한 장학재단 운영비 기부에 비협조적인 태도를 보였는데, 이를 계기로 정권의 눈 밖에 나서 부실기업으로 낙인찍혔고, 은행 대출이 막혀 결국 부도를 내게 된다. 이때 국제그룹 산하 자회사들은 마치 먹잇감처럼 다른 대기업들에 흡수당했다. Roger L. Janelli and Dawnhee Yim(1993, pp. 64-65), Eun Mee Kim(1997, pp. 200-201) 참조.

10. 기업에서 CEO를 '아버지'로 묘사하는 식의 가족관계 비유는 기업 선전용이라고 비판을 받기도 하지만, 장 팀장의 '계모'는 비유적으로 매우 적절해서 내가 다른 분석 모델을 찾을 수 있는 계기로 작용했다. 인류학자 앤널리스 라일스는 일본 시중은행에서 중앙은행인 일본은행을 일컬어 '우리 어머니'라고 부른다는 사실을 지적한 바 있다. 일본의 시중은행과 중앙은행은 민족지학적 식별이 어려울 정도로 긴밀한 관계를 유지하고 있으며, 실제 어머니와 아들 사이의 친밀한 관계처럼 서로 연결돼 있다고 강조했다. Annelise Riles(2004, pp. 400-401) 참조.

11. 내가 상도 지주회사에서 일하기 전이나 지주회사가 설립되기 이전에는 상도그룹에 이런 식의 집단 정체성이 없었다는 뜻은 아니다. 나는 1990년대에 발간된 상도 사보에서 회장이 계열사 직원들과 뒤섞여 그룹 체육대회를 즐기고 있는 모습을 찾을 수 있었다. 상도의 모든 자회사는 새로운 브랜딩 이전에도 거의 동일한 로고를 공유하고 있었다. 그렇지만 응집력 있는 정체성에서 한계를 드러낸 현장도 많았다. 한 가지 예를 들면 철강 업계 대기업들이 후원한 5킬로미터 단축 마라톤 대회에서 상도 계열사 두 곳이 개별적으로 행사 캐노피 텐트를 지원하고 각기 다른 광고를 제작해 별도로 잡지 광고를 게재하기도 했다.

12. 박원우(2006, p. 12) 참조.

13. Arlie Russell Hochschild(2012[1983], p. 147)에서 인용.

제2장

1. Stephan Haggard, Wonhyuk Lim, and Euysung Kim(2003, p. 1) 참조. Chan-Hyun Son(2002), Sea Jin Chang(2006)도 참조할 것.

2. Ha Joon Chang and Jang-Sup Shin(2003, p. 56)에서 인용. Thomas Kalinowski(2009)도 참조할 것.

3. 중간 관리자를 도태시키거나 약화하려는 세계적 사상 운동에 관한 사회학적 연구는 이론상 관리자가 필요치 않은 더 넓은 맥락의 관리 감독 강화와 더불어 중간 관리자 개개인의 철저한 조사와 평가를 통해 반관리자 현상이 어떻게 확산했는지 설명했다. Leo McCann, John Hassard and Jonathan Morris(2004), John Hassard, Jonathan Morris and Leo McCann(2012) 참조. 기술관료주의를 지지하면서도 비용이 많이 드는 개인 노동에는 적대적인 이런 접근 방식은 서구의 '기술에 대한 매혹'과 '비용 없는 생산' 사이의 이율배반에 관한 인류학자 앨프리드 겔의 비판을 반영한다. Alfred Gell(1992, 62ff.) 참조.

4. 일찍이 경영학자 배종석과 크리스 롤리가 지적했듯이 "IMF 요소는 언제나 정부와 기업 그리고 사회 전반의 모든 활동과 프로그램 공식에 통합"됐으며, "전통적인 것들과 다른 모든 생각, 방식, 방법, 활동은 'IMF 방식이다'라는 암호가 발동하면 곧바로 수용"됐다. Johngseok Bae and Chris Rowley(2003, p. 96)에서 인용.

5. 호칭은 사회적 논평과 정치적 관심을 끌 정도로 중요해졌다. 사회적·정치적 운동은 정기적으로 호칭과 직함을 개혁의 대상으로 설정하고자 노력하고 있다. 공산주의 베트남에서는 친족관계를 나타내는 호칭이 이데올로기적으로 재평가돼 다양한 사회적·정치적 질서를 구별한다. 베트남의 마르크스주의 혁명가들은 수평적 친족 호칭을 사회의 새로운 비전을 반영하는 데 활용했고, 위계를 강조하는 친족 호칭은 엘리트 계층과 부정적으로 연관 지었다. Hy Van Luong(1988) 참조. 한편으로 '형제(보편적인 형제)'와 '자매(보편적인 자매)'라는 수평적 호칭을 기반으로 동등한 관계를 설정한 한국 개신교의 방식은 계층적 역

할로 구성된 교회의 조직적 위계와 충돌한다. 호칭 체계는 '수직적 대 수평적' 또는 '위계적 대 민주적'과 같이 결국 서로 반대되는 개념과의 대조에 의존한다. Nicholas Harkness(2015) 참조. 일본의 경우 존칭과 경어 체계를 통해 서구 사회와 자신들을 구별해왔다. 사실 역사적으로 일본 대부분 지역에서 경어가 그리 중요하게 작용하지 않았는데도 자신들은 형식과 위계를 중요시하며 서구는 비형식적이고 비위계적이라고 여긴다. 그런 생각은 호칭 체계가 적어도 자신들의 '뿌리'를 대변한다는 인식으로 이어졌다. Wataru Koyama(2004) 참조. 민종 그룹을 비롯한 많은 한국 기업이 호칭을 변경해 노동력을 관료화한 것도 사회적·정치적 관계를 재구성할 때 언어의 특정 기능을 이용하는 오랜 전통에 기인한 것이라고 볼 수 있다.

6. 논쟁의 여지는 있지만, 저널리스트이자 베스트셀러 작가 말콤 글래드웰이 1997년 대한항공 여객기의 괌 추락 사고 원인을 분석한 대목도 한국의 언어 문화와 관련이 있다. 그가 보기에 대한항공 여객기의 연이은 세 번의 추락 사고는 윗사람을 대할 때의 사회적 규범이 원인이었고, 심지어 사활을 결정할 만한 문제였다. 당시 대한항공 여객기 기장은 줄곧 잘못된 판단을 내리고 있었다. 글래드웰은 네덜란드 문화심리학자 히어트 홉스테드(Geert Hofstede)의 문화 차원 이론을 빌려 당시 부기장에게 이 규범은 너무나도 강력했기에 예의에 어긋날까 봐 기장의 잘못을 알고도 경고하지 않았다고 지적했다. 하지만 글래드웰의 설명에 대한 다른 비판은 차치하고라도, 한국 조종사들이 영어로만 소통하고 미국 조종사에게 훈련을 받을 때 비로소 성공했다고 한 부분은 그의 언어적·문화적 편견이라고 할 수 있다. Malcolm Gladwell(2008) 참조.

7. 다음 기사에서 인용. "수직 문화가 그러났나… KT, 매니저제 폐지 '직급제'로", 〈국민일보〉 2014년 6월 18일, http://news.kmib.co.kr/article/view.asp?arcid=0922711511&code=11151400&cp=nv. 그 이전에 KT의 매니저제 도입을 보도한 기사는 다음을 참조할 것. "KT, 통합매니저제 도입", 〈머니투데이〉 2012년 2월 20일, https://news.mt.co.kr/mtview.php?no=20120220082213710

83&outlink=1&ref=%3A%2F%2F.

8. 아시아 금융 위기 이전에는 직원 평가 시스템이 없었음을 확인한 것이 아니다. 인류학자 로저 자넬리와 임돈희의 1980년 민족지학 연구 보고서에 따르면 한국 기업은 관리자들의 승진 여부를 결정하고자 성과 지표를 활용해 정기적으로 평가했다. 다만 낮은 직급 직원은 높은 직급 직원보다 결코 높은 점수를 얻을 수 없었다는 것이 현대와의 차이점이다. Roger L. Janelli and Dawnhee Yim(1980) 참조.

9. 그녀는 이렇게 썼다. "철도 기관사에게 철도는 인프라가 아니라 주제다. 휠체어를 탄 사람에게 계단과 문지방은 이음매나 경계가 아니라 장벽이다. (중략) 어떤 사람에게 인프라는 다른 사람에게는 주제 또는 난관이다." Susan Leigh Star(1999, p. 380)에서 인용. Brian Larkin(2013)도 참조할 것.

10. Mark Fenster(2017), Amy Levine(2004) 참조.

11. Georg Simmel(2004) 참조. 인류학자와 사회학자들은 비자본주의 사회가 글로벌 표준과 함께 또는 대항해 형성되는 경우처럼, 지역 공동체의 균형화 과정에 대해서도 오랫동안 우려를 표명해왔다. Wendy Nelson Espeland and Mitchell L. Stevens(1998), Joseph Hankins and Rihan Yeh(2016), Paul Kockelman(2016)을 참조할 것.

12. 다음 기사를 참조할 것. "인사철 '담피아'들의 맹활약… 승진보다 간절한 팀원 교체", 〈한국경제〉 2015년 12월 7일, https://www.hankyung.com/society/article/2015120764101.

13. 실제 사례에서 수치만 변경한 예시였다. 이전 시스템에서는 1개월 기본급 백분율을 기준으로 모든 직원에게 같은 요율을 적용해 1.5배인 150%를 지급했다. 즉, 김 사원(S등급)과 이 사원(B등급) 모두 1개월 기본급의 150%를 받았다. 그런데 새로운 시스템에서는 팀 및 개인 성과에 따라 김 사원은 300%를 받고 이 사원은 150%를 유지한다.

14. 박원우(2006, p. 18) 참조.

15. Erving Goffman(1956, pp. 486~487) 참조.

16. 직급(직무상 계급), 직책(직무상 책임), 직위(직무상 위치) 구분 때문에 생긴 현상이다. 한국 기업에서는 같은 사람이라도 직급, 직책, 직위 중 무엇으로 부르냐에 따라 직함이 달라질 수 있다. 라도 각각 다를 수 있습니다. 고프먼은 또 다른 관찰로도 유명한데, 직장이나 직위 상실은 죽음과 동일시된다. 여기에서의 죽음은 '사회적' 죽음이다. 그는 이렇게 설명했다. "개개인의 사회적 능력, 즉 그동안 가졌던 역할을 상실할 때 죽음에 이르거나 죽임을 당할 수 있다. 퇴사를 강제하거나 종용하는 해고나 정리해고의 사회적 과정이 그렇다". Erving Goffman(1952, pp. 462~463) 참조.

17. 다음 기사를 참조할 것. "호칭을 없애면 조직 문화가 바뀔까?", 〈피프스스〉 2018년 4월 16일, https://ppss.kr/archives/108981.

제3장

1. 다음 기사를 참조할 것. "고참들 뛰게 하라, 기업들 직급 다이어트", 〈동아일보〉 2015년 4월 10일, https://www.donga.com/news/article/all/20150410/70623742/1.

2. 일테면 한국에서 1960년대에 태어나 1980년대에 대학을 다녔고 1990년대에 30대가 된 사람들을 지칭하는 '386' 세대는 특정 역사적 사건이나 세력에 의해 형성된 세대가 다른 세대와 충돌하는 사례를 찾을 때 대표적으로 언급된다.

3. Eitan Wilf(2015, p. 21)에서 인용.

4. Luc Boltanski and Eve Chiapello (2018, p. 240) 참조.

5. Ezra F. Vogel(1963) 참조.

6. Robin M. LeBlanc(2012, p. 867) 참조. Romit Dasgupta(2013)도 참조할 것.

7. Kyung Sup Chang(1999) 참조.

8. 경제적 이동성이 한국 중산층의 서사가 된 과정에 관해서는 인류학자 낸시 에이벨만의 광범위한 연구 성과를 참조할 것. Nancy Abelmann(1997, 2003). 한

국 사회가 구별에 민감한 배경과 소비자 대상 구별 짓기가 어떻게 작용하는지는 다음 문헌을 참조할 것. Denise Potrzeba Lett(1998), Laura Nelson(2000).

9. Yuko Ogasawara(1998, pp. 89-90) 참조.

10. Anne Allison(1994, p. 98) 참조.

11. 피터 드러커가 대표적이다. Peter F. Drucker(1992) 참조.

12. Karen Z. Ho(2009, p. 252)에서 인용. 캐런 호는 Eitan Wilf(2015)에서 인용.

13. 1950년대 미국의 조직 생활에 대한 윌리엄 화이트의 어두운 비전은 집단화로 인한 동질성과 냉전에 대한 두려움이 낳은 구별(개별성) 상실에 근거했다. 그는 이렇게 설명했다. "회사원이 가장 눈에 띄는 사례인데, 기업에서의 명백한 집단화가 거의 모든 영역에 영향을 미쳤으므로 유일한 사례라고도 할 수 있다. 그런데 이들 대부분은 자신이 속하지 않은 외국이나 조직을 설명할 때를 제외하고는 집단이라는 용어를 사용할 수 없다. 하지만 이들은 선배들보다 자신들이 조직에 얼마나 더 깊은 신세를 지고 있는지 잘 알고 있다." William H. Whyte(1956, pp. 3-4)에서 인용. 실리콘밸리의 새로운 관리 스타일과 캘리포니아 히피 문화와의 관계에 관한 연구는 다음 문헌을 참조할 것. Fred Turner(2006).

14. Erving Goffman(1974), Adi Hastings and Paul Manning(2004, p. 304) 참조. Kira Hall(2014)도 참조할 것.

15. 인류학자 최진숙은 한국에서 '아재 개그'로 불리는 전형화된 유머 장르의 출현과 그 사회적·문화적 의미를 연구했다. 이 개그는 젊은이와 여성들이 나이든 남성들은 전혀 재미있지 않다는 생각을 표현할 때 주로 언급된다. Jinsook Choi(2018[2016]) 참조.

16. "부정적 호혜는 무상으로 무언가를 얻으려는 시도, 갖가지 형태의 무단 전용, 순전히 공공의 이익을 위해서만 열려 있는 거래다." Marshall Sahlins(1972, pp. 195-196)에서 인용. 마셜 샐린스는 일 대 일 시장 같은 대칭 관계의 거래에서 흥정하는 행위를 떠올렸지만, 상사와 부하 직원 같은 비대칭 관계에서 부

하 직원에게는 장기적 보상이 없는 것도 부정적 호혜에 포함될 수 있다. Yun-xiang Yan(1996) 참조.

17. 따라서 단순히 위계적 관계 자체가 아니라 친밀한 위계 특권의 남용이라고 할 수 있다. 한국에서 대부분의 두 사람 관계는 한쪽은 우월하고 한쪽은 종속되는 관계가 형성되며, 이 현상은 심지어 아이들 사이의 관계에서도 발생한다. Junehui Ahn(2016)을 참조할 것.

18. Laurel Kendall(1985), Nicholas Harkness(2011) 참조.

19. Hyun Mee Kim(2018[2001]), Jesook Song(2009) 참조.

20. Nicholas Harkness(2013b) 참조.

21. 점심 식사 자리라서 정확한 내용을 메모하지는 못했지만, 당시 내 기억과 그 자리에 함께 있던 사람들에게 확인한 것을 재구성한 내용이 〈표 3.1〉이다.

22. 미국 백인 여성의 언어와 일본 여성의 언어를 비교한 연구에 관해서는 Miyako Inoue(2003)를 참조할 것.

23. 조직 내부자의 설명 맥락에서 불만을 살핀 민족지학적 연구는 John Weeks(2004)와 David Wästerfors(2008)를 참조할 것.

24. 2003년 박찬욱 감독의 유명한 동명의 영화 〈올드보이〉에서는 기억에서 잊힌 고등학교 동창을 의미했다.

25. 산업 역사에 관한 여러 민족주의적 설명에서 한국 기업은 관리자가 회계, 인사, 전략, 운영 등 다양한 분야를 순환하며 경험을 쌓는 것으로 묘사됐다. Ezra F. Vogel(1991)을 참조할 것.

26. 야근에 대한 규범적 판단은 한국에서 2013년 방영한 TV 드라마 〈직장의 신〉에서 잘 드러난다. 배우 김혜수가 연기한 주인공 계약직 직원 '미스 김'이 사무실 상황에도 아랑곳하지 않고 정시에 퇴근하자 동료들은 큰 충격을 받는다.

27. 사회적 압력이 너무 강할 때는 극단적 조치가 필요할 수 있다. 이와 관련해 다른 대기업의 한 제보자도 직원들이 일을 아예 할 수 없도록 사무실 전원을 차단하고 조명도 껐다고 전했다. 이 문제는 상사의 물리적 존재 및 부재와 직접적

인 연관이 있는 듯 보였다. 즉, 상사가 사무실 자리에 있는지 없는지가 중요했다. 상사가 휴가로 자리를 비웠을 때 부하 직원들은 자신도 휴가 중이라고 말했다. 상사가 없는 날을 '어린이날'이라고도 불렀다. 그리고 이는 다른 부서의 상사가 아닌 자신의 직속 상사와 관련이 있었다.

28. William Lutz(1989), Peter Benson and Stuart Kirsch(2010) 참조.

29. 이 정책은 2008년 이명박 대통령 정부로 정권이 바뀌면서 폐지됐다. 다음 기사를 참조할 것. "노 대통령이 만든 공무원 '다면 평가' 사라진다", 〈오마이뉴스〉 2008년 1월 10일, http://www.ohmynews.com/NWS_Web/View/at_pg.aspx?CNTN_CD=A0001297738.

30. 앞서 다른 부서의 강 상무는 발본색원 문제를 경고한 바 있다. 그는 상사가 일종의 상하관계 역전으로 받아들여 자신을 나쁘게 평가한 익명의 팀원을 끝까지 추적해 보복할 가능성이 있다는 게 360도 피드백의 잠재적 문제라고 했다. 나도 어떤 팀 관리자가 HR팀을 통해 익명의 팀원을 찾으려 했다는 이야기를 들은 적이 있다. 오가사와라 유코는 일본 기업 여성 직원들에 관한 연구에서 실제로 사소한 험담이 부하 직원을 함부로 대하는 관리자를 얼마나 몰락시킬 수 있는지 설명했다. Yuko Ogasawara(1998) 참조. 그렇지만 출처가 공개되지 않은 채 상급 관리자에게 전달되는 360도 피드백 시스템은 영원한 익명은 없다는 유사과학적 우려보다 더 나은 방식으로 개인을 보복으로부터 보호할 수 있다.

31. Michel Foucault(1973) 참조. 과학철학자 이언 해킹의 제도적 범주로 개인이 분류되는 방식에 관해서는 Ian Hacking(2002[1986])을 참조할 것. 미국 최대 규모의 교도소에서 수감자들을 '미친'과 '나쁜' 범주로 분류하는 이유와 방식에 관한 인류학자 러너 로즈의 흥미로운 연구는 Lorna Rhodes(2004)를 참조할 것.

32. Pierre Bourdieu(1984) 참조.

제4장

1. 인류학자 찰스 브릭스는 인터뷰, 투표, 설문 조사, 토론회 등이 모두 스스로 합리적이라고 여기는 개인의 마음에서 생각을 추정한다는 개념의 '인터뷰 사회(interview society)'에 관해 논의했다. 그와 같은 추정은 합리적 개인이라면 자기 내면의 생각을 타인에게 명확한 방식으로 전달해야 한다는 계몽주의 철학자 존 로크(John Locke)의 관점을 대변하며, 그 과정은 때때로 언론이나 학계 전문가에 의해 중재된다. Charles Briggs(2007, p. 553) 참조. Richard Bauman and Charles Briggs(2003, pp. 5-10)도 참조할 것.

2. Pierre Bourdieu(1979, p. 128)에서 인용.

3. 피에르 부르디외는 이렇게 썼다. "어제 '신은 우리 편이다'라고 말했던 정치인들이 오늘은 '여론은 우리 편이다'라고 말한다." Pierre Bourdieu(1979, p. 125)에서 인용. 한편으로 사회학자 마르틴 드 산토스는 설문 조사 데이터와 통계 수치가 대중의 믿음을 부각하고자 이른바 '팩트-토템(fact-totem)'으로 유통되는 방식을 설명했다. Martin De Santos(2009) 참조.

4. 설문 조사는 한국의 1980년대 지식인들이 억압받는 프롤레타리아로서 블루칼라 노동자들의 목소리를 대변했던 것과 같은 복잡한 역사의 대의 정치에도 관여하고 있다. 역사학자 이남희가 기술했듯이 이는 지식인들이 자신을 시민의 대표로 임명함으로써 스스로 암묵적 위계를 형성하는 도덕적 특권에 관한 담론을 반영한 것이다. "자신을 사회적으로 의식해 책임 있는 존재로 설정하는 지식인들의 인식론적 논리는 그들의 양심 행위 대상이자 수혜자인 노동자들에게 달려 있었다." Namhee Lee(2005, p. 924)에서 인용.

5. 사실 한국에서 화이트칼라와 블루칼라를 구분하는 일은 범주 자체가 겹치는 데다 시간제 업무와 IT 같은 특정 전문 또는 기술 범주가 제외되기에 매우 복잡하다. 그렇지만 통상적으로 화이트칼라는 사무실에서 일하는 사무직을 지칭하고 블루칼라는 공장에서 일하는 생산직을 일컫는다.

6. 이런 구별 짓기가 어떻게 기호적·관념적으로 작동하는지에 대한 이론적 설명

은 Michael Silverstein(2003)을 참조할 것. 업무 환경에서 작동하는 2차 현상의 사례는 Ioana C. Cristea and Paul M. Leonardi(2019)를 참조할 것. Alaric Bourgoin and Fabian Muniesa(2016), Ilana Gershon(2017), Michael M. Prentice(2019)도 참조할 것.

7. 이에 관해 한 동료는 내게 이렇게 조언했다. 상사가 부하 직원에게 커피를 사주겠다고 하면 늘 가장 기본적인 아메리카노를 선택할 것. 단순히 상사의 지갑 사정을 배려한다기보다, 카페라테나 카푸치노 같은 사리사욕을 억누를 수 있는 공적인 인재임을 표시할 수 있음. 회식에서 소주 같은 독한 술은 사람들이 일반적으로 꺼리기 때문에, 선뜻 받아 마시면 상사는 충성의 뜻으로 받아들임.

8. 서로 다른 2차 구별 사이의 대표적 갈등으로 바람직한 관리 커뮤니케이션에 대한 미국과 러시아의 생각 차이(Susanne Cohen, 2015), 제품 품질에 대한 미국과 중국의 생각 차이(Kimberly Chong, 2018), 가족 기업 지배 구조에 대한 이탈리아와 중국의 생각 차이(Sylvia Junko Yanagisako, 2012)를 들 수 있다. 초국가적인 제품을 생산하는 험난한 세계(1차 구별)에서도 특정 맥락과 역사(2차 구별)로 형성된 명성과 가치라는 문화적 요소가 작용한다.

9. 관습적으로 한국 기업의 HR은 '인사 기획(관리)'과 '인재 개발(교육)'로 구분된다. 일부 더 큰 그룹은 여기에 세 번째 영역으로 '조직 문화'가 추가된다. 상도그룹의 경우에는 HR팀에 별도의 조직 문화 담당은 없고 인사 기획과 인재 개발 파트로만 이뤄져 있었다. 기획과 개발은 일반적인 HR 프로그램 안에서 단순히 분업처럼 보일 수 있지만 둘 사이에는 큰 차이가 있다. 인사 기획 파트는 직원들을 평가하고 그들의 상대적 강점과 약점을 엿볼 수 있는 더 큰 권한을 가진 데 반해, 인재 개발 파트는 직원들의 잠재력을 끌어내는 지원 성격의 교육 프로그램에 업무 초점을 맞추고 있다. 그런데 교육 프로그램은 직원 대다수가 실제 성과에 영향을 미치지 않는다고 인식하기 때문에, 인사 기획 관점에서 인재 개발 파트는 교육 프로그램을 단순히 관리하는 게 아니라 그룹 전체에 중대한 변화를 모색하겠다는 지주회사의 넓은 비전과 관련이 있었다.

10. HR팀은 모든 범주를 '겹치지 않게 누락 없이' 포함해야 한다는 'MECE(Mutually Exclusive, Comprehensively Exhaustive)' 원칙을 충실히 적용해 이 조직 구조를 거미줄 차트로 구현했다. MECE는 조 상무가 선호하는 보고 기법이었다. Barbara Minto(2009, p. 102) 참조.

11. 제3장에서 언급한 사회학자 뤽 볼탕스키와 이브 시아펠로는 1990년대 프랑스에 등장한 새로운 자본주의 정신을 설명할 때 비인격적 관료주의를 강하게 비판한다. "관료주의를 불신하게 만드는 모든 비합리적 요소들을 제거해야 한다. 다시 말해 모든 것은 형식화할 수 있고 계산 가능해야 한다. 사람들이 자신의 감정과 직관 그리고 창의성을 온전히 발산할 수 있는 '더욱 인간적인' 업무 방식으로 복귀해야 한다." Luc Boltanski and Eve Chiapello(2018, p. 98)에서 인용. 서구적 관점에서 관료주의 반대는 더 큰 통찰력을 추구하기 위해서라기보다는 인간의 자유와 창의성 및 일에 대한 열정을 찾기 위한 것에 가깝다. Marilyn Strathern(2008), Peter Fleming(2014), Adam Reed(2017)를 참조할 것.

12. 업무 환경에서 전문 지식을 효과적으로 드러낼 수 있는 파워포인트 활용법이 궁금하다면 Hubert Knoblauch(2008)를 참조할 것. 전문성은 특정 기관이나 직종의 작업 역량과 품질을 홍보할 수 있는 서사적 기능을 갖게 됐다. Karen Z. Ho(2009), Kimberly Chong(2018), Eitan Wilf(2019) 참조. 과학철학자이자 인류학자 헬레네 미알레는 천재 물리학자 스티븐 호킹(Stephen Hawking)을 둘러싼 문화에 관한 연구에서 천재성은 특정 개인의 고유한 속성이지만 대중을 매료시키는 문화적 범주에 속한다고 설명했다. 천재성은 순수한 정신 자산이면서도 개인의 천재성을 목격하고 표현하는 행위는 그 천재성을 더 명확히 하기 위한 기술적 인공물과 관습적 서사에 의존한다. 그리고 때때로 천재성은 검증을 통해 관습적 상징을 공고히 한다. Helene Mialet(2012) 참조.

13. 상품화와 브랜드화에 관한 인류학적 논의는 '비일반성(non-genericness)' 개념과 연결되는데, 이는 마케팅 및 브랜드 전문가들이 왜 그토록 제품이나 스

타일의 브랜드성, 즉 비일반성을 강조하고자 노력하는지 설명해준다. Robert E. Moore(2003), Paul Manning(2010), Asif Agha(2011), Constantine V. Nakassis(2016)를 참조할 것.

14. ERP는 사용자 설정을 기업 상황에 맞게 프로그래밍할 수 있는 대규모 네트워크 데이터베이스 소프트웨어를 총칭하는 용어다. 공급망 물류에서 인사 관리에 이르기까지 오늘날 기업 경영의 거의 모든 분야에서 사용된다. 이 대목은 지주회사와 자회사 자료 체계가 아날로그 대 디지털처럼 물리적 차원이 달랐다는 게 아니라, 프로그램에 대한 투자나 정교화 측면에서 규모가 상당히 달랐다는 뜻이다. 것입니다. 인류학자 킴벌리 총은 ERP 시스템이 기업 조직의 모든 기능을 측정 가능한 일종의 인벤토리로 인식하게 만들기 때문에 ERP를 기업 내 더 광범위한 재무 논리와 연관 지어 바라봐야 한다고 제안했다. Kimberly Chong(2018, pp. 18-20) 참조. 상도 지주회사 HR팀은 규모가 큰 시스템에 투자하기에는 팀 규모가 작아서 불리했다.

15. 인류학자 릴리 첨리는 개인 특성의 두 가지 측면을 측정하고자 평가 기법에 정량적 요소와 정성적 요소를 포함한다는 사실을 눈여겨봤다. 그리고 만족도 설문 조사 대부분은 마지막에 자율적·개방적 응답 항목을 추가해 이 사실을 감춘다. Lily Hope Chumley(2013) 참조.

16. 웹툰의 인기에 힘입어 TV 드라마로 방영된 〈미생〉의 한 장면에는 다가올 평가에서 자신의 상사를 호의적으로 평가할지 아니면 있는 그대로 평가할지 고민하는 젊은 여성 직원의 심리가 묘사된다. 그런 그녀에게 한 동료가 이렇게 조언한다. "평가가 엉뚱하면 평가자도 판단을 받아요." 민종그룹 최 과장은 나와의 개인적인 대화에서 한국 직원들은 팀장과 팀원 간에 일종의 심리적 계약이 있어서 부정적으로 평가하지는 못할 것이라고 말했다. 너무 정직하거나 부정적인 평가는 상사에 대한 모독으로 간주할 수 있다. 한편으로 인류학자 옥사나 라코바와 올가 페도렌코는 상사가 참석한 브레인스토밍 회의에서 한국 직원들이 익명의 스티커 메모로 기업 위계에 도전하는 방식을 관찰했다. Oxana

Rakova and Olga Fedorenko(2021) 참조.

17. 존 로는 다음과 같이 설명했다. "일반적으로 과학적 실천에서 지속 가능한 지식은 관련 도구와 표현 방법 그리고 그런 지식을 설명하는 다소 안정적인 관계망 또는 배후지에 의존해 재생산된다. 이것이 현실이다. 사람들은 그런 것들을 근거로 해야 신뢰할 수 있다고 느낀다." John Law(2009, p. 242)에서 인용. 인류학자 로버트 오펜하임은 한국의 지역 정치 분석에서 배후지 개념을 사용했는데, 지방자치단체에서 새로운 철도 노선 개발에 대한 저항을 방어하고자 다양한 지역의 관행을 내세운 사례를 소개했다. Robert Oppenheim(2008) 참조.

18. 크리스토퍼 켈티는 이렇게 지적했다. "현대적 참여는 단호할 정도로 개별 참여자에게 집중한다. '군중의 지혜'는 창발적 집단성을 가정하지만, 거기에 필요한 소속감은 없다. 심지어 '팀'에 초점을 맞추는 것조차 공동의 이해관계를 가진 집단의 결속을 위한 시도라기보다는 개인의 특성을 상호보완적으로 만드는 방식에 불과하다. 오늘날 참여는 더이상 집단의 참여를 가리키지 않는다. 개인의 참여를 말하는 것이다." Christopher M. Kelty(2017, S88)에서 인용. Christopher M. Kelty(2019)도 참조할 것.

19. John Weeks(2004, pp. 114-119) 참조.

20. 천 팀장에 따르면 이 공장은 직원들을 공개적으로 평가하기 위해 순위표를 사용하는 것도 서슴지 않았다. 천 팀장의 HR팀은 금연 사실을 증명하려면 금연 캠페인 참여해 2개월 뒤 소변 검사를 받으라고 강제했다. 그리고 캠페인 종료 후 참여자 이름을 사내 인트라넷에 올려 누가 성공했고 실패했는지 공개했다.

21. 이 부분과 관련해 개인적 성과와 제도적 성과 모두에서 전문성을 지속적으로 드러내거나 여러 현장에서 동일하게 유지하려면 어떤 조정이 있어야 하는지 광범위한 인류학 연구 결과가 있다. Dominic Boyer(2008), E. Summerson Carr(2010), Timothy Mitchell(2002), Eitan Wilf(2021), Charles Goodwin(1994), Lanita Jacobs-Huey(2003), Peter Redfield(2006), Timothy K. Choy(2005)를 참조할 것.

22. 마음을 공유한다는 개념에 대해서는 Nicholas Harkness(2013b, pp. 201-225)를 참조할 것.

23. 이 밖에도 대화를 통해 수평화를 모색하는 다양한 방식이 등장했다. 예컨대 휴넷은 채용 프로모션에서 '열린 수평 문화'를 강조하면서 '장벽 없는 소통 공간', '휴넷-패밀리 채팅방', '메신저를 통한 CEO와의 실시간 대화', '타부서 직원들과 소통하는 가치 데이', 'CEO 툭앤톡(took&talk) 핫라인', '혁신 아이디어 상상 공원' 등의 프로그램을 홍보했다.

24. Catherine J. Turco(2016) 참조

25. Jurgen Habermas(1989) 참조. Nancy Fraser(1992), Michael Warner(2002), Francis Cody(2011)도 참조할 것.

제5장

1. Dinah Rajak(2011b), Annette Nyqvist(2015) 참조. 기업 주주총회에 관한 또 다른 민족지학적 설명은 Mary Jo Schneider(1998)와 Ron Hodges, Louise Macniven, and Howard Mellett(2004) 및 Robert J. Foster(2008)를 참조할 것. 주주총회가 기업 지배 구조를 확인하는 형식 중 하나이긴 하지만, 한국의 주총은 영국이나 유럽과 달리 재무적 이해관계가 없는 낯선 사람들이 제도적 갈등을 유발한다는 점에서 다르다. 한국과 일본의 주주총회 현장에 대한 생동감 있는 묘사는 Roger L. and Dawnhee Yim(1993)과 Rodney Clark(1979)을 참조할 것.

2. Mary Jo Schneider(1998, p. 296)에서 인용.

3. Mary Jo Schneider(1998) 참조.

4. 윤리적 행동주의에 관해서는 Marina Welker and David Wood(2011)를 참조할 것. 토머스 분 피켄스와 또 다른 '기업 사냥꾼(corporate raider)'에 대한 설명은 Peter McGill(2021)을 참조할 것.

5. 다음 기사를 참조할 것. "재벌 리스크 실상 보여주는 롯데그룹 승계 다

툼", 〈한거레〉 2015년 7월 30일, https://www.hani.co.kr/arti/opinion/editorial/702651.html. 이와 같은 장면은 TV 드라마에서도 재현된다. 2013년 방영한 〈상속자들〉에는 제국그룹 회장이 자신에게서 등을 돌린 아들(사장)에게 복수하는 장면이 나온다. 그는 주주총회에서 아들인 사장의 해임 결의안을 발의한다. 아들은 결국 극적으로 해임을 피하긴 하지만, 주총이 아버지가 마음만 먹으면 배후에서 얼마든지 주주들을 조종할 수 있는 권력의 무대임을 깨닫게 된다.

6. Colleen A. Dunlavy(2006, p. 1352) 참조.

7. 1980년대 일본 거품 경제 상황과 더불어 기업 경영에 악영향을 미친 야쿠자 집단 및 거기에서 파생한 소카이야 집단의 규모와 강도 차이로 그 역학관계를 단순화하기는 어렵다. 이 대목에서는 일본의 실제 주주총회에서 벌어진 사태를 소개했지만, 1980~1990년대 일본 기업은 소카이야의 피해자인 동시에 소카이야를 다른 야쿠자로부터 자신들을 보호하는 용도로도 이용했다. Kenneth Szymkowiak(2002, pp. 176-178) 참조.

8. 기업의 목소리 위계 개념화에 관해서는 Robert F. Freeland and Ezra W. Zuckerman(2018)을 참조할 것.

9. Michael Power(1997, pp. 1-14) 참조.

10. 의회와 문명의 관계는 Wilbert Van Vree(1999)를 참조할 것. 억제되지 않은 열정이 초래하는 경제 활동에 대한 서구 경제철학자들의 우려는 Albert O. Hirschman(1977)의 설명을 참조할 것.

11. 소액주주는 회사의 지분율에 따라 임시 주주총회 소집권, 장부 열람권, 이사 해임 요구권 등의 권리를 보장받는다. 한국의 소액주주 권리에 관한 더 자세한 설명은 Boong-Kyu Lee(2001)를 참조할 것.

12. Robert's Rules of Order(1996, 제10판) 참조.

13. 상호작용의 자유를 제한한다는 이유로 포르투갈에서 로버트 회의 규칙을 반혁명적 형식이라고 규정한 내용에 관해서는 Robert Roy Reed(1990)를 참조

할 것.

14. Jae Yeol Kwon(1995, 2003, 2004) 참조. 어떤 경우에는 한국의 회사법이 다른 국가보다 더 엄격하다. 법학자 권재열은 한국 회사법은 외부 감사인의 주된 역할을 이사회 감시로 보고 있지만, 미국 회사법에서는 경영 책임에 관한 문서를 준비할 때 이사회를 지원하는 역할로 본다고 지적했다. Jae Yeol Kwon(2003, pp. 330-331)을 참조할 것. 한국의 소액주주 역할에 관해서는 Thomas Kalinowski(2008)를 참조할 것.

15. Bernard Black, Brian Cheffins and Michael Klausner(2011) 및 Joongi Kim(2000) 참조.

16. 한국의 주주총회 절차에 대해서는 Gyo-chang Kim(2005)을 참조할 것.

17. 미국변호사협회(American Bar Association)는 주주총회 때 로버트 회의 규칙이 아닌 다른 의회 규칙을 권장하고 있다. 주주총회 절차가 너무 복잡하고 공식 하원의원을 섭외해야 하기 때문이다. 반면 한국상장회사협의회(Korea Listed Companies Association)는 일찍이 국회 등 대부분 공공 기관에서 채택한 데다 1991년 제정된 주주총회 운영 규정의 일부라는 점에서 로버트 회의 규칙을 수용하고 있다. 다음 자료를 참조할 것(다운로드 가능). "주주총회의 의사진행 요령", http://www.klca.or.kr/KLCADownload/eBook/P8352.pdf.

18. 위르겐 하버마스는 공론장 개념을 다음과 같이 정의했다. "부르주아 공론장은 공중(公衆)으로 결집한 사적인 개인들의 영역이다." Jurgen Habermas(1974[1964], p. 52)에서 인용. 폴 그라이스는 기본적 상호작용 규범이 되는 '협력 원칙'을 이렇게 규정했다. "대화가 진행되는 각각의 단계에서 대화의 방향이나 목적이 요구하는 것만큼 기여하는 것." H. Paul Grice(1975, p. 45)에서 인용.

19. 가장 잘 알려진 사례는 20세기 후반 미국에서 '기업 등에(corporate gadfly)'라는 별명으로 악명이 자자했던 이블린 데이비스(Evelyn Davis)다. 월간지 〈베니티페어(Vanity Fair)〉는 한 기사에서 그녀를 일컬어 "회의에 방해만 된다면 무엇이든 할 수 있는 시한폭탄"이라고 묘사했다. Leslie Bennets(2002) 참조. 데

이비스는 말로써 훼방을 놓는 것은 물론이고 핫팬츠를 입거나 코트 안에 입고 있던 수영복을 벗어 던지는 등 온갖 기상천외한 방식으로 주주총회를 방해했다. 그 목적은 자신이 발행하는 연간 구독료 500달러짜리 신문 〈하이라이츠앤드로우라이츠(Highlights and Lowlights)〉를 기업에 강매하기 위함이었다. 그렇지만 경영진이 왜 그만큼의 급여를 받는지, 회사가 왜 해외 정치 단체에 돈을 기부했는지, 이사회 선거는 어떻게 진행되는지 등에 대한 그녀의 끈질긴 질문은 기업 지배 구조에 대한 더 엄격한 규칙을 발전시키는 데 도움이 됐다고 평가받기도 한다.

20. '회의 강탈자'는 '총회꾼'을 비유적으로 표현한 말이다. '총회꾼'에서 처음 두 글자 '총회'는 주주총회를 의미하고 마지막 글자인 '꾼'은 "어떤 일이나 방면에 능숙한 사람"을 뜻하는 한국어 명사다. 주로 다른 명사 뒤에 붙여 사용하며, 앞에 결합하는 명사가 무엇인지에 따라 긍정적이거나 부정적인 의미로 쓰이는데, 대부분은 좋지 않은 뜻이다. 총회꾼은 '주총꾼' 또는 '주총 훼방꾼'이라고도 부른다.

21. 다음 기사를 참조할 것. "주총철에 알아본 소주주들의 권리, 법적으로는 당당하지만…", 〈중앙일보〉 1981년 2월 25일, https://www.joongang.co.kr/article/1560096.

22. 다음 기사에서 인용. "주총꾼이 사라지지 않는 진짜 이유", 〈오마이뉴스〉 2016년 5월 2일, http://www.ohmynews.com/NWS_Web/view/at_pg.aspx?CNTN_CD=A0000237720.

23. 다음 웹사이트 자유게시판 포스팅에서 인용. "주총꾼을 아십니까?", 〈PGR21〉 2017년 9월 14일, https://pgr21.com/freedom/73761.

24. 2018년 3월 16일에 업로드된 "주총꾼 또는 총회꾼으로 알려진 주주총회 교란자에 대한 강력한 대처를 촉구합니다"라는 제목의 이 청원 게시물은 2022년 5월 윤석열 대통령 정부 출범 이후 청와대 국민청원이 폐지되고 국민제안이 신설됨에 따라 현재는 찾아볼 수 없다.

25. 다음 기사를 참조할 것. "주총 시즌 도래… 총회꾼 어떻게 대처하지?", 〈이데일리〉 2007년 2월 8일, https://www.edaily.co.kr/news/read?newsId=0193 5206583028552&mediaCodeNo=257.

26. 다음 기사를 참조할 것. "다가오는 주총 시즌… '총회꾼' 대응 요령", 〈the L〉 2016년 2월 16일, http://thel.mt.co.kr/newsView.html?no=2016021610558233944.

27. James C. Scott(1989, pp. 54-55) 참조.

28. 다음 기사에서 인용. "엄연한 주주냐 훼방꾼이냐… 최고 1억 벌어", 〈한국증권신문〉 2007년 2월 25일, http://www.ksdaily.co.kr/news/articleView.html?idxno=17186.

29. 다음 기사를 참조할 것. "[상장사 주총 전략] '총회꾼' 훼방꾼 단호 대처", 〈매일경제〉 2001년 2월 25일, https://www.mk.co.kr/news/all/2465875.

30. 다음 방송 영상을 참조할 것. "진화하는 주총꾼에 상장 기업 끙끙", 〈SBS Biz〉 2014년 3월 6일, https://biz.sbs.co.kr/article/10000637546.

31. 한국에서 불법적인 금품 지급을 뜻하는 은어로 두 가지 단어가 있다. 첫 번째는 '떡값'이다. 원래 떡값은 명절에 직원이 고향을 방문할 때 선물을 준비할 수 있도록 기업이 복지 차원에서 지급하는 일종의 상여금을 의미했다. 그러다가 뇌물을 일컫는 은어로 의미가 확장했다. 총회꾼이 기업에 요구하는 떡값의 지급 대상은 그들 자신이다. 두 번째는 '뽀찌'인데, 내기나 도박에서 이긴 사람이 진 사람에게 연민을 담아 챙겨주는 돈을 말한다. 그 어원에 대해 몇 가지 설명이 있으나 팁(tip)을 일컫는 일본어 단어 '보치(ぼち)'에서 유래했다는 설명이 그럴 듯하다.

32. 다음 웹사이트 자유게시판 포스팅에서 인용. "주총꾼을 아십니까?", 〈PGR21〉 2017년 9월 14일, https://pgr21.com/freedom/73761.

33. 다음 기사를 참조할 것. "주총꾼이 직업? 가업 승계까지", 〈매일경제〉 2016년 3월 25일, https://www.mk.co.kr/news/stock/7276850. 사회학자 케네스 심코비아크는 일본의 소카이야와 기업과의 관계에 대한 설명에서 소카이야를

둘러싼 윤리적 문제를 다루기에 앞서 기업 윤리 부족을 먼저 고려해야 한다고 지적했다. Kenneth Szymkowiak(2002) 참조.

34. 이와 거의 유사한 1980년대 주총 현장 묘사는 Roger L. Janelli and Yim(1993)를 참조할 것.

35. 언어학적으로 한국어는 영어와 달리 주어가 없어도 문장이 성립되기에 '나·저(I)' 또는 '너·당신(You)'과 같은 인칭 대명사를 생략하는 경우가 많다. "재청합니다!"는 "나(저)는 재청합니다!"와 같은 말이며, 주어가 빠짐으로써 모두가 한목소리로 "재청합니다!"라고 외치면 마치 비밀 투표처럼 누가 누군지 알 수 없게 된다.

36. 법으로 강제 집행이 가능하고 전문 용역 이용도 허용되기에, 한국에서 주주총회 이해관계자들과 무관한 사설 용역 인력을 동원하는 것은 드문 일이 아니다. Jonson N. Porteux and Sunil Kim(2016)을 참조할 것.

37. 권오준 회장은 박근혜–최순실 게이트에 연루돼 최순실 부역자라는 오명을 쓰고 2018년 7월 결국 퇴임했다.

38. 다음 기사를 참조할 것. "상장사협의회, '총회꾼 상담지원센터' 설치", 〈머니투데이〉 2007년 2월 8일, http://news.mt.co.kr/mtview.php?no=2007020810463074706.

39. 다음 자료를 참조할 것(다운로드 가능). "상담실", 〈월간상장〉 2007년 3월호, http://www.klca.or.kr/KLCADownload/eBook/P5773.pdf.

40. 기업 간 결탁은 한국 기업들에만 국한된 현상이 아니다. 일본, 대만, 싱가포르 등의 공기업들에서도 이뤄진다. 이 현상은 부분적으로 이들 국가에서 공유되는 상업 규정 및 회계 일정과 관련이 있지만, 주주총회 개최 일정 집중이 왜 유독 아시아권에서만 나타나는지에 대한 설명은 발견하지 못했다.

41. 기업과 협력하는 총회꾼에 관한 기사는 한 건만 찾을 수 있었다. 이 기사는 "회사에 부역하는 주총꾼들에 대한 지적은 분량이 적어 아쉽다"는 한 소액주주의 말을 인용했다. 다음 기사를 참조할 것. "상장사와 주총꾼

의 협잡", 〈매일경제〉 2016년 3월 29일, https://www.mk.co.kr/news/journalist/7281440.

42. 다음 기사를 참조할 것. "NPS poised to flex shareholder muscles", 〈The Korea Herald〉 2015년 3월 2일, http://www.koreaherald.com/view.php?ud=20150302001112.

43. 참여연대에 관한 설명은 Jooyoung Kim and Joongi Kim(2001)을 참조할 것.

44. 다음 웹사이트를 참조할 것. "Samsung Electronics Value Enhancement Proposals", 2016년 10월 5일, https://sevalueproposals.com.

45. 투자계 저변에는 '코리아 디스카운트(Korea Discount)'라는 관점이 깔려 있다. 기업 가치에 비해 한국 기업들의 주식 가격이 저평가돼 있는 현상을 말한다. 그런데 여기에는 한국 재벌 기업 오너 일가 및 대주주에 대한 반감도 녹아 있다. 이와 관련한 논의는 Tae H. Choi, Eunchul Lee, and Jinhan Pae(2012)를 참조할 것.

46. 다음 기사를 참조할 것. "Higher South Korea dividends fuel hopes for Kospi re-rating", 〈Financial Times〉 2015년 2월 10일, https://www.ft.com/content/1cbb1276-aab4-11e4-91d2-00144feab7de(로그인 필요). 일본의 경우 전통적으로 대기업은 계열사 및 은행과 긴밀히 제도와 구조를 공유했기에 기관 투자는 이익을 추구하는 낯선 이해관계자 사이의 연결이 아닌 이미 연결된 기관들끼리의 선의 표시였다. Rodney Clark(1979, p. 86) 및 Michael Gerlach(1992, p. 56, p. 234) 참조.

47. 프레드 모슬리는 마르크스 《자본론》 제3권을 '이윤'이 아닌 '잉여가치'의 분배 문제를 다룬다는 관점에서 분석했다. 마르크스는 '이윤율'과 '잉여가치율'은 비슷해 보이지만 다른 개념이며, 노동 착취도를 제대로 보여주는 쪽은 '잉여가치율'이라고 주장했다. Fred Moseley(2002)를 참조할 것.

제6장

1. 한국에서 흡연은 환경 오염 문제를 넘어 가임 여성의 미래 자녀에게 악영향을 미친다는 인식 때문에 젠더 문제로 확장되며 여성 흡연자에게는 사회적 낙인으로 작용한다. 그런데 여성 노동자가 대다수를 차지하는 콜센터에서만큼은 여성 흡연율이 높다. 인류학자 김관욱은 왜 유독 콜센터에서만 여성 흡연에 대한 사회적 금기가 해체됐는지 연구했는데, 현지 조사 결과 여성 흡연 천국이라고 여겨지는 콜센터에서도 흡연 구역은 기업 이미지 손상을 우려해 외부 시선으로부터 철저히 차단돼 있었다. Kwanwook Kim(2018) 참조.

2. 회식도 업무에 해당한다는 법원 판결이 있다. 2013년 1월 창원에서 회사 시무식 행사에 참석한 직원이 귀가 도중 빙판길에 미끄러져 척추가 골절되는 사고를 당했다. 그는 산업재해로 인정해달라며 요양급여를 신청했지만, 근로복지공단은 회식을 마친 뒤 퇴근 중 일어난 일이라는 이유로 지급을 거부하자 소송을 제기했다. 법원은 회사의 지시로 회식에 참석한 점, 회식 후 사고를 당한 장소가 회사 통근 버스로 하차한 장소라는 점, 회식 비용을 회사가 전액 부담한 점 등을 근거로 업무상 재해로 판단해 원고 승소 판결을 내렸다. 다음 기사를 참조할 것. "업무 연관성·참석 강제성, 회식은 업무의 연장", 〈경남일보〉 2015년 12월 15일, http://www.gnnews.co.kr/news/articleView.html?idxno=257993.

3. 강준만이 쓴 칼럼은 다음 기사에서 확인할 수 있다. "조직은 폭력이다", 〈한겨레〉 2018년 2월 11일, https://www.hani.co.kr/arti/opinion/column/831816.html.

4. David W. Plath(1969〔1964〕) 참조.

5. Rodney Clark(1979) 참조.

6. 일본 남성 직장인들의 이 같은 행태는 이들을 접객하는 호스티스 관점에서는 '이야시(いやし, 치유)' 노동의 한 형태라고 볼 수 있다. Anne Allison(1994) 참조. Gabriele Koch(2016)도 참조할 것.

7. 아츠미 레이코는 츠키아이를 이렇게 정의했다. "사회적 필요나 의무의 결과로 형

성되는 개인적 관계다. 때때로 일본 기업 직원들은 이를 '공적인' 업무 관계라고 표현한다. 이와 대조적으로 서로의 호감, 매력, 공통된 관심사나 생각에서 발전하는 '사적인' 우정이 있다." Reiko Atsumi(1979, p. 64)에서 인용. 일본에서의 사회성에 관한 최근 논의는 Shunsuke Nozawa(2015)를 참조할 것.

8. 중국의 꽌시 및 선물 교환 등에 관한 인류학적인 설명은 Mayfair Mei-hui Yang(1994), Andrew B. Kipnis(1996), Yun-xiang Yan(1996)을 참조할 것.

9. 김영란법은 전직 대법관이자 2012년 관련 법안을 발의한 김영란 당시 국민권익위원회 위원장의 이름을 딴 것이다. 이 법이 발효되기 이전에는 금품 수수 시 대가성과 직무 관련성을 모두 입증해야 형사 처벌이 가능했다. 노골적으로 사치품을 선물하는 등 뇌물임이 명백한데도 아니라고 쉽게 부인할 수 있었다.

10. 이는 기업 환경에 속해 있는 사람들에게도 함정이 될 수 있다. 언젠가 상도 홍보팀장이 내게 자신의 업무 대부분은 기업 취재 기자들을 접대하는 것이라고 말한 적이 있다. 그러면서 보통은 저녁에 대접하는 것이 일반적이나, 자신은 주로 낮에 일정을 잡아서 이런 종류의 상호작용 함정을 피했다고 했다.

11. Minjae Kim(2017) 참조.

12. 이런 질문에 어떻게 대답해야 하는지 사회적인 요령도 필요하다. 너무 높은 숫자로 답하면 나이든 상사가 실제로 확인하려고 들 때 난감해질 수 있다. 그렇다고 너무 낮은 숫자를 대면 대놓고 거짓말한다고 느끼게 할 수 있다. 아울러 술자리에서 남성 직원들끼리 서로 술을 얼마나 잘 마시는지 이야기하는 때는 많았어도, 정말로 술 마시기 경쟁이 펼쳐지거나 몇 잔을 마시는지 세어보거나 하는 일은 벌어지지 않았다. 사실 그런 질문들은 회식 때 으레 나오는 말이고 편한 분위기를 만들려는 농담 같은 것이었다. 그런데 한편으로는 누구와 함께 마시면 재미있을지 알아내는 방법이기도 했다. 회식 때면 내 오른쪽 자리에 앉곤 했던 소연 대리는 퇴근 후 술자리에 잘 끼지 않았는데, 어느 날 물어보니 알코올이 체질상 자신과 잘 맞지 않는다고 했다. 그녀가 알아낸 자신의 최대 주량은 딱 '한 방울'이었다.

13. 예를 들어 2019년 온라인 구인·구직 웹사이트 사람인(Saramin)에서 진행한 설문 조사에 따르면 회식 문화 변화에 발맞춰 이른바 '회식 거부권' 행사가 가능해진 직장 수는 대폭 늘었지만, 회식에 참석하지 않으면 암묵적 불이익이 있다고 답한 직장인들도 여전히 많았다. 다음 기사를 참조할 것. "직장인 10명 중 6명, 회식 거부권 행사⋯ 전년 比 9.4% ↑", 〈동아일보〉 2019년 10월 22일, http://www.donga.com/news/article/all/20191022/98003285/1.

14. James Cotton and Kim Hyung-a van Leest(1992) 참조.

15. 미국의 경우 직장 생활에 관한 많은 담론은 라이프스타일과 커뮤니케이션 통합 문제, 즉 일과 생활의 혼합 또는 모호함을 지적했다. Peter Fleming(2014) 및 Catherine J. Turco(2016) 참조. 특히 정치적 영역에서 시간적 여유를 추구하는 캐주얼한 스타일이나 다운시프트(downshift) 생활 방식이 인기가 있다. Antonio Reyes(2015) 참조. 반면 한국의 사무직과 기업에 대한 담론은 상류층 또는 상위 중산층으로서의 구별 표시와 일치하는 방향을 시사하고 있다.

16. Suk-Young Kim(2018) 참조.

17. Joseph Sung-Yul Park(2009) 및 Joseph Sung-Yul Park(2010) 참조.

18. Karen Z. Ho(2009) 참조.

19. 점수 형태로 실력을 가늠하는 방식은 정량화를 통한 발전 도모처럼 보이기도 하지만, 더 진지한 게임 플레이를 위해 실력을 중심으로 그룹 활동을 조직하는 더 큰 개념과도 관련이 있다. 남부 지역에 있는 상도의 한 공장을 방문했을 때 팀원들과 당구장에 간 적이 있는데, 당구 급수에 따라 편을 나눴다. 거의 프로급 실력인 장 팀장과 민섭 과장은 예전에 내기 당구도 한 적이 있다고 했다. 지순 대리와 나는 이른바 '애들 게임'으로 분류됐다.

20. William H. Kelly(2005) 참조.

21. 기업 조직 연구에는 '워크숍'의 역할과 유용성을 분석한 것도 있다. 워크숍은 전략 수립이나 직원 (재)교육 같은 목표에 의식적으로 집중하고자 일상 업무 공간에서 벗어난 장소를 마련해 진행하는 활동이다. Gerard P. Hodgkinson,

Richard Whittington, Gerry Johnson, and Mirela Schwarz(2006) 및 Mark P. Healey, Gerard P. Hodgkinson, Richard Whittington, and Gerry Johnson(2015) 참조. 그런데 때때로 워크숍은 사내 유급 휴가 역할을 하기도 한다. 한국에서는 'MT(Membership Training)'라는 용어로 널리 알려져 있다. 대학교, 동아리, 회사 등에서 구성원들이 외곽 지역으로 이동해 함께 먹고, 함께 술 마시고, 함께 이야기하고, 함께 자면서 인간관계를 구축하고 결속을 다진다.

22. Michael Burawoy(1979) 참조. 이보다 최근 사례로 인류학자 개빈 화이트로(Gavin Whitelaw)는 일본에서 유통기한은 지났으나 섭취에는 문제없는 식품을 아르바이트 직원, 배달원, 지역 노숙인 등에게 제공해 사회적 유대를 강화하는 편의점 체인의 관행을 설명했다. 그렇지만 이런 관행은 몰래 이뤄질 수밖에 없었다. 법적으로 유통기한을 넘긴 식품은 용도 변경 없이 전부 폐기해야 했기 때문이다. Gavin Whitelaw(2014) 참조.

23. Stephen C. Rea(2018) 참조.

24. James R. Barker(1999) 참조. 더 현대적인 사례는 일이 아닌 노동자 자신을 강조하는 새로운 노동 저항 운동에서 찾을 수 있다. Peter Fleming(2014) 참조. 바로 이것이 앞서 조직행동학자 캐서린 터코가 말한 '대화형 회사'가 어떻게 직원들이 더 많은 위계나 관료주의 또는 규칙을 바라게 만드는지를 설명해준다. Catherine J. Turco(2016) 참조.

25. 물론 직원들과 술자리를 함께하지 않는 것은 그 관리자의 성향일 수도 있으며, 자신이 자리에 있으면 직원들이 부담스러워한다는 사실을 알기 때문일 수도 있다. 곧이어 언급하지만, 어떤 팀원은 회식을 의무화하지 않는 관리자들이 사려 깊을지는 몰라도 조직 내에서 정치적으로는 무력하다고 말했다. 이들은 대개 다른 관리자들이나 고위 임원들과의 회식 자리도 꺼리기 때문에 팀 관리와 사내 정치 사이에서 스스로 고립되므로 결국 함께 일하기 좋은 관리자는 아니라는 것이다.

26. 다음 칼럼을 참조할 것. "스크린 골프와 가상 현실", 〈동아일보〉 2017년 9월 7
    일, http://www.donga.com/news/article/all/20170907/86215783/1.

나오며

1. 강준만(2013) 참조.

2. John Weeks(2004) 참조.

3. Choong Soon Kim(1992) 참조. 현장 연구 일환으로 내가 방문한 기업 가운데
   상도그룹과 달리 종교색을 감추지 않는 회사도 있었다. 소규모 기업이지만 'GG
   케이블'은 기독교 회사임을 명확히 드러내고 있었다. 맞춤형 케이블을 생산하
   는 이 회사의 로고는 예수 그리스도를 상징하는 '익투스(ichthus, 물고기)' 형상
   이 눈에 띄었고, 회사 건물 내부에는 십자가와 더불어 예수 초상도 걸려 있었
   다. 사무실에서는 하루 내내 라디오 기독교 방송으로 찬송가와 설교 소리가 흘
   러나왔다. 총직원 6명인 이 회사의 대표는 자신이 다니는 교회에서 직원들을
   모집했으며 'GG'는 'God's Grace'의 줄임말이라고 했다(원래 회사 이름은 한글로
   되어 있는데 가명을 쓰려고 내가 영어인 GG로 변경한 것이다).

4. 한국은 세속주의 국가지만 제도적 차원에서 곳곳에 기독교 윤리가 내재해 있
   다. 인류학자 니콜라스 하크니스는 한국에서 클래식 음악, 특히 성악과 기독교
   엘리트와의 미묘한 관계에 관해 서술한 바 있다. 예를 들면 클래식 성악 무대가
   아무리 이탈리아나 독일의 세속 가곡으로 꾸며지더라도 앙코르만큼은 기독교
   찬송가로 마무리된다. "세속 음악을 감상하는 일반 대중이 기독교인임을 제시
   하는 한편 궁극적으로 세속 음악이 기독교에 봉사하는 일종의 형식임을 암시
   한다." Nicholas Harkness(2012, p. 356)에서 인용.

5. 사실은 내가 상도에 입사하기 몇 년 전 HR팀에서 지주회사 내 모든 팀의 업무
   범위와 흐름에 관한 업무 프로세스를 수립했고, 단계별로 자세히 설명한 파워
   포인트 차트도 마련해놓았다. 다만 실무에서는 이를 거의 참조하지 않았다.

6. 압존법은 존대 여부를 화자가 말할 때 언급하는 대상이 아닌 화자의 말을 듣는

청자 기준으로 결정하는 표현법이다. 쉽게 말하자면 내 말을 듣고 있는 사람이 내가 언급할 사람보다 지위가 높으면 언급 대상을 일컬을 때 존댓말을 쓰지 않는다. 예를 들어 회사에서 내가 대리인데 팀장에게 말하면서 과장을 언급해야 할 때 "팀장님, 김 과장님이 1시간 뒤에 보고하실 예정입니다"라고 하지 않고 "팀장님, 김 과장이 1시간 뒤에 보고할 예정입니다"라고 말하는 식이다. 그러나 한국어에서 압존법은 본래 가족이나 사제관계 같은 사적인 관계에서 사용하는 어법이므로, 군대나 회사 같은 공적인 관계에서는 사용하면 곤란하다. 이 경우 에는 모두를 높여 일컫는 것이 올바른 경어법이다. 한국에서 군대는 압존법이 쓰이는 마지막 공적 기관이었지만, 2016년 공식 폐지됐다.

7. Peter Banseok Kwon(2019) 참조.

8. Robert Jackall(2010) 참조.

더 이야기할 것들

1. '현장 취업'은 1980년대 한국 대학생들이 노동 계층의 의식 고양을 위해 사용한 일종의 전술이었다. 역사학자 이남희는 이에 정부와 언론이 '위장 취업'이라는 불미스러운 명칭을 붙임으로써 "위조된 신분증으로 공장에서 일하는 행위를 범죄로 전가해" 학생 운동과 민중 운동을 방해했다고 설명했다. Namhee Lee(2005, 915ff)에서 인용.

2. 이는 조직 연구에서 '실천 전환(practice turn)'으로 불리는 방식이다. 경영학자 이로 바라와 리처드 휘팅턴은 실천 전환을 "인간 행위자의 내재한 본성, 거시 사회적 제도의 중요성, 계획과 출현, 유형성의 역할, 그리고 당연하게 여겨지는 것들에 대한 비판적 검토"에 연구의 초점을 맞추는 것이라고 규정했다. 내게 실천 전환은 한국의 직장 연구 맥락에서 조직 공간을 단순히 거시 경제 역학의 축소판이나 설정된 행동 모델이 아닌 복잡한 비즈니스 관행이 펼쳐지는 현장으로 진지하게 받아들이는 것을 의미했다. Stephen R. Barley and Gideon Kunda(2001) 및 Richard Whittington(2006)도 참조할 것.

3. 나는 언어인류학에서 영감을 얻기 위해 관련 연구 결과에서 이론적 개념과 방법론을 취합해 발전시켰다. Alessandro Duranti(1994), Susan U. Philips(1998), Deborah Cameron(2000)을 참조할 것. 조직행동학 분야의 커뮤니케이션 연구는 다음 문헌을 참조해 새로운 아이디어를 도출했다. Wanda J. Orlikowski and JoAnne Yates(1994), JoAnne Yates Wanda J. Orlikowski(1992), Clay Spinuzzi and Mark Zachry(2000).

4. 기업 현장 주변에는 그곳에 들어가려고 하거나 아니면 탈출하고 싶어 하는 사람들이 대부분이어서 인류학자가 실질적인 연구를 수행하기에 매력이 전혀 없었고 기껏해야 내부 공간을 미화하는 것밖에 되지 못했다. Anne Allison(1994), Eitan Y. Wilf(2019), Douglas Rogers(2012), Romit Dasgupta(2013), Hirokazu Miyazaki(2013), Gavin Whitelaw(2014), Karen Z. Ho(2009), Andrew Orta(2013), Ilana Gershon(2017) 참조. 앤 앨리슨의 저서 《야근(Nightwork)》은 일본 남성 직장인들의 퇴근 후 활동에서 호스티스 바가 기업 정체성을 만드는 데 어떤 중요한 역할을 하는지 현장 추적한 민족지학 연구의 결과물이다. 한국에는 대학 졸업 예정자들, 직업훈련소, 컨설팅 업체, 동문회, 퇴직자 커뮤니티, 연수기관(학원), 동호회, 프랜차이즈 운영자들, 전문가를 위한 초대 전용 인터넷 그룹처럼 기업계를 대상으로 민족지학 연구를 수행할 때 유용한 현장이 많이 있다. 일찍이 나는 한국 생활 초기에 만난 카페 사장의 도움으로 직장인들을 위한 영어 스터디 모임을 만든 적이 있다. 사람들을 모으고 몇 번 자리를 만들어 영어 회화로 직장 생활을 이야기하는 시간을 가졌으나 거기에서 더 나아가지는 못했다. 여러 전문가와 함께 아마추어 농구팀에 들어가 활동한 적도 있지만, 정작 그들은 자신의 직업 생활에 대해서는 거의 입 밖에 내지 않았다. 그러다가 상도에서의 연구를 끝마치고 1년 뒤 다시 한국을 방문했을 때, 상도에서 함께 일했던 전 동료가 HR 전문가 스터디 모임에 초대받아 활동하고 있었다. 그 모습을 관찰하면 좋겠다고 생각해 참관했는데, 실무자들이 자신의 회사와 직업적 어려움에 관해 허심탄회하게 이야기하고 영어와 한국어

로 쓰인 HR 관련 논문을 함께 살펴보는 자리였다. 이와 같은 소그룹 미팅은 직장 내 규범과 사내 정치에서 자유롭기에 민족지학 연구의 현장으로서 매우 이상적이었을 것이다.

5. 프로젝트 형식과 확산에 관한 비판적 논의는 Damian E. Hodgson(2004)을 참조할 것. 논쟁의 여지는 있으나 인류학 분야의 학술 프로젝트도 고정 예산, 목표, 시작과 끝을 표시하는 프로젝트 형식을 갖추긴 하지만 실제 연구가 어떤 모습으로 진행될지 색다른 구조적 기대감을 표시할 수 있다.

6. 학문으로서의 인류학은 상도에서 사실상 인정받지 못했다. 기업 사무직 직원들이 알고 있던 인류학은 현대 직장 생활 연구가 아니라 미지의 섬에 사는 작은 부족에 관한 연구 같은 것들이었다. 이 학문 분야의 현대적 연구가 키치적인 기업 문화나 직장 생활을 대상으로 한다고 잘못 알려진 탓도 있지만, 북아메리카나 유럽에서처럼 자잘한 로맨스라든지 들어봤음직한 명성이 없는 까닭도 있을 것이다. 게다가 경영적 관점에서 조직의 당면 과제를 분석하기에는 인류학적 방법론이 조직행동학 분야와 비교할 때 부정확하다고 느꼈을지도 모른다.

7. 그림자처럼 따라다니며 관찰하는 방식은 어떤 경우에는 잘 작동했고 어떤 경우에는 그러지 못했다. 업무가 각자 달라서, 어떤 때는 직원들이 조용히 컴퓨터 앞에서 작업에 몰두하는 동안 나는 그저 내 자리에 앉아 있을 수밖에 없었다. 분리되지 않고 탁 트인 사무실 공간도 문제였다. 직원들은 내게 자기 일을 설명할 때도 마치 다른 사람들 앞에서 설명하는 것처럼 어색해했다. 한번은 전략팀 대리를 따라다녔는데, 그때 하필 그는 미국의 컨설턴트에게 보낼 영문 이메일을 작성하고 있었다. 내가 뒤에서 어깨너머로 모니터를 바라보고 있자니, 그가 계속 나를 의식하면서 집착에 가깝게 영어 문장을 채우고 있다는 느낌이 들었다. 그와 나 모두에게 불편한 장면이었다.

8. 이는 지주회사와 재벌 대기업 오너 일가의 관계를 수년 동안 기획 취재한 〈한겨레21〉 기획 기사에서 부분적으로 확인할 수 있다. 기사에 따르면 해당 기업들은 지주회사 체제 전환 이유를 "지배 구조를 더 투명하게 하고 경영 효율성

도 높이기 위해서"라고 밝혔지만 실제로는 그로 인해 오너 일가의 소유권과 지배권이 동시에 강화됐다. 다음 기사를 참조할 것. "지주회사 뒤에서 재벌은 씨익 웃는다", 〈한겨레21〉 2013년 5월 4일, http://h21.hani.co.kr/arti/cover/cover_general/34447.html.

9. 한국적 맥락에서 위계의 부정적 측면을 살필 때와 열망을 내포한 구별 문제에 주의를 기울일 때의 내 관점은 부분적으로 역사학자 임지현이 제시한 '대중 독재(mass dictatorship)' 개념의 영향을 받았다. 임지현은 권위주의와 사회적 저항의 시대에 박정희 대통령의 인기를 둘러싼 한국 현대사의 어려운 문제를 많이 다뤘다. Jie-Hyun Lim(2010) 참조. 그와 마찬가지로 1970~1980년대 학생운동의 명분이 된 지위 구별과 위계 구조에 관한 역사학자 이남희(2007)의 연구는 한국 사회 엘리트들이 경제 피라미드에서 자신보다 아래에 있다고 여기는 이들과 함께 참여하면서도 스스로 구별할 방법을 모색하는 데 큰 도움이 됐다. Namhee Lee(2007) 참조. 그리고 인류학자 낸시 에이벨만의 연구 견해는 한국 중산층의 계층 이동성 서사를 살핌으로써 경제적 변화에 대한 개인과 가족의 경험이 국가 발전의 지배적 서사로 연결되는 독특하고 경쟁적인 관점 구축하는 데 중요한 통찰을 제공했다. Nancy Abelmann(1997) 참조.

참고문헌

- Abelmann, Nancy. 1997. "Narrating Selfhood and Personality in South Korea: Women and Social Mobility." *American Ethnologist* 24(4): 786-811.

- belmann, Nancy. 2003. *The Melodrama of Mobility: Women, Talk, and Class in Contemporary South Korea*. Honolulu: University of Hawai'i Press.

- Acker, Joan. 1990. "Hierarchies, Jobs, Bodies: A Theory of Gendered Organizations." *Gender and Society* 4(2): 139-58.

- Agha, Asif. 2011. "Commodity Registers." *Journal of Linguistic Anthropology* 21(1): 22-53.

- Ahn, Junehui. 2016. "'Don't Cry, You're Not a Baby!': Emotion, Role and Hierarchy in Korean Language Socialisation Practice." *Children and Society* 30(1): 12-24.

- Allison, Anne. 1994. *Nightwork: Sexuality, Pleasure, and Corporate Masculinity in a Tokyo Hostess Club*. Chicago: University of Chicago Press.

- Allison, Anne. 2013. *Precarious Japan*. Durham, NC: Duke University Press.

- Atsumi, Reiko. 1979. "Tsukiai—bligatory Personal Relationships of Japanese White-Collar Company Employees." *Human Organization* 38(1): 63-70.

- Bae, Johngseok, and Chris Rowley. 2003. "Changes and Continuities in South Korean HRM." *Asia Pacific Business Review* 9(4): 76-105.

- Barker, James R. 1999. *The Discipline of Teamwork: Participation and Concertive Control*. Thousand Oaks, CA: Sage Publications.

- Barley, Stephen R., and Gideon Kunda. 2001. "Bringing Work Back In."

Organization Science 12(1): 76-95.

- Bauman, Richard, and Charles Briggs. 2003. *Voices of Modernity: Language Ideologies and the Politics of Inequality.* Cambridge: Cambridge University Press.
- Bennets, Leslie. 2002. "The C.E.O.'S Worst Nightmare." *Vanity Fair,* July.
- Benson, Peter, and Stuart Kirsch. 2010. "Corporate Oxymorons." *Dialectical Anthropology* 34(1): 45-48.
- Black, Bernard, Brian Cheffins, and Michael Klausner. 2011. "Shareholder Suits and Outside Director Liability: The Case of Korea." *Journal of Korean Law* 10(2): 325-361.
- Boltanski, Luc, and Eve Chiapello. 2018. *The New Spirit of Capitalism.* Translated by Gregory Elliott. London: Verso. Original edition, 1999.
- Bourdieu, Pierre. 1979. "Public Opinion Does Not Exist." *Communication and Class Struggle* 1:124-130.
- Bourdieu, Pierre. 1984. *Distinction: A Social Critique of the Judgement of Taste.* Cambridge, MA: Harvard University Press.
- Bourdieu, Pierre. 1991. *Language and Symbolic Power.* Edited by John B. Thompson. Cambridge, MA: Harvard University Press.
- Bourgoin, Alaric, and Fabian Muniesa. 2016. "Building a Rock-Solid Slide: Management Consulting, PowerPoint, and the Craft of Signification." *Management Communication Quarterly* 30(3): 390-410.
- Boyer, Dominic. 2008. "Thinking Through the Anthropology of Experts." *Anthropology in Action* 15(2): 38-46.
- Briggs, Charles. 2007. "Anthropology, Interviewing, and Communicability in Contemporary Society." *Current Anthropology* 48(4): 551-580.
- Burawoy, Michael. 1979. *Manufacturing Consent: Changes in the Labor Process Under Monopoly Capitalism.* Chicago: University of Chicago Press.
- Burrell, Gibson. 1988. "Modernism, Post Modernism and Organizational Analysis 2: The Contribution of Michel Foucault." *Organization Studies* 9(2):

221–235.

- Cameron, Deborah. 2000. *Good to Talk?: Living and Working in a Communication Culture.* Thousand Oaks, CA: SAGE Publications.

- Carr, E. Summerson. 2010. "Enactments of Expertise." *Annual Review of Anthropology* 39(1): 17–32.

- Chang, Ha Joon, and Jang-Sup Shin. 2003. *Restructuring "Korea Inc.": Financial Crisis, Corporate Reform, and Institutional Transition.* London: Routledge.

- Chang, Kyung Sup. 1999. "Compressed Modernity and its Discontents: South Korean Society in Transtion." *Economy and Society* 28(1): 30–55.

- Chang, Sea Jin. 2006. *Financial Crisis and Transformation of Korean Business Groups: The Rise and Fall of Chaebols.* Seoul: Cambridge University Press.

- Cho, Haejoang. 2001. "Living with Conflicting Subjectivities: Mother, Motherly Wife, and Sexy Woman in the Transition From Colonial-Modern to Postmodern Korea." In *Under Construction: The Gendering of Modernity, Class, and Consumption in the Republic of Korea*, edited by Laurel Kendall, 165–195. Honolulu: University of Hawai'i Press.

- Choi, Jinsook. 2018[2016]. "A Linguistic Anthropological Study of the Typification of Middle-Aged Men in Korea: An Examination of Ajae Joke Data." *Korean Anthropology* Review 2:109–139.

- Choi, Tae H., Eunchul Lee, and Jinhan Pae. 2012. "The Equity Premium Puzzle: Empirical Evidence for the 'Korea Discount'." *Asia-Pacific Journal of Accounting and Economics* 19(2): 143–166.

- Chong, Kimberly. 2018. *Best Practice: Management Consulting and the Ethics of Financialization.* Durham, NC: Duke University Press.

- Choy, Timothy K. 2005. "Articulated Knowledges: Environmental Forms After Universality's Demise." *American Anthropologist* 107(1): 5–18.

- Chumley, Lily Hope. 2013. "Evaluation Regimes and the Qualia of Quality."

Anthropological Theory 13(1-2): 169-183.

- Chun, Jennifer Jihye. 2011. *Organizing at the Margins*. Ithaca, NY: Cornell University Press.

- Clark, Rodney. 1979. *The Japanese Company*. New Haven: Yale University Press.

- Clifford, Mark. 1994. *Troubled Tiger: Businessmen, Bureaucrats, and Generals in South Korea*. Armonk, NY: ME Sharpe.

- Cody, Francis. 2011. "Publics and Politics." *Annual Review of Anthropology* 40(1): 37-52.

- Cohen, Susanne. 2015. "The New Communication Order: Management, Language, and Morality in a Multinational Corporation." *American Ethnologist* 42(2): 324-339.

- Cotton, James, and Kim Hyung-a van Leest. 1992. "Korea: Dilemmas for the 'Golf Republic'." *The Pacific Review* 5(4): 360-369.

- Cristea, Ioana C., and Paul M. Leonardi. 2019. "Get Noticed and Die Trying: Signals, Sacrifice, and the Production of Face Time in Distributed Work." *Organization Science* 30(3): 552-572.

- Dasgupta, Romit. 2013. *Re-Reading the Salaryman in Japan: Crafting Masculinities*. New York: Routledge.

- Davis, Gerald F. 2009. "The Rise and Fall of Finance and the End of the Society of Organizations." *Academy of Management Perspectives* 23(3): 27-44.

- De Santos, Martin. 2009. "Fact-Totems and the Statistical Imagination: The Public Life of a Statistic in Argentina 2001." *Sociological Theory* 27(4): 466-489.

- Doucette, Jamie. 2015. "Debating Economic Democracy in South Korea: The Costs of Commensurability." *Critical Asian Studies* 47(3): 388-413.

- Doucette, Jamie, and Susan Kang. 2018. "Legal Geographies of Labour and Postdemocracy: Reinforcing Non-Standard Work in South Korea."

Transactions of the Institute of British Geographers 43(2): 200-214.

- Drucker, Peter F. 1992. "The New Society of Organizations." *Harvard Business Review* (September–October): 95-104.

- Dunlavy, Colleen A. 2006. "Social Conceptions of the Corporation: Insights from the History of Shareholder Voting Rights." *Washington and Lee Law Review* 63: 1347-1388.

- Dunn, Elizabeth C. 2004. *Privatizing Poland: Baby Food, Big Business, and the Remaking of Labor.* Ithaca, NY: Cornell University Press.

- Duranti, Alessandro. 1994. *From Grammar to Politics: Linguistic Anthropology in a Western Samoan Village.* Berkeley: University of California Press.

- Espeland, Wendy Nelson, and Mitchell L. Stevens. 1998. "Commensuration as a Social Process." *Annual Review of Sociology* 24(1): 313-343.

- Fenster, Mark. 2017. *The Transparency Fix: Secrets, Leaks, and Uncontrollable Government Information.* Stanford, CA: Stanford University Press.

- Fleming, Peter. 2014. *Resisting Work: The Corporatization of Life and its Discontents.* Philadelphia: Temple University Press.

- Foster, Robert J. 2008. *Coca-Globalization: Following Soft Drinks from New York to New Guinea.* New York: Palgrave Macmillan.

- Foucault, Michel. 1973. *Madness and Civilization: a History of Insanity in the Age of Reason.* New York: Vintage Books.

- Foucault, Michel. 1977. *Discipline and Punish: The Birth of the Prison.* New York: Vintage.

- Fraser, Nancy. 1992. "Rethinking the Public Sphere: A Contribution to the Critique of Actually Existing Democracy." In *Habermas and the Public Sphere*, edited by Craig Calhoun, 56-80. Cambridge, MA: MIT Press.

- Freeland, Robert F., and Ezra W. Zuckerman. 2018. "The Problems and Promise of Hierarchy: Voice Rights and the Firm." *Sociological Science* 5(7): 143-181.

- Gell, Alfred. 1992. "The Technology of Enchantment and the Enchantment of Technology." In *Anthropology, Art and Aesthetics*, edited by Jeremy Coote and Anthony Shelton, 40-63. Oxford: Clarendon Press.

- Gerlach, Michael. 1992. *Alliance Capitalism: The Social Organization of Japanese Business*. Berkeley: University of California Press.

- Gershon, Ilana. 2017. *Down and Out in the New Economy: How People Find(or Don't Find) Work Today*. Chicago: University of Chicago Press.

- Gershon, Ilana. 2018. "Employing the CEO of Me, Inc.: US Corporate Hiring in a Neoliberal Age." *American Ethnologist* 45(2): 173-185.

- Gershon, Ilana. 2019. "Hailing the US Job-Seeker: Origins and Neoliberal Uses of Job Applications." *Culture, Theory and Critique* 60(1): 84-97.

- Gladwell, Malcolm. 2008. *Outliers: The Story of Success*. New York: Little, Brown and Co.

- Goffman, Erving. 1952. "On Cooling the Mark Out: Some Aspects of Adaptation to Failure." *Psychiatry* 15(4): 451-463.

- Goffman, Erving. 1956. "The Nature of Deference and Demeanor." *American Anthropologist* 58(3): 473-502.

- Goffman, Erving. 1974. *Frame Analysis: An Essay on the Organization of Experience*. New York: Harper & Row.

- Goodwin, Charles. 1994. "Professional Vision." *American Anthropologist* 96(3): 606-633.

- Grice, H. Paul. 1975. "Logic and Conversation." In *Syntax and Semantics 3: Speech Acts*, edited by Peter Cole and Jerry Morgan, 45-58. New York: Academic Press.

- Habermas, Jurgen. 1974[1964]. "The Public Sphere: An Encyclopedia Article." *New German Critique* 3: 49-55.

- Habermas, Jurgen. 1989. *The Structural Transformation of the Public Sphere: An Inquiry into a Category of Bourgeois Society*. Translated by Thomas Burger. Cambridge, MA: MIT Press.

- Hacking, Ian. 2002[1986]. "Making Up People." In *Historical Ontology*, edited by Ian Hacking, 99–120. Cambridge, MA: Harvard University Press.

- Hadley, Eleanor M. 1970. *Antitrust in Japan. Princeton Legacy Library.* Princeton, NJ: Princeton University Press.

- Haggard, Stephan, Wonhyuk Lim, and Euysung Kim. 2003. *Economic Crisis and Corporate Restructuring in Korea: Reforming the Chaebol.* Cambridge Asia–Pacific Studies. New York: Cambridge University Press.

- Hall, Kira. 2014. "Exceptional Speakers: Contested and Problematized Gender Identities." In *The Handbook of Language, Gender, and Sexuality,* edited by Susan Ehrlich, Miriam Meyerhoff, and Janet Holmes, 220–239. Hoboken, NJ: Wiley–Blackwell.

- Hankins, Joseph, and Rihan Yeh. 2016. "To Bind and To Bound: Commensuration Across Boundaries." *Anthropological Quarterly* 89(1): 5–30.

- Harkness, Nicholas. 2011. "Culture and Interdiscursivity in Korean Fricative Voice Gestures." *Journal of Linguistic Anthropology* 21(1): 99–123.

- Harkness, Nicholas. 2012. "Encore!: Homecoming Recitals in Christian South Korea." *Journal of Korean Studies* 17(2): 351–81.

- Harkness, Nicholas. 2013a. "Softer Soju in South Korea." *Anthropological Theory* 13(1–2): 12–30.

- Harkness, Nicholas. 2013b. *Songs of Seoul: An Ethnography of Voice and Voicing in Christian South Korea.* Berkeley: University of California Press.

- Harkness, Nicholas. 2015. "Basic Kinship Terms: Christian Relations, Chronotopic Formulations, and a Korean Confrontation of Language." *Anthropological Quarterly* 88(2): 305–336.

- Hassard, John, Jonathan Morris, and Leo McCann. 2012. "'My brilliant career'? New Organizational Forms and Changing Managerial Careers in Japan, the UK, and USA." *Journal of Management Studies* 49(3): 571–599.

- Hastings, Adi, and Paul Manning. 2004. "Introduction: Acts of Alterity." *Language and Communication* 24(4): 291–311.

- Healey, Mark P., Gerard P. Hodgkinson, Richard Whittington, and Gerry Johnson. 2015. "Off to Plan or Out to Lunch? Relationships Between Design Characteristics and Outcomes of Strategy Workshops." *British Journal of Management* 26(3): 507–528.
- Hegel, Georg Wilhelm Friedrich, and T. M. Knox. 1967. *Hegel's Philosophy of Right.* London: Oxford at the Clarendon Press.
- Hickel, Jason, and Naomi Haynes. 2018. *Hierarchy and Value: Comparative Perspectives on Moral Order.* New York: Berghahn Books.
- Hirschman, Albert O. 1977. *The Passions and the Interests: Political Arguments for Capitalism Before its Triumph.* Princeton, NJ: Princeton University Press.
- Ho, Karen Z. 2009. *Liquidated: An Ethnography of Wall Street.* Durham, NC: Duke University Press.
- Hochschild, Arlie Russell. 2012[1983]. *The Managed Heart: Commercialization of Human Feeling.* Berkeley: University of California Press.
- Hodges, Ron, Louise Macniven, and Howard Mellett. 2004. "Annual General Meetings of NHS Trusts: Devolving Power or Ritualising Accountability?" *Financial Accountability and Management* 20(4): 377–399.
- Hodgkinson, Gerard P., Richard Whittington, Gerry Johnson, and Mirela Schwarz. 2006. "The Role of Strategy Workshops in Strategy Development Processes: Formality, Communication, Co-ordination and Inclusion." *Long Range Planning* 39(5): 479–496.
- Hodgson, Damian E. 2004. "Project Work: The Legacy of Bureaucratic Control in the Post-Bureaucratic Organization." *Organization* 11(1): 81–100.
- Hoskin, Keith W., and Richard H. Macve. 1986. "Accounting and the Examination: a Genealogy of Disciplinary Power." *Accounting, Organizations and Society* 11(2): 105–136.
- Hull, Matthew. 2010. "Democratic Technologies of Speech: From WWII America to Postcolonial Delhi." *Journal of Linguistic Anthropology* 20(2):

257–282.

- Inoue, Miyako. 2003. "Speech Without a Speaking Body: 'Japanese women's language' in translation." *Language and Communication* 23(3): 315–330.

- Inoue, Miyako. 2007. "Language and Gender in an Age of Neoliberalism." *Gender and Language* 1(1): 79.

- Iteanu, Andre. 2013. "The Two Conceptions of Value." *HAU: Journal of Ethnographic Theory* 3(1): 155–171.

- Iwai, Katsuhito. 1999. "Persons, Things and Corporations: The Corporate Personality Controversy and Comparative Corporate Governance." *American Journal of Comparative Law* 47(4): 583–632.

- Jackall, Robert. 2010. *Moral Mazes: The World of Corporate Managers.* Oxford: Oxford University Press.

- Jacobs–Huey, Lanita. 2003. "Ladies Are Seen, Not Heard: Language Socialization in a Southern, African American Cosmetology School." *Anthropology and Education Quarterly* 34(3): 277–299.

- Janelli, Roger L., and Dawnhee Yim. 1993. *Making Capitalism: The Social and Cultural Construction of a South Korean Conglomerate.* Stanford, CA: Stanford University Press.

- Kalinowski, Thomas. 2008. "State–Civil Society Synergy and Cooptation: The Case of the Minority Shareholder Movement in Korea." *Korea Observer* 39(3): 339–367.

- Kalinowski, Thomas. 2009. "The Politics of Market Reforms: Korea's Path from Chaebol Republic to Market Democracy and Back." *Contemporary Politics* 15(3): 287–304.

- 강준만. 2013. 갑과 을의 나라: 갑을관계는 대한민국을 어떻게 지배해왔는가. 서울: 인물과사상사.

- Kelly, William H. 2005. "Training for Leisure: Karaoke and the Seriousness of Play in Japan." In *Japan at Play,* edited by Joy Hendry, 170–186. London: Routledge.

- Kelty, Christopher M. 2017. "Too Much Democracy in All the Wrong Places: Toward a Grammar of Participation." *Current Anthropology* 58(S15): S77-S90.

- Kelty, Christopher M. 2019. *The Participant: A Century of Participation in Four Stories.* Chicago: University of Chicago Press.

- Kendall, Laurel. 1985. Shamans, *Housewives, and Other Restless Spirits: Women in Korean Ritual Life.* Studies of the East Asian Institute. Honolulu: University of Hawai'i Press.

- Kim, Choong Soon. 1992. *The Culture of Korean Industry: An Ethnography of Poongsan Corporation.* Tucson: University of Arizona Press.

- Kim, Eun Mee. 1997. *Big Business, Strong State: Collusion and Conflict in South Korean Development, 1960-1990.* Albany: State University of New York Press.

- Kim, Eun Mee, and Gil-Sung Park. 2011. "The Chaebol." In *The Park Chung Hee Era: The Transformation of South Korea,* edited by Byung-kook Kim and Ezra F. Vogel, 265-94. Cambridge, MA: Harvard University Press.

- Kim, Gyo-chang. 2005. "Meeting Procedures for Annual Meetings for Corporate Bodies(in Korean)." *Journal of Korea Parliamentary Law Institute* 3:6-87.

- Kim, Hyun Mee. 2018[2001]. "Work Experience and Identity of Skilled Male Workers Following the Economic Crisis." *Korean Anthropology Review* 2:141-163.

- Kim, Joongi. 2000. "Recent Amendments to the Korean Commercial Code and Their Effects on International Competition." *University of Pennsylvania Journal of International Economic Law* 21(2): 273-330.

- Kim, Jooyoung, and Joongi Kim. 2001. "Shareholder Activism in Korea: A Review of How PSPD Has Used Legal Measures to Strengthen Korean Corporate Governance." *Journal of Korean Law* 1(1): 51-76.

- Kim, Kwanwook. 2018. "Creating Polluted Spaces and Bodies: Labor Control in a Call Center and the Stigma of Female Smoking." *Korean Anthropology Review* 2:73–108.

- Kim, Minjae. 2017. "A Man Is Known by His Cup: Signaling Commitment via Costly Conformity." *Academy of Management Proceedings* 2017(1): 11239.

- Kim, Suk-Young. 2018 *K-pop Live: Fans, Idols, and Multimedia Performance.* Stanford, CA: Stanford University Press.

- Kipnis, Andrew B. 1996. "The Language of Gifts: Managing Guanxi in a North China Village." *Modern China* 22(3): 285–314.

- Kirsch, Stuart. 2014. *Mining Capitalism: The Relationship Between Corporations and Their Critics.* Berkeley: University of California Press.

- Klikauer, Thomas. 2014. *Seven Moralities of Human Resource Management.* London: Palgrave Macmillan.

- Klikauer, Thomas. 2016. *Hegel's Moral Corporation.* London: Palgrave Macmillan.

- Knoblauch, Hubert. 2008. "The Performance of Knowledge: Pointing and Knowledge in Powerpoint Presentations." *Cultural Sociology* 2(1): 75–97.

- Koch, Gabriele. 2016. "Producing Iyashi: Healing and Labor in Tokyo's Sex Industry." *American Ethnologist* 43(4): 704–716.

- Kockelman, Paul. 2016. *The Chicken and the Quetzal: Incommensurate Ontologies and Portable Values in Guatemala's Cloud Forest.* Durham, NC: Duke University Press.

- Koo, Hagen. 2001. *Korean Workers: The Culture and Politics of Class Formation.* Ithaca, NY: Cornell University Press.

- Koyama, Wataru. 2004. "The Linguistic Ideologies of Modern Japanese Honorifics and the Historic Reality of Modernity." *Language and Communication* 24(4): 413–435.

- Krause-Jensen, Jakob. 2010. *Flexible Firm: The Design of Culture at Bang & Olufsen.* New York: Berghahn Books.

- Krause-Jensen, Jakob. 2017. "Fieldwork in a Hall of Mirrors: An

__ 338 __

Anthropology of Anthropology in Business." *Journal of Business Anthropology* 6(1): 102–120.

- Kunda, Gideon. 1992. *Engineering Culture: Control and Commitment in a High-Tech Corporation*. Philadelphia: Temple University Press.
- Kwon, Jae Yeol. 1995. "An Isolation in Systems of Law: Differences Between the Commerical Codes of the United States and Korea." *Loyola of Los Angeles Law Review* 29:1095–1106.
- Kwon, Jae Yeol. 2003. "The Internal Division of Powers in Corporate Governance: A Comparative Approach to the South Korean Statutory Scheme." *Minnesota Journal of Global Trade* 12(2): 299–336.
- Kwon, Jae Yeol. 2004. "Corporate Governance from a Comparative Perspective: Specific Applications of the Duty of Loyalty in Korea." *UCLA Pacific Basin Law Journal* 22:1–28.
- Kwon, Peter Banseok. 2019. "Building Bombs, Building a Nation: The State, Chaeb, and the Militarized Industrialization of South Korea, 1973–1979." *Journal of Asian Studies*. 79(1): 1–25.
- Larkin, Brian. 2013. "The Politics and Poetics of Infrastructure." *Annual Review of Anthropology* 42:327–343.
- Law, John. 2009. "Seeing like a Survey." *Cultural Sociology* 3(2): 239–256.
- LeBlanc, Robin M. 2012. "Lessons from the Ghost of Salaryman Past: The Global Costs of the Breadwinner Imaginary." *Journal of Asian Studies* 71(4): 857–871.
- Lee, Boong-Kyu. 2001. "Don Quixote or Robin Hood: Minority Shareholder Rights and Corporate Governance in Korea." *Columbia Journal of Asian Law* 15(2): 345–372.
- Lee, Byoung-Hoon. 2011. "Labor Solidarity in the Era of Neoliberal Globalization." *Development and Society* 40(2): 319–334.
- Lee, Namhee. 2005. "Representing the Worker: The Worker-Intellectual Alliance of the 1980s in South Korea." *Journal of Asian Studies* 64(4): 911–

937.

- Lee, Namhee. 2007. *The Making of Minjung: Democracy and The Politics of Representation in South Korea*. Ithaca, NY: Cornell University Press.

- Lett, Denise Potrzeba. 1998. *In Pursuit of Status: The Making of South Korea's "New" Urban Middle Class*. Cambridge, MA: Harvard University Asia Center.

- Levine, Amy. 2004. "The Transparent Case of Virtuality." *PoLAR: Political and Legal Anthropology Review* 27(1): 90-113.

- Lim, Jie-Hyun, 2010. "Mapping Mass Dictatorship: Towards a Transnational History of Twentieth-Century Dictatorship." In *Gender Politics and Mass Dictatorship: Global Perspectives*, edited by Jie-Hyun Lim and Karen Petrone, 1-22. London: Palgrave Macmillan.

- Luong, Hy Van. 1988. "Discursive Practices and Power Structure: Person-Referring Forms and Sociopolitical Struggles In Colonial Vietnam." *American Ethnologist* 15(2): 239-253.

- Lutz, William. 1989. *Doublespeak: From "Revenue Enhancement" to "Terminal Living," How Government, Business, Advertisers, and Others Use Language to Deceive You*. New York: Harper & Row.

- Manning, Paul. 2010. "The Semiotics of Brand." *Annual Review of Anthropology* 39:33-49.

- Matanle, Peter C. D. 2003. *Japanese Capitalism and Modernity In a Global Era: Re-Fabricating Lifetime Employment Relations*. London: RoutledgeCurzon.

- McCann, Leo, John Hassard, and Jonathan Morris. 2004. "Middle Managers, the New Organizational Ideology and Corporate Restructuring: Comparing Japanese and Anglo-American Management Systems." *Competition and Change* 8(1): 27-44.

- McGill, Peter. 2021. "Friend or Foe? Corporate Scandals and Foreign Attempts to Restructure Japan." *Asia-Pacific Journal*: Japan Focus 19(14).

- Mennicken, Andrea, and Peter Miller. 2014. "Michel Foucault and the Administering of Lives." In *Oxford Handbook of Sociology, Social Theory and Organization Studies: Contemporary Currents*, edited by Paul Adler, Paul du Gay, Glenn Morgan, and Mike Reed, 11–38.

- Mialet, Helene. 2012. *Hawking Incorporated: Stephen Hawking and the Anthropology of the Knowing Subject*. Chicago: University of Chicago Press.

- Miller, Peter, and Ted O'Leary. 1989. "Hierarchies and American Ideals, 1900–940." *Academy of Management Review* 14(2): 250–265.

- Minto, Barbara. 2009. *The Pyramid Principle: Logic in Writing and Thinking*. Harlow, England: Financial Times Prentice Hall.

- Mitchell, Timothy. 2002. *Rule of Experts: Egypt, Techno-Politics, Modernity*. Berkeley: University of California Press.

- Miyazaki, Hirokazu. 2013. *Arbitraging Japan: Dreams of Capitalism at the End of Finance*. Berkeley: University of California Press.

- Moon, Seungsook. 2001. "The Production and Subversion of Masculinity: Reconfiguring Gender Hierarchy in Contemporary South Korea." In *Under Construction: The Gendering of Modernity, Class, and Consumption in the Republic of Korea*, edited by Laurel Kendall, 79–114. Honolulu: University of Hawai'i Press.

- Moore, Robert E. 2003. "From Genericide to Viral Marketing: On 'Brand'." *Language and Communication* 23(3): 331–357.

- Moseley, Fred. 2002. "Hostile Brothers." In *The Culmination of Capital: Essays on Volume III of Marx's Capital*, edited by Martha Campbell and Geert Reuten, 65–101. London: Palgrave Macmillan UK.

- Nakassis, Constantine V. 2016. *Doing Style: Youth and Mass Mediation in South India*. Chicago: University of Chicago Press.

- Nelson, Laura. 2000. *Measured Excess: Status, Gender, and Consumer Nationalism in South Korea*. New York: Columbia University Press.

- Nozawa, Shunsuke. 2015. "Phatic Traces: Sociality In Contemporary Japan."

Anthropological Quarterly 88(2): 373–400.

- Nyqvist, Anette. 2015. "The Corporation Performed: Minutes From the Rituals of Annual General Meetings." *Journal of Organizational Ethnography* 4(3): 341–355.

- Ogasawara, Yuko. 1998. *Office Ladies and Salaried Men: Power, Gender, and Work in Japanese Companies.* Berkeley: University of California Press.

- Oppenheim, Robert. 2008. *Kyŏngju Things: Assembling Place.* Ann Arbor: University of Michigan Press.

- Orlikowski, Wanda J., and JoAnne Yates. 1994. "Genre Repertoire: The Structuring of Communicative Practices in Organizations." *Administrative Science Quarterly* 39(4): 541–574.

- Orta, Andrew. 2013. "Managing the Margins: MBA Training, International Business, and 'The Value Chain of Culture'." *American Ethnologist* 40(4): 689–703.

- Paranque, Bernard, and Hugh Willmott. 2014. "Cooperatives—aviours or Gravediggers of Capitalism? Critical Performativity and the John Lewis Partnership." *Organization* 21(5): 604–625.

- Park, Joseph Sung-Yul. 2009. *The Local Construction of a Global Language: Ideologies of English in South Korea, Language, Power and Social Process.* Berlin: Mouton de Gruyter.

- Park, Joseph Sung-Yul. 2010. "Naturalization of Competence and the Neoliberal Subject: Success Stories of English Language Learning in the Korean Conservative Press." *Journal of Linguistic Anthropology* 20(1): 22–38.

- 박원우. 2006. *한국 팀제의 역사, 현황과 발전방향.* 서울: 서울대학교출판부.

- Peacock, Vita. 2015. "The Negation of Hierarchy and its Consequences." *Anthropological Theory* 15(1): 3–21.

- Peacock, Vita, and Philip Kao. 2013. "Transcending Structure–Agency in the Study of Organizations." *Anthropology in Action* 20(2): 1–5.

- Philips, Susan U. 1998. *Ideology in the Language of Judges: How Judges Practice Law, Politics,* and Courtroom Control. New York: Oxford University Press.

- Plath, David W. 1969[1964]. *The After Hours: Modern Japan and the Search for Enjoyment.* Berkeley: University of California Press.

- Porteux, Jonson N., and Sunil Kim. 2016. "Public Ordering Of Private Coercion: Urban Redevelopment and Democratization in South Korea." *Journal of East Asian Studies* 16(3): 371-390.

- Power, Michael. 1997. *The Audit Society: Rituals of Verification.* Oxford: Clarendon Press.

- Prentice, Michael M. 2019. "The Powers in PowerPoint: Embedded Authorities, Documentary Tastes, and Institutional(Second) Orders in Corporate Korea." *American Anthropologist* 121(2): 350-362.

- Rajak, Dinah. 2011a. In Good Company: *An Anatomy of Corporate Social Responsibility. Stanford,* CA: Stanford University Press.

- Rajak, Dinah. 2011b. "Theatres of Virtue: Collaboration, Consensus, and the Social Life of Corporate Social Responsibility." *Focaal* 2011(60): 9-20.

- Rakova, Oxana, and Olga Fedorenko. 2021. "Sticky Notes Against Corporate Hierarchies in South Korea: An Ethnography of Workplace Collaboration and Design Co-Creation." *Design Studies* 76:101033.

- Rea, Stephen C. 2018. "Calibrating Play: Sociotemporality in South Korean Digital Gaming Culture." *American Anthropologist.*

- Redfield, Peter. 2006. "A Less Modest Witness." *American Ethnologist* 33(1): 3-26.

- Reed, Adam. 2017. "An Office of Ethics: Meetings, Roles, and Moral Enthusiasm in Animal Protection." *Journal of the Royal Anthropological Institute* 23(S1): 166-181.

- Reed, Robert Roy. 1990. "Are Robert's Rules of Order Counterrevolutionary?: Rhetoric and the Reconstruction of Portuguese Politics." *Anthropological*

Quarterly 63(3): 134-144.

- Reyes, Antonio. 2015. "Building Intimacy Through Linguistic Choices: Text Structure and Voices in Political Discourse." *Language and Communication* 43:58-71.

- Rhodes, Lorna. 2004. *Total Confinement: Madness and Reason in the Maximum Security Prison.* Berkeley: University of California Press.

- Riles, Annelise. 2004. "Real Time: Unwinding Technocratic and Anthropological Knowledge." *American Ethnologist* 31(3): 392-405.

- Rogers, Douglas. 2012. "The Materiality of the Corporation: Oil, Gas, and Corporate Social Technologies in the Remaking of a Russian Region." *American Ethnologist* 39(2): 284-296.

- Rose, Nikolas. 1988. "Calculable Minds and Manageable Individuals." *History of the Human Sciences* 1(2): 179-200.

- Sahlins, Marshall. 1972. *Stone Age Economics.* Chicago: University of Chicago Press.

- Schneider, Mary Jo. 1998. "The Wal-Mart Annual Meeting: From Small-Town America to a Global Corporate Culture." *Human Organization* 57(3): 292-299.

- Schober, Elisabeth. 2018. "Working (Wo) man's Suicide: Transnational Relocations of Capital-Repercussions for Labour in South Korea and the Philippines." *Journal of the Royal Anthropological Institute* 24(S1): 134-147.

- Scott, James C. 1989. "Everyday Forms of Resistance." *Copenhagen Journal of Asian Studies* 4(1): 33.

- Seo, Dongjin. 2011. "The Will to Self-Managing, the Will to Freedom: The Self-Managing Ethic and the Spirit of Flexible Capitalism in South Korea." In *New Millenium South Korea*, edited by Jesook Song, 84-100. New York: Routledge.

- Silverstein, Michael. 2003. "Indexical Order and the Dialectics of Sociolinguistic Life." *Language and Communication* 23(3): 193-229.

- Simmel, Georg. 2004. *Philosophy of Money*. London: Routledge.
- Son, Chan-Hyun. 2002. *Korea's Corporate Restructuring Since the Financial Crisis*. Vol. 2. Korea Institute for International Economic Policy.
- Song, Jesook. 2009. *South Koreans in the Debt Crisis: The Creation of a Neoliberal Welfare Society*. Durham, NC: Duke University Press.
- Souleles, Daniel. 2019. "Another Workplace is Possible: Learning to Own and Changing Subjectivities in American Employee Owned Companies." *Critique of Anthropology* 40(1): 28-48.
- Spinuzzi, Clay, and Mark Zachry. 2000. "Genre Ecologies: An Open-System Approach to Understanding and Constructing Documentation." *Journal of Computer Documentation* 24(3): 169-181.
- Star, Susan Leigh. 1999. "The Ethnography of Infrastructure." *American Behavioral Scientist* 43(3): 377-391.
- Strathern, Marilyn. 2008. "Afterword: The Disappearing of an Office." *Cambridge Anthropology* 28(3): 127-138.
- Szymkowiak, Kenneth. 2002. *Sokaiya: Extortion, Protection, and the Japanese Corporation*. Armonk, NY: M. E. Sharpe.
- Townley, Barbara. 1993. "Foucault, Power/Knowledge, and its Relevance for Human Resource Management." *Academy of Management Review* 18(3): 518-545.
- Turco, Catherine J. 2016. *The Conversational Firm: Rethinking Bureaucracy in the Age of Social Media*. New York: Columbia University Press.
- Turner, Fred. 2006. *From Counterculture to Cyberculture: Stewart Brand, the Whole Earth Network, and the Rise of Digital Utopianism*. Chicago: University of Chicago Press.
- Urban, Greg, and Kyung-Nan Koh. 2013. "Ethnographic Research on Modern Business Corporations." *Annual Review of Anthropology* 42:139-158.
- Urban, Greg, and Kyung-Nan Koh. 2015. "The Semiotic Corporation: An

Introduction to the Supplement Issue." *Signs and Society* 3(S1): S1–S12.

• Vaara, Eero, and Richard Whittington. 2012. "Strategy-as-Practice: Taking Social Practices Seriously." *Academy of Management Annals* 6(1): 285–336.

• Van Vree, Wilbert. 1999. *Meetings, Manners, and Civilization: The Development of Modern Meeting Behaviour.* London: Leicester University Press.

• Vogel, Ezra F. 1963. *Japan's New Middle Class: The Salary Man and His Family in a Tokyo Suburb.* Berkeley: University of California Press.

• Vogel, Ezra F. 1991. *The Four Little Dragons: The Spread of Industrialization in East Asia.* Cambridge, MA: Harvard University Press.

• Warner, Michael. 2002. "Publics and Counterpublics." *Public Culture* 14(1): 49–90.

• Wästerfors, David. 2008. "Businessmen as Folk Ethnographers." *Ethnography* 9(2): 235–256.

• Weeks, John. 2004. *Unpopular Culture: The Ritual of Complaint in a British Bank.* Chicago: University of Chicago Press.

• Welker, Marina. 2014. *Enacting the Corporation: An American Mining Firm in Post-Authoritarian Indonesia.* Berkeley: University of California Press.

• Welker, Marina, and David Wood. 2011. "Shareholder Activism and Alienation." *Current Anthropology* 52(S3): S57–S69.

• Whitelaw, Gavin 2014. "Shelf Lives and the Labors of Loss." In *Capturing Contemporary Japan: Differentiation and Uncertainty,* edited by Satsuki Kawano, Glenda S. Roberts, and Susan Orpett Long, 135–60. Honolulu: University of Hawai'i Press.

• Whittington, Richard. 2006. "Completing the Practice Turn in Strategy Research." *Organization Studies* 27(5): 613–634.

• Whyte, William H. 1956. *The Organization Man.* Garden City, NY: Doubleday.

• Wilf, Eitan. 2015. "Ritual Semiosis in the Business Corporation: Recruitment to Routinized Innovation." *Signs and Society* 3(S1): S13–S40.

- Wilf, Eitan. 2021. "Phaticity as a Technical Mystique: The Genred, Multi-Sited Mediation of the Innovation Architect's Expertise." *Journal of Cultural Economy* 1–17.

- Wilf, Eitan Y. 2019. *Creativity on Demand: The Dilemmas of Innovation in an Accelerated Age*. Chicago: University of Chicago Press.

- Yan, Yun-xiang. 1996. *The Flow of Gifts: Reciprocity and Social Networks in a Chinese Village*. Stanford, CA: Stanford University Press.

- Yanagisako, Sylvia Junko. 2012. "Transnational Family Capitalism: Producing 'Made in Italy' in China." In *Vital Relations: Modernity and the Persistent Life of Kinship*, edited by Susan McKinnon and Fenella Cannell, 74–95. Santa Fe, NM: School of Advanced Research Press.

- Yang, Mayfair Mei-hui. 1994. *Gifts, Favors, and Banquets: The Art of Social Relationships in China*. The Wilder House Series in Politics, History, and Culture. Ithaca, NY: Cornell University Press.

- Yates, JoAnne, and Wanda J. Orlikowski. 1992. "Genres of Organizational Communication: A Structurational Approach to Studying Communication and Media." *Academy of Management Review* 17(2): 299–326.

- Yi, Sohoon, and Jennifer Jihye Chun. 2020. "Building Worker Power for Day Laborers in South Korea's Construction Industry." *International Journal of Comparative Sociology* 61(2–3): 122–140.

ㄱ

찾아보기

가족 사랑의 날 145~146

감정 노동 93, 256

갑과 을의 나라 257, 336

갑질 5, 52, 137

강준만 137, 227, 257, 319, 323

개미 192, 208

거버넌스 메커니즘 191, 193~195, 197

검증 의례 199

겔(Alfred Gell) 300

경영 영웅 131

경제 민주화 5, 30, 206, 294

경제 피라미드 327

경제적 기적 294

경제적 생산성 137

경제적 이동성 27, 44, 50, 58, 254, 288~289, 303

고참 129, 303

고프먼(Erving Goffman) 123, 303

골프 공화국 236

공동체적 협력 28

공론장 190, 203, 314

관료적 규칙 추종자 153

관리되는 마음 93

광기의 역사 157

구(Hagen Koo) 70

국가-기업 자본주의 39

국민연금공단 217, 221

군대식 문화 24

권오준 214, 317

권재열 314

그라이스(Paul Grice) 203

글래드웰(Malcolm Gladwell) 314

글로벌 대 로컬 137

기술관료주의 31, 107, 161, 181, 189, 268, 287, 300

기업 사냥꾼 312

김민재 233

김석영 239~240

김영란법 229, 320

김은미 294

ㅇ

IMF 7, 40, 102~103, 293, 300

아재 개그 135, 304

아츠미 레이코(篤海鑄子) 229, 319

압존법 262, 323~324

압축된 근대화 132

앨리슨(Anne Alison) 133, 228, 245, 325

야전 교범 261

양정모 299

어제의 적 131

에이벨만(Nancy Abelmann) 303, 327

HRIS 112, 171

NSDP 151, 154~155

MECE 281~282, 309

ERP 87, 89, 92, 172, 280, 310

여가의 엄숙성 243

연공서열 26~27, 29, 40, 54, 104, 114, 121, 130, 133, 151, 267

연출 의례 123

예스맨 143

오가사와라 유코(小笠原祐子) 133, 295, 306

오지상 133

온정관계 180~181

올드보이 142~144, 149, 155, 305

완고 대 유연 131

웰커(Marina Welker) 67~68

위계화 31, 37, 130, 139

위기 경영 76

윅스(John Weeks) 183, 260

윌프(Eitan Wilf) 130

유로바로미터 178

유연 근무 25

유표적 인물 유형 138

이남희 307, 324, 327

이야시 319

이와이 가즈히토(岩井克人) 298

인륜 36

인사가 만사 293

인적 자원 관리 42, 294

1페이지 시스템 48

임지현 327

입막음 돈 208

ㅈ

자넬리(Roger Janelli) 17, 272~273, 302

자본론 219, 318

자본주의의 피조물 53

자율 경영 67

자이바츠 297

장하준 102

재벌 문제 102

재컬(Robert Jackall) 267

적대적인 형제들 219

전국경제인연합회 217

전두환 299

전이적 공간 194

전통 대 현대 137

옮긴이 **이영래**

이화여자대학교 법학과를 졸업했다. 현재 가족과 함께 캐나다에 살면서 번역에이전시 엔터스코리아 출판 기획 및 전문 번역가로 활동하고 있다. 옮긴 책으로는 《세대 감각》 《제4의 시대》 《빌 게이츠 넥스트 팬데믹을 대비하는 법》 《어떤 선택의 재검토》 《시스템 에러》 《제프 베조스, 발명과 방황》 《2029 기계가 멈추는 날》 《모두 거짓말을 한다》 《항상 이기는 조직》 《세계미래보고서 2055》 《유엔미래보고서 2050》 《4차 산업혁명과 투자의 미래》 《위안화의 역습》 《포모 사피엔스》 등이 있다.

초기업

함께 미래를 열어갈 한국 기업과 MZ세대를 위하여

초판 1쇄 인쇄 2023년 4월 7일
초판 1쇄 발행 2023년 4월 14일

지은이 마이클 프렌티스
옮긴이 이영래
펴낸이 조민호

펴낸곳 안타레스 유한회사
출판등록 2020년 1월 3일 제2020-000005호
주소 경기도 광명시 양지로 21, 유플래닛 티타워 2315호
전화 070-8064-4675 **팩스** 02-6499-9629
이메일 antares@antaresbook.com
블로그 blog.naver.com/antaresbook **포스트** post.naver.com/antaresbook
페이스북 facebook.com/antaresbooks **인스타그램** instagram.com/antares_book

한국어판 출판권 ⓒ 안타레스 유한회사, 2023
ISBN 979-11-91742-14-5 03320